TIME MANAGEMENT HABIT

Time management Habit

Time management Habit

Time management Habit

시간관리,
이렇게 하면 성공한다

옮긴이 **김영선**
서울대 문리대 졸업
인간계발연구소 간사
역서로는 《이렇게 인생을 일어나라》 외 다수

시간관리, 이렇게 하면 성공한다

1쇄 발행 2012년 12월 10일
2쇄 발행 2016년 7월 10일
3쇄 발행 2017년 9월 10일

발행처 도서출판 문장
발행인 이은숙

등록번호 제2015-000023호
등록일 1977년 10월 24일

서울시 강북구 덕릉로 14(수유동)
전화 02-929-9495 / 팩스 02-929-9496

돈으로 시계를 살 순 있지만 시간을 살 순 없다

당신이 하고 싶은
모든 것에 계획을 세워라
해야 할 모든 것에
시간을 부여하라

퀀튼 신들러 지음
김영선 옮김

퀀튼 신들러 지음
김영선 옮김

도서출판 문장

책을 내면서

《성공한 사람들의 시간관리 습관》 1판을 낸 후 많은 독자들로부터 큰 찬사를 받으며 증쇄를 거듭하였다. 1판에서 아쉬웠던 것은 시간관리에 대한 개념에서는 충분히 독자들에게 이해를 도왔다고 할 수 있었지만 실생활에서 구체적으로 어떻게 활용하느냐에 대해서는 부족한 점이었다. 그렇다고 실전에 필요한 시간관리 방법만을 논하면 이론에 너무 치우쳐 자칫 논문 같은 책이 될 수밖에 없다. 그래서 이번 증보판에서는 1판에서 부족했던 실생활에 활용할 수 있는 시간관리에 대한 좀더 구체적이고 체계적인 실전 방법을 추가하였다.

시간관리에 관한 책이나 기사가 많이 나오게 된 것은 시간관리에 대한 필요성이 높아진 때문이다. 그러나 대부분은 추상적인 규칙이나 어떤 사람의 체험담 같은 것이 많았으며, 실제로 자기 일에 응용하려면 그렇게 간단치가 않다.

이 책은 그런 의미에서 아주 실전적인 것으로서 어떻게 하면 시간을 효과 있게 활용할 수 있을 것인가를 구체적으로 기술했다.

본래 시간활용이 서툰 사람이라면 일을 추진하는 것도 서툰 사람이기도 하다. 시간의 활용이라고 하면 이상하게도 시간 그 자체의 활용에만 주의를 집중하고, 활용의 간단한 비결이나 묘책 같은 것은 없는가 하고 생각하기 쉬우나 시간활용의 근본은 일의 처리방법, 계획서 작성, 조직 구성, 컨트롤 방법, 부하의 훈련, 일을 맡기는 방법, 의사결정 방법 등에 있으며, 이런 것을 잘하면 결국 시간의 절약, 즉 크게는 시간 활용에 이어지게 되는 것이다. 고작 눈앞의 1분 1초를 절약한다든가, 시간의 노예가 되지 않기 위해서는, 자기 일의 처리 · 진행 방법을 연구 개선해보는 것이 기본이 되는 것이다.

이 책에서는 가급적 원문에 충실한 한편 의역(意譯)도 시도하였다. 우리 문화와 이해가 다를 수도 있는 부분은 그 아이디어를 참고로 하여 자기 환경에 적합하도록 응용하기를 바란다.

역자 씀

차 례

12
1
2
3
4
5
6

제4장 단순하게 일하라

제5장 • 휴식과 기분전환

TIME MANAGEMENT HABIT

제6장 시간을 절약하는 습관

제7장 독서력과 기억력을 늘리는 방법

제8장 • 잡무 정리와 여가선용

제9장 • 실전-시간을 낭비하는 함정을 피하라

제10장 실전-문서작성 시간관리

제11장 실전-의사전달 시간관리

누구에게나 주어진 24시간

남녀노소, 빈부귀천의 구별 없이 가장 공평하게 모든 사람에게 주어져 있는 것이 하루 24시간이라는 시간이다. 그리고 여러분은 내일의 시간을 오늘 사용할 수도 없고, 어제 시간을 다시 돌이킬 수도 없다. 당신의 인생은 오로지 오늘이라는 24시간을 어떻게 유효하게 사용할 수 있는가에 달려 있다.

그러나 세상에는 이 귀중한 24시간을 20시간밖에 사용하지 않는 사람이 있는가 하면, 25시간이나 26시간으로 사용하는 사람도 있다.

이런 차이는 대체 어디서 오는 것일까?

충분한 여유를 가지고 일을 하면서도 인생을 즐기고 있는 사람들의 비결은 어디에 있는 것일까?

정말 나는 하루 종일 무엇을 했단 말인가?

하고 싶은 일은 잔뜩 있는데…, 여러 친구들도 만나야겠고…, 베스트셀러 책도 읽어야겠고…, 음악도 들어야 하고 영화도 보러 가고 싶고…. 정말 나에게 시간이 많이 있다면 얼마나 좋을까!

당신은 이런 불만을 늘어놓은 적은 없는가? 덮어놓고 마음만 초조하여 공연히 조바심한 적은 없었는가?

이것도 해야겠고 또 저것도 해야 한다는 긴장감과 압박감에 시달린 일은 없었는가? 무언가 새롭고 재미있는 일을 해보고 싶어도 시간이 나지 않거나, 그런가 하면 하루를 이렇다 할 일 없이 헛되이 보낸 날은 없는가? 당연히 얻도록 되어 있는 생활 속의 만족과 보람을 얻지 못하고 불만스러웠던 적은 없는가?

이러한 일은 당신뿐만 아니라 대부분의 사람에게서 볼 수 있는 일이다. 그런데 이상하게도 누구보다도 가장 바쁜 사람인데 자신이 맡은 일을 완전무결하게 해치우고도, 초조함 없이 침착하고 여유 있게 다른 사람을 위해 일도 해주며 자신의 여가를 즐기고 있는 사람을 보게 되는 일이 있다.

이 비결은 어디에 있는 것일까?

나는 뉴욕주에 있는 내 고향에서 시청 일을 맡아 해줄 만한 사람을 친구와 함께 구하고 있을 때, 이에 대한 해답을 찾아 낼 수가 있었다. 저 사람은 어떨까, 이 사람은 또 어떨까 하고 많은 후보자를 들어 우리는 검토해 보았다. 앤더슨이라면 좋지 않을까. 그 사람은 시간이 많은 것 같으니까. 그렇지 않으면 이제까지 한 번도 시청 일에 관계한 적은 없지만 베이커가 맡아 줄 것도 같은데. 그러나 나의 친구는 어느 후보자에 대해서도 고개를 끄덕이지 않았다. 그는 이렇게 말하는 것이었다.

"시청 일은 중요하니까 한가한 사람이 맡아선 안 돼. 정말 바쁜 사람을 찾아야 해. 바쁜 사람이 솜씨 있고 재빠르게 효과적으로 일할 수 있는 거야."

"어째서 그렇다는 거지?"

"어째서인지는 나도 몰라. 그러나 비결이 있는 모양이야. 어떻겠나, 그렇게 바쁜 사람에게 직접 한 번 물어 보면 틀림없이 도움이 될 만한 말을 들을 수 있을 걸 세."

나는 그의 말대로 했다. 미국에서 성공한 수많은 실업가들로부터 얻은 해답에서도 나는 그 비결을 배웠다. 그들은 누구나 다 오늘이라는 24

시간을 가장 효과적으로 쓸 수 있는 독특한 재능을 가지고 있었다.

아이젠하워 대통령, 버나드 바크, 전 대통령 부인 엘리너 루스벨트, 노먼 V. 피일, 뉴욕 시장 로버트 와그너 등등.

나와 이야기를 나누었던 많은 사람들의 공통점은 이러하다. 자신이 하고 싶은 일을 하는데 만약 날마다 60분씩만 더 시간을 얻을 수 있다면, 인생은 반드시 즐겁고 만족스러우며 안정된 것이 될 것이다. 이것은 당신에게 있어 성공의 밝은 설계도가 되어, 사업에서나 사생활에서나 당신이 한 걸음 앞으로 나아가는 데 도움이 될 수 있는 것이다.

하루는 1,440분

우리는 누구나 다 마찬가지로 하루 24시간으로 시작한다.

즉 하루는 그 24시간의 자산 가운데서 필요한 만큼의 시간을 찾아 쓰는 은행과도 같은 것이다. 주어진 시간에는 한정이 있다. 그러나 당신이 그것을 어떻게 쓸 것인가는 당신의 자유다.

우리는 모두 하루 1,440분이라는 똑같은 시간을 가지고 있다. 아무리 돈 많은 부자라 할지라도 시간이라는 것을 그 이상 사들일 수는 없다. 또한 아무리 가난한 사람일지라도 시간을 조금밖에 배당받지 못했다는 경우도 없다. 작가 아놀드 베네트는 일찍이 이렇게 충고한 일이 있다.

"돈은 시간에 비하면 훨씬 손에 넣기 쉬운 것이다. 일정한 수입으로 이리저리 지출하는 데 모자라면 좀더 일하여 벌면 된다. 또는 남에게 빌려 쓸 수도 있을 것이고, 다른 방법으로 벌 수도 있다. 그러나 시간을 할당하는 일에 있어서는 다르다. 매우 일정하고 엄격히 제한되어 있기 때문이다."

"시간의 세계에서는 부유한 귀족이라는 것이 없다. 당신은 그 매우 귀중한 일용품을 마음대로 낭비하고 있지만, 그래도 시간 할당이 적어지는 것은 아니다. 그와 함께 시간은 마음대로 빌려 올 수도 없다. 당신은 지금 이 순간을 쓸 수 있을 뿐이다. 당신은 내일이라는 날을 오늘 쓸 수는 없다. 내일은 내일을 위해 남겨져 있는 것이다. 당신은 앞으로 올 시간을 지금 쓸 수도 없다. 이 또한 그 시간까지 특별히 소중하게 간직해 놓은 시간이다."

"다음 해, 다음 날, 다음 시간은 다만 한순간이라도 함부로 쓰이는 일이 없도록 고스란히 당신을 위해 특별히 소중하게 간직되어 있다. 당신이 그럴 마음만 있다면 당신은 한 시간마다 생활을 새로이 할 수도 있는 것이다."

하루 24시간을 당신은 지금까지 어떻게 써 왔는가? 아마 그 가운데서 8시간, 다시 말해 480분은 잠으로 보내고 있을 것이다. 또 8시간은 그날의 각자 하는 일에 썼을 것이다. 그리고 나머지 8시간, 이 8시간이 우리에게 있어서는 가장 중요한 시간이며 자유로이 선택할 수 있게 맡겨진 시간인 것이다. 그러나 이 8시간도 사실은 우리가 하고 싶어 하는 일을 하기에는 절반도 못 되는 시간이다. 이 시간은 언제 나의 바쁜 시간을 여유 있고 한가로운 시간으로 바꾸어 줄 만큼 효과적인 시간이라고는 생각되지 않는다.

그러나 당신의 걱정이나 불안한 마음을 제거하는 방법이 하나 있다. 그것은 다름 아니라 시간을 활용하는 기술이다.

가령 하루에 60분이나 또는 얼마만큼의 시간을 재주 있게 짜낸다면 다른 사람에게 나누어 줄 수도 있고, 자신을 계발하기 위한 시간을 가질 수도 있으며, 취미와 휴식을 찾는 기회와 인생을 즐기는 기회를 만들 수 있을 뿐 아니라, 인생에 새로운 길을 개척할 수도 있는 것이다.

당신은 시간으로 무엇을 구하는가

시간을 활용하는 방법을 설명하기 전에, 왜 당신이 그 시간의 활용법을 구하고 있는가를 명확히 해주기 바란다. 뚜렷한 목적, 다시 말해서 그 시간에 하고 싶다고 생각하는 일을 분명하게 하는 것이 시간을 활용하기 위한 첫째 조건인 것이다.

우리는 게으른 탓인지 그런 중요한 시간 활용법 따위는 찾아보려고도 하지 않고 있다. 뿐만 아니라 모처럼 애써 만든 시간을 다른 목적에 써 버리고 마는 일도 있다.

작가인 테드 마로온은 최근 우리가 왜 시간을 필요로 하는 가에 대하여 다음과 같이 썼다.

"오늘날처럼 다채롭고 재미있는 인생을 보낼 수 있는 시대는 없다. 시간과 여가만 있으면 할 수 없는 일은 아무것도 없다. 여행, 연회, 독서, 정원 가꾸기, 연구, 음악, 세계일주 여행, 카메라 여행, 음악 연습, 이런 것들은 무엇이나 다 누구든지 실제로 할 수 있는 일이다. 우리는 누구나 새로운 일을 하고, 새로운 친구를 얻고, 취미를 넓히고, 교양을 쌓기 위한 시간이 필요하다. 새로운 장소에 가서 즐거운 자극을 얻기 위한 시간을 갖고 싶은 것이다. 이것은 우리 인생에 있어 가장 소중한 것의 하나가 아니겠는가."

"그런데 우리가 정말로 하고 싶다고 생각하고 꿈까지 꾸었던 일에 실제로 부딪쳐 보면, 해야 할 일이 너무 많아 어느 것부터 손을 대야 할지 알 수 없게 되어 그대로 그 다음까지 하지 않고 미루어 버리고 만다. 이것은 어찌 된 일인가?"

다음 주에 해야지 하거나, 내년에 해야지 하고 그때는 그렇게 생각하지만, 그 기회는 좀처럼 오지 않는다. 아마 스스로 하루 24시간의 활용법을 생각해 내지 않는 한, 그때는 영원히 오지 않을 수도 있다.

어떻게 '시간'을 만드는가

하루의 시간은 일정하여 마음대로 늘릴 수 없는 것이라면, 하루 24시간에서 날마다 60분씩의 가외 시간을 만든다고 한다면 그것은 무슨 뜻일까? 그것은 지나가는 그때그때의 시간을 가장 효과 있게 쓰는 것을 뜻한다. 같은 시간이라도 정신 차리지 못하고 멍청히 지내는 것과, 자기의 것으로 효과 있게 쓰는 것과는 대단한 차이가 있는 것이다.

《일에 성공하는 비결》의 저자 도날드 A. 레이드 박사는 이렇게 말하고 있다.

"우리는 1톤의 강철 덩어리를 운반하는 방법을 연구하는 데 막대한 에너지를 쓰며, 자기의 차를 능란하게 몰고 가는 데 줄곧 정신을 쏟고, 전등을 밝게 하기 위해서 여러 가지 방법을 연구하고 있다. 또한 우리 자신의 능률을 높이거나 재산을 늘리거나 잘 간수하는 일에 머리를 쓰고 있으면서도 도무지 시간을 활용하는 것에는 머리를 쓰려고 하지 않는다."

그러나 걱정할 것은 없다. 한 번 그 비결을 터득하기만 하면, 이번에는 그것을 보다 빠르게 보다 훌륭하게 할 수 있는 방법을 스스로 발견할 수 있게 될 것이다.

능률연구가인 메리 E. 캔들도 이렇게 말하고 있다.

"자신의 시간을 잘 쓴다는 것은, 그것이 사업이든지 사업 이외의 활동이든지 간에 우리 생활의 모든 것을 잘 해낸다는 것을 뜻합니다. 이것은 꽤 어려운 일이지만, 그렇게 하려고 생각만 한다면 못할 일도 아닙니다."

"만약 당신이 자신의 일에 새로운 비전을 가지고 자기의 생활에 새로운 목표를 세우며, 자신의 시간을 가장 효과적으로 활용한다면 당신은 현재보다 훨씬 즐거운 생활을 보낼 수 있을 것입니다."

가외 시간을 만들기 위해 애쓸 필요가 있는 일인가

날마다 한 시간씩 따로 짜내는 방법을 얻는다는 것은 과연 그렇게 할 보람이 있는 일일까? 하루 중에서 일하는 시간이 8시간이라고 하면, 날마다 한 시간씩의 가외 시간은 1주일에 7시간, 1년이면 365시간, 틀림없이 45일분에 상당하는 특별한 시간을 만들어 내게 되는 것이다. 이것은 1년 동안에 약 한 달 반이라는 자유로운 덤이 되는 시간이다. 이 시간은 다른 사람을 위해서 보람 있는 일에 쓸 수도 있겠고, 무엇보다도 자기 자신의 성공에 도움이 되는 것이다. 건강에 유익한 취미나 오락으로 써도 좋을 것이고, 현재의 일에 숙달하기 위한 연구에 써도 좋을 것이며, 가족을 위해서나 자신의 교양을 높이기 위해 쓸 수도 있는 것이다.

시간은 분초가 모여서 되는 것

시간이라는 것은 끊임없이 지나간다. 아무도 시간을 커다란 탱크에 모아 둘 수는 없다. 시간은 찾아내고 긁어모아, 극히 짧은 시간이라도 아까워하며 저축할 필요가 있다. 크게 시간을 절약해야겠다는 생각은 버리도록 하여라. 그 대신 단 20분, 또는 10분이라는 얼마 되지 않는 시간을 절약하는 데 주의를 집중시켜라.

엘리너 루스벨트 부인은 시간을 절약하는 비결로 다음의 세 가지 방법을 들고 있다.

① 시간을 낭비하는, 쓸데없는 하찮은 일을 빼 버린다.
② 시간이 걸릴 만한 귀찮은 일은 뒤로 돌리도록 하고, 간단한 일부터 재빠르고 요령 있게 시작한다.
③ 두세 가지 일을 한꺼번에 하는 방법을 터득한다.

나는 루스벨트 부인의 의견이 옳은지 어떤지를 전문적 능률 연구가들에게 물어보았다. 어떤 사람은 이렇게 대답한다.

"사실 그렇다. 우리는 자신의 시간과 에너지의 75퍼센트를 잘못 판단하여 효과가 오르지 않는, 해도 보람이 없는 일들로 헛되이 낭비하고 있다. 발명가 가운데는 이미 있는 기계를 겨우 30퍼센트나 10퍼센트 정도를 효과적으로 쓰는 방법을 고안해 내어 엄청나게 많은 돈을 번 사람이 많이 있는데, 사람에 따라서는 좀처럼 그렇게 되지 않는다. 물론 기계와 사람을 같이 생각할 수는 없겠지만…."

프레데릭 W. 테일러 박사는 과학적 공장 관리의 기초를 이룩한 사람인데, 박사는 다음과 같이 말하고 있다.

"우리는 일하는 시간을 늘리거나, 지칠 때까지 일하지 않더라도 방법에 따라 능률을 3배나 4배로 올릴 수도 있다. 얼른 보기에는 지금 최고의 능률

을 올려 일을 진행시키고 있는 것처럼 생각되지만, 실은 아직도 얼마든지, 이를테면 조금씩이라도 개량할 여지가 있다."

우리가 현재 하고 있는 것과, 할 수 있는 가능성 사이에는 언제나 상당한 거리가 있다. 이 거리를 될 수 있는 대로 조금이나마 좁히려는 것이 이 책의 목적이다.

시간을 늘리는 방법이 있는가

자기 자신을 위해 쓰는 시간을 만드는 데 있어 우리가 우선 터득해야 할 것은 사물을 이해하고 처리하는 데에 가장 짧은 시간을, 또 될 수 있는 대로 노력을 적게 들이려면 어떻게 해야 되겠는가 하는 일이다. 다시 말해서 일을 손쉽게 하는 테크닉을 활용하는 일이다. 쓸데없는 일을 빼내 분초나마 아끼는 방법으로 하면 그다지 일도 힘들지 않고 자기가 좋아하는 일을 할 수 있는 시간도 만들어 낼 수 있게 된다.

공장의 고급 기술자들은 이 방식으로 일하고 있다. 그들은 하나의 과제를 받으면 먼저 과학적으로 주의깊게 그 과제를 검토해 본다. 분명한 판단이 가지 않는 한 절대로 일에 착수하지 않는다. 보통 생각할 때에 미친 사람처럼 일을 해도 할 수 없을 것 같은 일을 그들은 실제로 해 보여주는데, 그들에게는 그것을 쉽게 완성하는 비결이 있는 것이다.

내가 이 책에 쓴 것은 이와 같은 원리와 그 원리의 활용방법에 대해서이다. 짧은 시간에 많은 일을 해내도록 자신을 훈련한 사람들이 쓴 방법과 기술을 찾아내는 것이 이제부터 하려고 하는 나의 일이다. 물론 여기서 말한 유명인사들이 이러한 방법을 모두 쓴 것은 아니다. 아무도 그런 일은 할 수 없는 것이다. 사실 이러한 방법은 어떤 경우 서로 모순이 되는

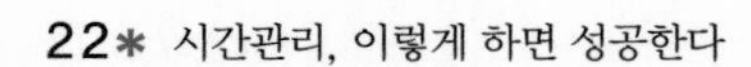

경우도 있다. 어떤 사람에게 효과가 있었던 방법이라고 해서 반드시 다른 사람에게도 효과적일 수는 없는 것이기 때문이다. 여러 가지 연구를 서로 조정해 봄으로써 비로소 자기 자신에게 알맞은 방법을 찾아낼 수 있는 것이다.

이 책의 '비결'을 활용하라

이 책은 일종의 '비결'로, 거듭 되풀이 읽어 창의와 연구를 찾아내기 위한 책이며, 한 번 훑어보고 내던져 버릴 그런 책이 아니다.

이 책의 각 페이지에서 당신은 저마다의 경우에 들어맞는 실례며 본보기, 아이디어 등을 찾아볼 수 있을 것이다. 여기에는 모든 경우에 들어맞는 일반 법칙이라는 것은 그다지 많지 않다. 그러므로 당신은 자신의 조건에 여러 가지 아이디어를 맞추어 볼 필요가 있다. 당신 자신의 조건이나 생활 방식, 욕망과 야심에 맞추어 볼 필요가 있는 것이다. 이 책을 당신을 위해 활용하는 최선의 방법이 거기에 있다. 각 페이지에서 말한 아이디어를 당신의 하루에 적용시켜 보아라. 우선 아침에 일어났을 때부터 시작하여 당신의 하루의 활동에 따라 하나하나 연구해 보아라.

연필을 들고 자기가 의문스럽게 생각하는 것을 써 놓고, 자신이 어떻게 해결할 예정인가를 적어 보아라. 당신이 반발을 느끼는 점이나 감탄하는 점, 또 각 페이지에서 바로 '이것이다'라고 생각되는 점을 노트에 기록해 두어라. 정말로 당신에게 유익한 방법을 만들어 내는 데는 이것이 가장 좋은 방법이다. 그리고 끊임없이 자신에게 다음과 같은 것을 질문하도록 하여라.

① 어떻게 하면 이 방안을 나 자신의 생활에 응용할 수 있겠는가?

② 내가 해야만 할 일은 무엇인가? 또 중지해야만 하는 일은 무엇인가? 또 다른 방법으로 해야만 하는 것은 무엇인가?

이러한 아이디어를 고정된 공식이라고 생각해서는 안 된다. 자신의 상황에 따라 이것을 적용하는 방법을 생각해야 한다. 자기의 창조력에 의해 이 가운데서 새로운 방법을 만들어 내는 것이다. 사무 운영의 기술은 시청 일에도 적용되고, 집안일을 처리하는 방법은 또 마찬가지로 직장에서도 같은 작용을 하는 것이다.

다른 사람이 어떤 방법으로 했는가를 읽을 경우에는 언제나 그것을 당신 자신에게 적용시켜 보는 것이 중요하다. 그것들을 당신 자신이 시험해 보는 것이다. 이러한 사고방식으로 이 책에서 말한 여러 가지 시간절약법을 실행해 본다면, 반드시 그것들은 실제로 당신에게 도움이 되어줄 것이다. 실행만이 사물을 완성하는 것이다. 이것은 당신이 컴퓨터를 배우거나 요리를 만들고 물건을 파는 일을 배울 때도 마찬가지다. '배우기보다 익숙해지라' 는 속담도 있다.

이 책은 당신의 마음에 들겠지만 낡아빠진 관념을 몇 가지 버리게 할 것이다. 우리는 왠지 쓸데없이 낭비가 많은, 시대에 뒤떨어진 방법이나 낡은 수단을 쓰고 싶어한다. 이 밖에 좀더 낭비 없이 할 수 있는 새로운 방법이 있어도 어째서인지 그것을 하려고 들지 않는다. 이 낡은 관념 때문에 당신은 사물을 간단하고도 짧은 시간에 처리할 수가 없는 것이다.

그런데 가장 간단하게 할 수 있는 방법을 찾아내는 데는 결코 게으름을 피우고 있어선 안 된다. 그러기 위해서는 민첩해야 한다. 몸 대신 두뇌를 활용하는 것은 그 사람이 사물을 잘 처리할 수 있는 방법을 찾아내는 지혜를 지니고 있다는 증거다. 간단하고 편안하게 할 수 있는 방법을 발견함에 따라 차츰 일은 재미있게 되는 것이다. 일이 언제나 일정하여 지루한 일일수록 그 시간을 단축하는 것은 여러 가지 면에서 효과적이다. 재미없고 잡다한 일을 해치우는 적극적인 방법을 터득하여라. 즐겁고 대담한 생활 태도를 취하여라. 언제나 그 일에서 흥미의 중심이 되는 것을 찾아라. 그 일을 한층 더 능숙하고 빠르게, 그리고 능률적으로 처리하는 방법 을 찾아라. 그렇게 하면 어떠한 일을 하는 경우에 필요한 시간을 찾아내는 열쇠를 손에 넣을 수 있을 것이다.

시간의 예산을 세워라

빈틈없는 절약 방침에 의한 예산안으로 새로운 모피 외투를 살 수도 있고 여행도 할 수 있으며 자동차도 살 수 있듯이, 하루의 시간을 효과 있게 쓰는 예산안 덕분에 당신은 틀림없이 멋진 생활과 인생의 진정한 기쁨을 즐길 것이다.

이러한 방법은 당신의 자질구레하고 무거운 짐을 덜어줄 것이며, 날마다 무엇엔가 쫓겨다니는 듯한 압박감을 제거하여 자유로움과 여가를 가져다줄 것이다. 그러나 나는 이것을 누구에게나 곧 통용되는, 이미 만들어져 있는 법칙을 권하는 것은 아니다. 그 방법을 자세히 설명하겠지만, 요컨대 당신 스스로 그 귀중한 시간을 얻기를 바랄 뿐이다.

계획을 세우는 데 충분한 시간을 가져라

200년 전에 벤저민 프랭클린은 이렇게 서술했다.

"만일 인생에 있어서 최대의 사치, 다시 말해 충분한 시간을 갖는다는 사치, 즉 휴식하기 위해서, 숙고하기 위해서, 뭔가 이루기 위해서, 최선을 다하

고 이룬 것을 알기 위해서 충분한 시간을 갖는다는 사치를 허용 받고 싶다면 그 방법은 단지 하나밖에 없다. 그것은 시간을 충분히 들여 생각하고 사물의 중요도에 따라 계획을 세우는 일이다. 그렇게 하면 생활은 새로운 활력이 넘치고 보다 많은 시간과 삶의 보람이 인생에 더해지게 될 것이다. 당신이 하고 싶은 모든 것에 계획을 세워라, 해야 할 모든 것에 시간을 부여하라."

벤저민 프랭클린 시대 사람들은 시간이 부족하다는 등의 불평을 하지 않았으리라 생각된다. 그러나 현명한 프랭클린은 인간의 고뇌에 이미 답을 준비하고 있었던 것이다. '시간을 충분히 들여 생각하고 사물의 중요도에 따라 계획을 세우는 것' 이라는 프랭클린의 말은 오늘날에도 핵심을 파악한 답이라고 성공인들은 인정하고 있다.

사물의 계획을 세운다는 것은 고속도로에 들어서기 전 진입허가인 청색신호를 기다리고 있는 것과 마찬가지로 중요하다.* 처음에는 좀 시간이 걸리는구나 하고 생각하지만 나중에는 고속도로에서의 운행 지체를 최소한으로 줄이는 데 도움이 된다.

* [역주] 캘리포니아 주의 고속도로에서는 진입로에 신호등을 설치해서 차의 유입을 규제하여 도로의 지체를 방지하고 있다. 이렇게 해서 차량소통을 촉진시키고 있다.

자신의 목적을 의식하라

자신의 회사조직도, 또는 자신의 부서조직도를 꺼내보기 바란다. 조직도가 없으면 미완성품이라도 좋으니 즉시 그려 봐 주기 바란다.

회사의 조직도 또는 자신의 부서조직도의 가장 위쪽에 그 조직의 본래 존재목적을 써 주기 바란다. 목적을 잃은 듯한 관료적 조직으로 일하고 있지 않는 한 조직의 본래 목적은 간단하게 적을 수 있을 것이다. 독자와 여러 사람들이 고용되어 있는 것은 그 조직의 본래 목적을 달성하기 위해서이고 물건을 판다든가 서비스를 한다든가 계획을 관리하기 위해서일 것이다.

조직 본래의 목적에서 회장과 사장에게로 우선 선이 내려오고 그것이 사업 부문의 팀장에게 내려온다. 그리고 그 선은 조직 중 여러 단계를 거쳐 조직도의 가장 하위에 있는 여러 직능에 배속되어 있는 관리직이라든가 그 보좌계, 일반 사원에까지 미치게 된다. 이 미로 같은 조직도의 어딘가에 자신의 이름이 얼굴을 내밀게 되는데, 그 이름을 발견할 수 있게 되면 그 위에 손가락을 놓고 거기의 가장 아래에 기재되어 있는 사람의 일에 대해 생각해봐 주기 바란다.

만일 그 사람의 직무가 서류 정리였다 하자. 서류 정리의 주요 목표 또는 목적은 무엇일까? 서류를 정리하는 일일까? 그렇지 않다. 서류를 정리하는 것은 그 포지션의 기능이고 서류 정리 부서를 고용하고 있는 이유로서는 부차적인 것이다.

조직은 서류를 정리하기 위해서 존재하고 있는 것이 아니고 조직도의 가장 위쪽에 씌어 있는 조직의 주목적을 위해서 존재하고 있는 것이며, 조직 목표가 없다면 조직도 존재하고 있지 않을 것이며 서류 정리 부서도 없게 된다.

따라서 조직의 주목표는 서류 정리 부서의 주목표이기도 하고 톱 매니지먼트와 서류 정리 부서가 매일 실제로 행하고 있는 것과는 관계가 없다. 이것을 염두에 두고 자신의 위치에 따라 생각해보기 바란다.

독자의 주요목적도 조직 또는 사업부문의 목표를 달성하는 데 있는 것이다. 조직 또는 사업부문의 목표달성에 공헌도가 높으면 높은 만큼 독자의 가치는 높다는 것이 된다. 독자의 업무가 어떤 세일즈맨, 또는 부장, 또는 업무를 관리 감독한다 할 경우라도 그것은 독자 업무의 주목적이 아닌 것이다. 자신의 능력은 업무의 주목적에서 본다면 부차적인 것이라는 사고방식을 가져주기 바란다. 이렇게 되면 독자의 승진 속도는 몇 년 정도 단축될 것이다.

12 1 2 3 4 5 6

01:00
아침의 일과를 줄여라

무엇을 하든지 어디서 살든지, 하루 생활을 시작하는 방법은 단 한 가지밖에 없다. 즉 눈을 뜨는 일이다. 그리고 가정에서나 사무실에서나 공장에서나 상점에서 얼마나 일할 수 있는가, 사람들과 만나 기분 좋은 인상을 줄 수 있는가, 하루의 기분이 좋은가 나쁜가, 이런 일들은 모두 아침 생활을 시작하는 방법에 달려 있다.

잠에서 깨어나면 바로 일어나라

라디오나 텔레비전에서 낯익은 인기인 아더 고트프리는 이렇게 말하고 있다.

"훨씬 오래 전에 나는 어떤 경우라도 하루 20분 내지 50분을 절약하는 방법을 배웠습니다. 아침에 잠에서 깨면 그 즉시 벌떡 일어나는 일입니다. 잠에서 깨었으면서도 잠자리 속에서 꾸물거리고 있으면 아무리 늦지 않으려고 애를 써도 반드시 늦어지게 마련입니다. 뿐만 아니라 그 뒤의 일도 모두 잘 되지 않습니다. 아침에 눈을 번쩍 뜨면 곧 담요를 걷어젖히고 벌떡 일어나는 습관을 몸에 익히는 것이 여유 있는 시간을 갖기 위한 첫 번째 방법입니다."

또한 전에 정보장관이었던 짐 파레는 이렇게 말하고 있다.

"시간을 정하여 일정한 시간에 그날그날의 일을 다 해치우는 것이 시간을 활용하는 가장 좋은 방법이다."

스스로 일어나는 습관을 붙여라

물론 누구나 스스로 일어나기 위한 여러 가지 방법을 연구하기는 한다. 유명한 버나드 T. 잠벨의 말을 들어 보기로 하자.

"나는 맨 먼저 잠자리 속에서 그날 해야만 하는 일 가운데서도 가장 즐겁고 유쾌한 일에 대하여 생각해 봅니다. 만약 싫은 일이 맨 먼저 떠올라 자리에서 일어나고 싶지 않은 경우라도 이 방법을 써 보면, 금방 일어나고 싶은 의욕과 에너지가 생깁니다."

사교계의 스타이자 작가이기도 한 엘리자 맥스웰은 이렇게 말하고 있다.

"나는 아침에 잠자리에서 일어날 때 절대로 꾸물거리지 않습니다. 전날 밤 아무리 늦게 잠들었더라도 아침에는 어린아이가 크리스마스 아침을 애타게 기다리거나 또는 숲으로 소풍 갈 약속을 했거나, 생일 파티를 맞이하는 때처럼 기운차게 벌떡 일어납니다. 나이 같은 것은 문제가 되지 않으며, 이것은 어떤 사람에게나 극히 효과적인 방법입니다. 이 방법을 실행하면 나중에 당황하여 허둥대거나 마음을 괴롭히거나 하는, 맥빠진 시간을 낭비하는 아침을 없앨 수가 있습니다."

음악으로 시작하는 아침

에머슨 텔레비전 회사의 사장 벤 에이브 햄은 다음과 같은 방법으로 아침에 일어날 것을 권장하고 있다. 그는 잠들기 전에 자명종 시계를 갖춘 라디오를 침대 옆에 놓기로 하고 있다. 그것은 사람을 상쾌하고 기분 좋은 음악(보통 이른 아침에 방송되는 음악이다)으로 잠을 깨워 주는데다, 뉴스 방송까지 들려준다. 이렇게 하면 비록 몇 분 동안 더 잠자리 속에 있었다 하더라도 가장 새로운 뉴스를 대강 알 수가 있을 뿐 아니라, 오늘 아침에는 어느 옷을 입을까 하고 망설일 필요가 없도록 그날의 일기예보까지도 알 수 있게 된다.

30분 일찍 시작하라

상원의원인 마가레트 C. 스미스 여사는 하루 가운데서 가장 좋은 시간을 얻기 위한 또 하나의 아침 일과를 가르쳐 주었다. 그녀는 이렇게 말하고 있다.

"훨씬 전의 일인데, 나는 여느 때의 나의 습관보다 반 시간 빨리 일에 착수하는 것을 배웠습니다. 아침 9시 전에 하는 일은 낮에 하는 일의 두 배나 능률이 오르는 것을 발견한 것입니다. 이른 아침의 겨우 30분을 평

범하고 언제나 하는 그런 일을 하기 위해서가 아니라, 일과 이외의 특별한 일에 유익하도록 이용하는 것은 가장 효과적으로 시간을 활용하는 방법입니다."

새벽을 이용하는 방법

작가 톰 마호니의 보고서에는 이런 말이 씌어 있다.

"하루를 보다 길게 쓰는 여러 가지 방법 가운데 가장 좋은 방법은, 밤의 시간을 두서너 시간가량 이용하는 일이다."

사람에 따라 이 방법을 여러 가지 방법으로 해볼 수가 있을 것이다. 《선장, 아내를 놀라게 하다》 등 많은 작품을 쓴 윌리엄 J. 레데러는 다음과 같은 방법으로 이것을 실행하고 있다. 그는 우선 새벽 4시에 일어나 8시까지 글을 쓴다면서 다음과 같이 설명하고 있다.

"특히 추운 겨울에는 힘들었습니다. 그러나 쓸 수는 있었습니다. 잠에서 깨어났을 때 즉시 샤워를 했습니다. 그리고 기운을 내기 위해 따끈한 차와 수프를 마시고, 이따금 나는 글을 쓸 마음이 생길 때까지 앉은 채 생각에 잠기곤 했습니다. 그러나 마침내 다 썼을 때, 나는 집안이 물을 끼얹은 듯 고요하고, 머리가 맑아지고, 더욱이 몸이 단단히 긴장되는 느낌이었습니다. 일을 계속 해 가는 동안 차차 나는 많이 쓰는 버릇이 생졌습니다. 요즘에는 같은 분량의 일을 새벽 5시 반에 일어나 8시까지 써낼 수가 있습니다. 이 습관이 몸에 배었기 때문에 지금은 거의 자동적으로 이렇게 할 수 있도록 되었습니다."

레데러의 경험은 바빠서 글을 쓸 수 없다든가, 아무것도 할 수 없다든가 하는 것은 단순히 게으름뱅이의 변명에 지나지 않는다는 것을 똑똑히 보여 주고 있다.

잠자리 속에서도 할 수 있는 일

만약 잠에서 깨어난 채 그대로 잠자리에 있고 싶다면, 잠자리 속이라서 일을 할 수 없다는 말은 할 수 없을 것이다. 미국에서도 가장 특별한 부인 가운데 하나인 토베 카러 데이비스 부인은 미국의 수많은 백화점이며 패션 공장과 자기가 관계하는 가게에 사업상의 어드바이스를 하는 것만으로도 하루 3,000달러의 돈을 벌고 있다.

그녀는 이틀이 걸리는 일을 하루에 해치우는 그녀 나름의 독특한 방법으로 이러한 성과를 올리고 있는 것이다. 그녀는 오전 6시에 잠을 깨게 해주는 자동식 커피포트를 침대 옆에 놓아둔다. 6시에 깨어나면 가만히 그대로 침대에 누운 채 있다. 바로 머리맡에는 서류며 보고서, 서류철, 편지와 만년필 따위를 놓아둔다.

"집안 식구들의 일로 번거롭거나 도중에 방해받지 않고 이렇게 두 시간 계속해서 일을 하면 사무실에서 다섯 시간 일한 만큼 할 수 있습니다. 이 시간에 여러 가지 일을 하는데, 《뉴욕 헤럴드 트리뷴》에 실릴 기사를 쓰고, 시대의 흐름에 뒤떨어지지 않도록 필요한 독서도 하며, 개인적인 편지를 쓰고 새로운 아이디어를 고안하는 것은 이 시간에 하는 중요한 일거리가 되어 있습니다. 동시에 나는 적당히 휴식을 취하는 요령도 익혔습니다. 만약 야근으로 퇴근할 수 없을 때는 낮에 잠시 요령껏 낮잠을 자기도 합니다. 그 결과 나는 나처럼 이른 아침에 일어나 일하지 않는 다른 사람들과 똑같은 신선한 마음으로 일할 수 있고, 내가 계획한 대로 일이 되었습니다."

잠자리 속에서 일하는 또 다른 방법

영국의 전 수상 윈스턴 처칠은 오랫동안 극히 단순한 방법을 써왔다. 처칠이 아침에 일어나는 시간은 7시에서 8시 사이이다. 침대 속에서 베개에 기대앉은 채 산더미같이 쌓인 신문을 중앙지와 지방지는 물론이고, 공산당의 〈데일리 워커〉까지 포함하여 한 번 모두 읽어 내린다. 9시에서 점심식사까지는 침대에 누운 채 여러 가지 지시를 하는 것이다. 측근자의 한 사람은 이렇게 말하고 있다.

"수상께선 앉아서도 할 수 있는 일을 서서 하는 것은 어리석고, 누워 있어도 괜찮을 때 일어나 앉는 것도 이해할 수 없는 일이라고 말씀하십니다."

그는 미합중국의 대사 윈스콥 알드리치와 같은 다른 나라 외교관의 공식 방문을 받았을 때도 침대에 누워 있었던 것이다. 사실 그는 그 위대한 저서 《제2차 세계대전 회고록》의 맨 마지막 권을 전부 누워서 써냈다고 하였다.

세면장을 잘 쓰고 있는가

비록 아침에 깨어나 잠자리에서 일어났다고 하더라도 아침 일과에 할당한 시간을 헛되이 낭비하게 되는 것은, 우리의 가정에 있는 세면장이 너무 작기 때문일 것이다.

특히 하루 가운데서 가장 바쁠 때 그렇다는 것은 문제다. 무엇보다도 중요한 것은 무엇이 시간을 낭비하는 원인인가를 능률적인 견지에서 주의깊게 검토하여 세면장을 잘 쓰는 일이다.

이를테면 언제나 쓰는 화장수라든가 면도칼 같은 것은 손이 잘 닿는 가까운 곳에, 다른 것은 위의 선반이나 뒤쪽에 놓는 식으로 잘 정돈해 놓는 일이다. 바로 얼마 전에 어떤 사람이 세면장을 100군데나 조사해 보았더니, 78퍼센트, 다시 말해서 4분의 3 이상은 이러한 정리가 전혀 되어 있지 않았다는 것을 알 수 있었다고 한다.

만약 세면장의 공간이 아주 조금이라도 꾸밀 만한 여지가 있다면 몇 개의 선반이나 수건걸이를 설비하는 게 좋다. 이러한 것은 매우 큰 도움이 되는 것이다.

만약 가족 한 사람 한 사람에게 혼자서만 쓰는 선반이 주어질 수 있다면 꽤 많은 시간을 다른 일로 돌릴 수 있어 여유가 생기게 될 것이다.

옷차림에서 시간을 줄이는 방법

옷을 차려입는 일은 아침 일과 가운데서도 가장 시간이 걸리는 일의 하나다. 만약 그날 할 일이 따로 아무것도 없다면, 마음 내키는 대로 옷차림에 시간을 소비하는 것도 좋을 것이다. 또한 중요한 오찬회나 가장무도회나 극장 같은 데 가기 위한 옷차림이라면 그래도 괜찮다. 그러나 대부분에 있어서 아침의 옷차림은 가장 바쁜 때에 시간을 낭비하는 것이다. 옷차림을 하는 시간을 좀더 절약할 수는 없겠는가? 거기에는 몇 가지 방법이 있다.

아이젠하워 대통령은 20분 안에 목욕을 하고 면도도 하고 옷차림을 끝낸다. 보통 사람보다 10분에서 15분쯤 단축된 것이다. 이것은 그가 오랜 군인 생활의 일과로 습관이 밴 것이다.

그는 이튿날 입을 것을 전날 밤 정해 놓는다. 갑자기 날씨가 돌변해서 바꿔 입을 때도 망설이지 않고 어떤 옷을 입을 것인가를 결정하여 우물쭈물하다가 시간을 허비하는 일이 없게 한다.

그리고 사관학교에서 맨 처음 배운 일과에 따라 필요한 것은 모두 가까이 손 닿는 곳에 놓아둠으로써 시간을 더 절약하고 있다.

미육군사관학교에 다니는 학생들은 입학 초부터 모든 것을 각각 정해진 장소에 정돈해 놓도록 교육받는다. 아이젠하워는 그때 배운 이 규칙을 결코 잊지 않았다. 그래서 그는 지금까지 꽤 많은 시간을 절약할 수 있었던 것이다.

전날 밤 물건을 준비하는 데 쓰는 1분은, 이튿날 아침 시간의 3배나 4배에 해당될 만한 가치가 있다. 그로 인해 절약되는 시간은 매일 10분이나 15분에 상당한다.

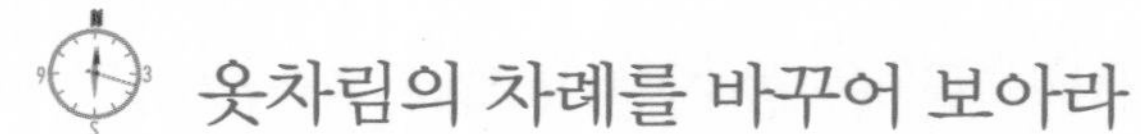

옷차림의 차례를 바꾸어 보아라

옷차림을 하는 데 매너리즘에 빠져 있는 사람도 많다. 많은 사람들이 무슨 재미있는 일이 생긴다거나 색다른 곳에 가는 경우에는 재빠르게 옷차림을 끝내지만, 여느 때는 꾸물거리며 시간을 허비하는 게 보통이다.

미국 남자 패션계의 권위자로서 유명한 버어트 바차라치는 다음과 같은 제안을 하고 있다.

옷: 언제나 옷을 옷걸이에 걸어두면 다려야 할 시간을 덜 수 있을 것이다. 단추는 빼놓는 편이 좋다. 단추를 끼우지 않는 편이 자연스러운 모양을 그대로 유지할 수 있기 때문이다. 바지의 접은 금을 잘 살리려면 양복걸이의 가로막대를 쓰지 말고 바지걸이에 걸어 두는 것이 바람직하다. 이렇게 하루 이틀쯤 모양이 본래대로 될 때까지 매달아 두어라. 모양도 그대로 유지되고 옷도 오래 지탱할 수 있다는 점에서도 이것은 다림질하는 것보다 훨씬 나은 방법이다. 더러워진 데가 있으면 가볍게 물수건으로 닦으면 된다. 바지의 접힌 단은 가끔 옷솔로 털도록 하여라. 그렇게 하면 세탁소에 보내는 시간을 절약할 수 있다.

넥타이: 넥타이걸이에 색깔별로 정리하여 걸어 두도록 하여라. 짙은 색으로부터 밝은 색으로 언제나 손쉽게 고를 수 있도록 한다. 넥타이를 풀 때에도 낚아채듯이 거칠게 푸는 것은 좋지 않다. 비록 그 때문에 1초를 절약했다 할지라도 거칠게 다룬 넥타이는 맬 때

에 시간이 걸리게 마련이다.

세탁: 비용과 시간이 드는 드라이클리닝이 필요한 옷을 줄이는 것도 한 방법이다. 가정에서 세탁할 수 있다는 것은 모든 시간 절약법 가운데서 가장 큰 것 중의 하나이다. 세탁소에 보낸 다음 좀처럼 가져다주지 않는 세탁소 사람을 기다리는 것처럼 헛된 시간 낭비는 없을 것이다.

잡지 〈에스콰이어〉의 남성 패션 기자이며 또한 〈패션 미술〉의 편집자인 오스카 슈프라는 다음과 같이 제안하고 있다.

옷차림을 할 때는 우선 맨 처음에 입을 옷을 결정하고 그 다음에 그 옷에 맞는 셔츠며 넥타이, 양말, 구두를 결정하면 쓸데없는 시간 낭비를 절약할 수 있다. 바지의 멜빵은 예비 바지에도 색깔이 맞는 것을 달아 두어라. 이것은 바지 멜빵을 달았다 뗐다 하는 시간을 절약함과 동시에, 다른 바지 멜빵을 쉬게 해둘 수 있다. 이와 같은 말은 혁대에 대해서도 마찬가지다.

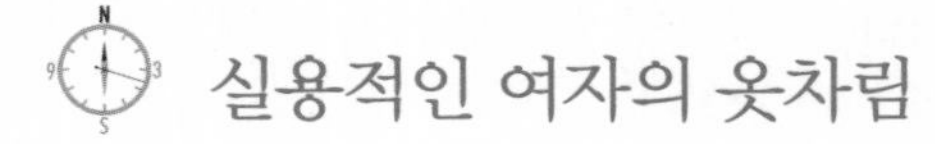

실용적인 여자의 옷차림

미국의 일류 디자이너 클레어 막델은 여자의 옷차림과 시간 낭비는 밀접한 관계가 있다고 다음과 같이 말하고 있다.

"여성이 남자에게 종속된 연약한 존재로서 숨도 제대로 쉬지 못하고 섬세한 꽃처럼 아름다움만이 존중되었던 시대에는 여성은 혼자서 네거리를 건널 수도 없는 형편이었습니다. 여자들의 인생은 남자가 세상 문제에 관여하고 있는 동안 아름답고 매력 있게 보이는 것만을 일삼아 왔다고 해도 좋을 것입니다. 그러나 오늘날에는 사정이 다릅니다. 여자들은 남자와 동등한 지위에 서서 남자와 협력하기에 이르렀고, 이러한 변화는 새로 일어난 패션의 자유에서도 볼 수 있습니다."

막델 여사의 의견은 옷을 꾸며 입기를 좋아하는 여자들에게 시간 절약이 얼마나 중요한 일인가를 알게 해 줄 것이다. 새롭고 자유로운 옷차림은 여자들을 활동적으로 만들어 운동이나 갖가지 활동에 참가시켜 이제까지와 같은 무의미한 시간 낭비를 줄였다.

다음은 막델 여사의 충고를 정리한 것이다.

2~3배 활용할 수 있는 옷을 고르도록 하여라

오늘날에는 갖가지 다른 용도로 쓰이는 옷가지가 많다. 이를테면 가정에서 평소에 입는 옷으로 보이는 것이 작업복도 되고 주방에서 식사 준비할 때의 옷도 되며, 손님 접대에도 훌륭하게 입고 나갈 수 있게 되었다. 그러니까 옷을 살 때 그런 것을 잘 생각해 두면 옷을 갈아입는 수고와 시간을 덜 수 있고 매우 경제적이기도 하다.

떼었다 붙였다 할 수 있는 옷은 수고와 시간을 줄인다

오늘날의 여행은 움직임이 빠르다. 그러니까 만약 한 벌의 옷이 몇 가지 용도로 쓰인다면, 그 한 겹을 입고 오늘밤은 데이트에 가고, 이튿날은 다른 한 겹을 입고 야외에 나갈 수가 있다. 막델 여사가 디자인한 스키복은 눈 위에서나 태양이 내려쬐는 때에나 온도의 변화에 따라 붙였다 떼었다 할 수 있도록 고안되어 있다.

수고와 시간이 들지 않는 옷감을 골라라

털 스웨터는 여행하는 사람에게 편리하다. 그것은 다른 옷보다도 작게 갤 수가 있으므로 슈트케이스에 넣어도 부피가 크지 않다. 다림질할 필요도 없거니와 옷걸이에 걸어 둘 필요도 없다. 튼튼하고 쉽게 세탁할 수 있는 옷감은 시간 낭비를 없애는 문제까지도 해결해 준다.

장소에 맞는 옷을 선택하라

이를테면 당신이 직장을 갖고 있는 한 집안의 주부라고 하자. 당신이 집으로 돌아와 옷을 갈아입는 5분이라는 시간은 당신에게 정신적인 힘을 줄 뿐만 아니라 당신의 일을 보다 잘 할 수 있게 할 것이다. 당신이 낮에 하는 일이나 운동에 쏟는 것과 같은 정도의 주의를 집에 돌아온 뒤 옷에도 기울여라. 가정에서의 모습은 낮에 일할 때와 마찬가지로 중요한 영향력을 가지고 있다. 앞에서도 말했듯이 갖가지 용도로 이용할 수 있는 매력적인 옷을 새로 만들어 두는 것도 좋겠고, 같은 옷이라도 조금만 연구하면 전혀 다른 것으로 보이게 할 수도 있다.

막델 여사는 또 이렇게 말하고 있다.

"주부가 직업을 가졌을 경우, 가정에서 일하기 쉬우면서도 더욱 매력 있는 옷을 고르도록 하십시오. 밝은 색의 옷은 당신을 보다 아름답고 또 보다 인상 좋게 보이도록 합니다. 게다가 빨래가 잘되며 다림질이나 드라이클리닝을 필요로 하지 않는 옷감이나 면직물을 고른다면 만점입니다. 바쁘게 돌아다니기에 알맞은 뒤꿈치가 낮고 곧바로 깨끗하게 빨 수 있는 운동화는 쾌적할 뿐 아니라 활동 에너지를 늘려 줍니다."

액세서리를 솜씨 있게 잘 쓰는 것도 시간을 헛되이 쓰지 않고 옷차림을 잘 하는 비결이다.

이탈리아 주재 대사인 클레어 브스 루즈 여사는 최근 로마에서 옷차림하는 시간을 절약하는 방법에 대하여 이렇게 말하고 있다. 그녀의 비결은 양쪽 주머니에 있다. 그 주머니는 남자 옷의 주머니처럼 넓게 만들어 거기에는 루즈 여사가 필요한 모든 것, 연필, 열쇠, 루즈, 파우더, 잔돈 등 뭐든지 넣는다. 그녀는 또 이렇게 설명한다.

"이렇게 하면 자기가 필요한 것을 핸드백에서 꺼내기 위해 찾아야 할 필요가 없습니다. 또 핸드백이 어디에 있었던가, 하고 필요 이상의 시간을 허비하지 않아도 됩니다."

루즈 여사는 전에 〈바니티 페어〉의 편집 일을 한 일도 있고, 또 극작가로서도 알려져 있으며, 미모와 정치적 수완과 머리가 좋기로도 이름나 있는 부인인데, 그녀의 경우는 실용성과 아름다움이 훌륭히 통일되어 있는 것이다.

복장에 대한 연구

기성복을 사는 경우에나 양복점에 주문하여 만드는 경우에나, 다음과 같은 아이디어를 활용하면 상당한 시간을 절약할 수 있을 것이다.

윗저고리 오른쪽 포켓 안쪽에 세 개의 작은 포켓을 만들어 보아라. 첫째 포켓에는 돈을 넣고, 둘째 포켓에는 지하철이며 버스 차표를 넣고, 셋째 포켓에는 메모장을 넣어 두면 필요한 것은 언제라도 신속하게 꺼낼 수 있을 것이다.

어느 포켓에나 모두 훅 단추를 달도록 한다. 바지나 재킷이나 셔츠에도 훅 단추를 달아 두면 매달 수 없는 곳에도 간단히 걸 수 있고, 거는 장소를 찾는 시간을 덜 수 있는 것이다. 속옷이나 셔츠의 단추는 적어도 두 개 정도 여분의 단추를 준비해 둔다. 같은 종류의 단추 한 개를 찾는 데 얼마나 시간을 낭비하는지 생각해 보기 바란다.

셔츠에는 단추 대신 스냅을 달도록 하는 편이 훨씬 편리하다. 재킷 소매의 단추는 달지 않는 편이 좋다. 그것이 떨어지면 다시 다는 데 시간이 들기 때문이다. 바지의 접은 단은 먼지만 쌓일 뿐이기 때문에 이것 역시 없어도 되는 것이다.

옷차림이 단정하기로 유명한 로날드 코르만은 간단한 방법으로 아침의 옷차림을 위한 시간을 절약하고 있다. 그는 자기의 웃옷들은 짙은 색에서부터 엷은 색으로 순서대로 늘어놓고, 바지도 그에 이어 그런 식으로 배열하여 걸어 놓는다. 그 한 벌을 꺼내면 다시 걸 때까지 양복걸이는 그대로 둔다.

이처럼 간단하고 질서 있는 방법은 없다. 넥타이도 이와 마찬가지로 넥타이걸이에 질서 있게 정리하여 걸어 놓는다.

갈색 계통의 구두는 한쪽 선반에 나란히 놓고, 검은색 계통의 구두는 다른 선반에 나란히 놓는다. 셔츠도 또한 색깔별로 정돈한다. 그 결과 그가 바라는 것은 뭐든지 곧 간단하게 입고 신을 수 있는 것이다.

백화점이나 전문점의 선반 매장에서 진열한 것을 보고 배워도 시간을 절약하는 데 도움이 되는 수가 있다. 넥타이며 구두나 바지를 넣어 두는 선반도 용도에 꼭 들어맞는 것이면 꽤 많은 시간을 절약할 수 있다.

한 군데에 여러 가지 물건들을 뒤섞어놓지 말고, 되도록 각각 정돈해 둔다. 이를테면 언더셔츠와 와이셔츠를 따로따로 두는 것보다는 그것을 짝 맞추어두면 시간이 절약된다. 그렇게 하면 구태여 두 군데서 찾을 필요가 없기 때문이다. 양말은 구두 근처에, 넥타이는 와이셔츠 옆에 두도록 하여라.

분리와 정돈

미국의 일류 실업가이며 견인차 제조회사의 사장인 로이 프루하우프는 바쁜 아침 시간의 문제를 해결하기 위해 다른 방법을 연구하고 있다. 그는 양복장 상단에 플라스틱으로 만든 상자를 두 개 놓는다. 그리고 잠자리에 들 때, 이 속에 돈 지갑이며 자동차 열쇠며 커프스버튼, 넥타이핀 등을 넣어둔다. 그런 물건들은 그 상자 안에 일정하게 구별되어 정돈된다. 그러니까 아침에 그것들을 찾아내는 데 필요한, 적어도 5분이라는 시간을 매일 절약할 수 있는 것이다.

같은 목적으로 다음과 같은 방법도 있다. 그것은 어느 상점에서나 구할 수 있는 칸막이 선반을 양복장에 넣어두는 것이다. 이것은 돈지갑과 시계, 명함집, 장신구 따위를 넣어두는 데 편리하다. 칸막이는 복잡하지 않은 것이 좋다.

수고와 시간을 절약하는 정리방법

각각 다른 물건에는 다음과 같은 방법을 시도해보아라.

그다지 자주 쓰지 않는 물건은 선반 상단에 넣어 두어라. 어느 상자에나 안에 들어 있는 것을 표시하는 카드를 붙여 두도록 하여라.

제철이 아닌 것은 다른 상자에 넣어둔다. 상자 한쪽에는 겨울용의 리스트를 쓴 카드를 붙이고, 다른 한쪽에는 여름용의 리스트를 써서 붙이면, 한 개의 상자를 이중으로 쓸 수 있는 셈이다. 간단하며 시간이 절약된다.

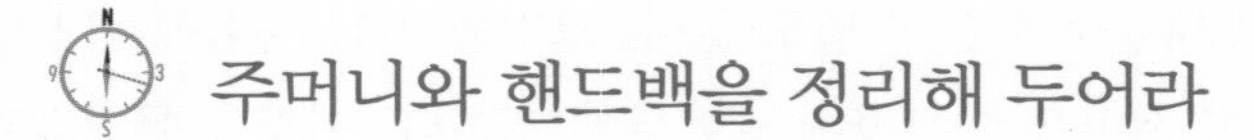

주머니와 핸드백을 정리해 두어라

당신은 매일 어떤 옷을 입고 있는가. 그리고 그 때문에 얼마나 많은 시간이 쓸데없이 소비되고 있는가 하는 것을 생각해 본 적이 있는가?

아무렇게나 뒤죽박죽 집어넣은 주머니와 난잡한 핸드백이야말로 우리의 가장 큰 귀찮은 시간 낭비자이다. 주머니와 핸드백 속을 정리하는 데는 몇 분이면 충분하다.

아침식사 요령

유감스러운 일이지만 우리 대부분이 허둥지둥하는 느낌으로 먹어야 하는 식사, 이것이 아침식사다. 맛있고 즐거운 아침식사를 할 수 있다면 그날 하루는 모든 일이 잘 된다고 생각해도 좋을 것이다.

페파린지 농장주인 마가레트 라드킨 부인은 최근에 시작한 제빵업이 크게 인기를 얻어 한 주일에 50만 개의 빵을 만들어 내고 있는데, 그녀는 남편과 세 남자아이들에게 식사를 만들어 주는 것을 무엇보다도 좋아하며 요리솜씨를 자랑하는 사람으로, 다음에 나오는 이야기들과 같이 아침식사의 아이디어를 실행하고 있다.

주방 살림을 정리하라

찬장 한 칸에는 커피를, 다른 한 칸에는 커피잔을, 또 다른 서랍에는 스푼을 하는 식으로 따로따로 넣어 두지 말고, 아침식사에 필요한 것은 어떤 것이라도 쓰는 장소에서 될 수 있는 대로 가까운 곳에 다시 정리한다. 이를테면 물을 담은 주전자는 싱크대 바로 옆에 놓아둔다. 또 불에 올려놓아서 쓰는 것은 모두 불 옆에 둔다. 이런 방법으로 오래된 관습을 타파해 가면 쓸데없이 돌아다니거나 공연한 장소를 잡거나 하지 않아도 된다.

냉장고에 대해서도 같은 방법을 적용할 수 있다. 버터나 베이컨, 계란이며 아침에 먹을 과일이나 밀크는 여기저기 찾지 않아도 될 수 있도록 한 장소에 두는 게 좋다.

일하는 순서를 생각하라

너무 허둥대지 않도록 일의 차례를 생각하여 다시 한 번 순서를 정해 보아야 한다. 이를테면 커피포트에 물을 담으러 가고, 다시 불 있는 데로 갔다가, 다시 냉장고 쪽으로 갔다가, 그리고 마지막으로 식탁에 가는 식으로, 쓸데없는 움직임이나 시간을 절약하여 가장 효과적인 순서를 발견해 두도록 한다.

식기는 전날 밤에 마련하라

저녁식사의 설거지가 끝난 뒤 식탁 위에 내일 아침식사에 쓸 식기를 갖추어 놓으면, 아침에 저마다 식탁에 자리잡고 앉으면 될 뿐, 조금도 허둥댈 필요가 없다. 만약 될 수 있으면 아침 과일도 전날 밤 준비해 두면 좋다.

가족들이 저마다 식탁 위에 있는 음식을 자신이 떠다 먹도록 하면, 식탁과 주방을 바쁘게 왔다갔다하는 시간을 절약할 수 있다. 신문을 읽는 시간을 절약하려고 생각한다면, 누구나 다 들을 수 있는 뉴스용 소형 라디오를 식탁에 준비해 놓는 것도 한 방법이다.

02:00

좋은 환경을 만들어라

아침에 일어나 옷을 입고 식사를 한 뒤 각자가 할 일, 즉 본업에 들어가는데, 여기서는 날마다의 할 일 전반에 걸쳐 적용되는 아이디어를 소개한다. 이들 아이디어는 여러분의 일을 더 쉽게 그리고 짧은 시간에 할 수 있도록 도와 줄 것이다. 그리고 아주 제한된 시간에 이것저것 많은 일을 해야 한다는 압박감을 없애줄 것이다.

주거지의 중요성

만약 당신이 매일 직장에 출근한다면, 가장 큰 시간 절약의 하나는 될 수 있는 한 직장 가까이에 살도록 하는 일이다. 또는 당신이 살고 있는 장소에서 될 수 있는 대로 가까운 곳에 직장을 갖는 일이다. 작은 도시라든가 농촌에 산다면 문제는 없지만, 출퇴근하는 거리가 멀면 의외의 부담이 되는 것이다.

《인생은 40부터》를 비롯하여 훌륭한 책을 30권이나 써서 세상에 널리 알려져 있는 월터 B. 피트킨은, 그의 성공은 그의 생애의 대부분을 걸어서 출근할 수 있는 직장 가까운 곳에 산 것에 힘입은 것이라고 말하고 있다. 그는 아침에 일어나 아침식사를 한 뒤에는, 보통 사람들이 출근하는데 소비하는 시간을 자기가 전부터 하고 싶어하던 일을 하는 시간으로 돌렸던 것이다. 물론 일자리 가까이에 산다는 것은 말은 쉬어도 실행하기는 어려울 것이다. 요즘에는 출근하기 힘든 도심지에서 공기가 맑은 교외로 본사를 옮기는 큰 회사도 나오기는 하지만, 당신의 집이 직장에서 가깝고 좀더 일하기 쉽다면, 당신의 급료가 조금 적더라도 괜찮을 것이다. 왜냐하면 당신의 급료에는 아침에 집을 떠나서 저녁에 집으로 돌아올 때까지의 시간이 포함되어 있는 것이므로, 매일 통근하는 시간이 두 시간 덜 들어도 된다면 적어도 급료의 20퍼센트는 매일 이득을 보고 있는 셈이 된다. 기업들은 차츰 교외나 소도시에 사무실이나 공장을 짓는데, 이 경향은 앞으로 점점 더 늘어날 것이다.

출퇴근 교통편

어느 정도 자유롭게 선택할 수 있다면 통근에 버스나 전철을 이용할 수 있고, 더욱이 갈아타지 않고 다닐 수 있는 곳을 선택해야 한다. 대도시 가까이에 살고 있는 사람들은 비록 전철을 타는 시간이 10분에서 30분 이내의 곳이라 하더라도, 급행이나 준급행을 탈 수 있으면 같은 시간에 좀더 먼 곳에서도 다닐 수 있다. 반대로 살고 있는 그 지역이 도중에 정거장이 많은 노선이라고 하면 거리는 가까워도 시간이 많이 걸리는 것이다.

통근시간 활용법

통근하는 도중의 시간을 신문을 읽는 것만으로 소비해 버리지 말고, 가장 의미 있는 일에 활용하는 것은 시간을 효과적으로 쓰는 유익한 방법이다. 많은 사람이 그렇듯이 나는 아침나절이 머리가 맑고 마음이 상쾌하다. 그러므로 아침식사 때에 재빨리 신문을 훑어보고 교외에서 올라타는 전철 속에서 하루의 계획을 세우고, 갖가지 생각을 하며 논문이나 저서를 머릿속으로 편집한다. 그리고 창의력과 신선함과 정력이 떨어진 저녁에 돌아오는 전철 속에서는 신문을 읽는다. 그것도 주요한 뉴스를 먼저 읽고 자세한 기사는 나중에 읽는다. 아침 차 안에서의 시간이야말로 그날의 가장 가치 있는 시간 가운데 한순간인 것이다.

기업인 중에는 이 아이디어를 자동차로 사무실에 가는 도중에서 실행하고 있는 사람이 많다.

일의 단순화

왜 그것을 어려운 방법으로 하는 것일까? 단순한 방법으로 하면 간단하게 잘할 수도 있고 시간도 걸리지 않는다. 이 일의 단순화라는 것이 하루 24시간에서 여가를 짜내는 귀중한 비결의 하나다.

이것은 단순한 하나의 기술이라고 할 수도 없으며 하나의 생활 철학이다. 이것은 거의 온갖 일과 활동에 적용할 수 있는 비결이다. 일의 단순화는 자기가 해야 하는 일의 세부적인 것에 정확한 지식을 얻는 일에서부터 시작해야 한다. 그리고 그 기초 위에서 공연한 시간과 노력의 낭비를 없애고 개량해 나가는 것이다. 우리 주변에는 아직도 어떤 부문의 일에도 시간과 노력의 낭비가 남아 있다. 이른바 자동화되어 있는 일까지도 그러하니, 우리 자신의 일에 있어서의 낭비는 일반적으로 훨씬 더 심한 것이다.

만약 당신이 다음에 말하는 바와 같은 전문가의 충고에 따르고 그리고 다음 여섯 가지 질문을 검토한다면, 당신은 자신이 하는 거의 모든 것을 스스로 연구할 수가 있고 그것을 한층 더 빨리 효과적으로 하는 방법도 깨달을 수 있을 것이다.

매일 하는 일의 순서를 연구하라

안락의자에 깊숙이 파묻혀 앉아서는 매일의 일이 어떻게 돌아가는지 자기의 눈으로 확인할 수 없다. 직접 행동을 통하여 확인해야만 한다. 다른 사람에게 부탁하여 당신의 행동을 기록해 달라고 하는 것도 좋은 방법이다. 일하는 방법을 목적, 실행, 결과 등으로 분류하고, 다음과 같은 것도 조사한다.

준비: 필요한 도구나 설비는 갖추어져 있는가?
실행: 그 일을 완성하기 위해 어떤 일을 했는가?
뒤처리: 사용한 도구들을 치웠는가?

다음 사항을 다시 생각해 보라

그 결과를 기록해 두는 것만으로도 일을 보다 빠르게, 보다 잘 해내는 방법에 대한 아이디어가 나올 것이다.

① 그것은 어째서 필요한가? 이것은 매우 분명한데도 자칫하면 빠뜨리기 쉽다. 당신은 그 일을 다만 습관에서 하고 있는 것은 아닐까? 그런 일은 하지 않아도 되는 것이 아니겠는가? 또는 그 일부분만을 하면 되는 것은 아닌가?
② 무엇이 이 일의 핵심인가? 그 일을 해내면 전에 없었던 무엇을 얻을 수 있는가? 잘못 만들어진 순서는 시간 낭비이므로 어떻게 바꿔야 하는가?
③ 어디서 그 일을 하는 것이 좋은가? 주방에서 완두콩 깍지를 까는 이유가 무엇인가? 가족과 함께 그 일을 할 수는 없는가? 또 그 일을 마당에서 할 수는 없는가? 서류꽂이를 써서 의자에 편히 앉아서도

서류를 조사할 수 있는데 일부러 책상에 마주앉을 필요가 있겠는가? 파일 박스는 자리에서 일어나지 않고도 손이 닿는 곳에 놓아 두는 게 어떤가? 작업실은 조명이나 통풍이 편리한 점에서 가장 좋은 상태인가 어떤가?

④ 언제 그것을 하는 게 좋은가? 저녁식사를 준비하는 동안 이튿날의 남편과 아이들의 점심을 준비하여 아침의 번거로움을 덜도록 연구하고 있는가? 식사 준비를 시작하기 전에 다음 요리를 준비하기 위해 물은 끓이고 있는가?

⑤ 누가 그것을 하는가? 만약 그것이 집안일이라면 누가 대체 그것을 하는가? 가족 중에서 남편인가 아내인가, 아니면 한 아이가 그 일을 맡고 있는가? 이 일은 누구에게 부탁하면 가장 잘 하겠는가를 생각해 보아라. 때에 따라서는 도우미 아줌마를 쓰는 편이 경제적일 수가 있는가?

⑥ 그것을 하는 최선의 방법은 무엇인가? 그 일을 함에 있어 자기도 모르는 사이에 여러 가지 불필요한 일을 하고 있지는 않은가?

새로운 방법을 발견하라

일이 잘 되지 않을 경우에는 의문나는 점을 상세하게 써서 가족들이나 직원들(만약 이것을 직장에도 적용한다면)과 무릎을 맞대고 의논하여라. 함께 새로운 방법을 상세하게 계획해 보아라. 재검토란 대개의 경우 다음과 같은 다섯 가지 점을 생각하면 충분히 능률적일 수 있다.

① 불필요한 세부적인 것을 배제한다.
② 될 수 있으면 둘 또는 둘 이상의 일과 도구와 재료를 관련시킨다.
③ 일의 순서를 계통적으로 재편성한다.

④ 자질구레하고 번잡한 일은 모두 될 수 있는 대로 단순화한다.
⑤ 다음 일을 준비할 시간을 계획해 둔다.

새로운 방법의 응용

앞에 적은 방법으로 새로운 방법을 발견하면, 이번에는 그것을 곧 실행하는 일이다. 실행은 이론과 마찬가지로 중요하다. 그 방법이 자리잡힐 때까지는 조금 시간이 걸리겠지만, 오래지 않아 그 새로운 일을 하는 방법에 익숙해질 것이다. 그리고 자기가 결정한 이 새로운 방식으로 일이 진행되고 있는가 어떤가를 이따금 확인해 보는 것과 동시에, 좀더 새롭고 보다 좋은 방법은 없는가를 언제나 탐구하는 일이 중요하다.

능률기사로서 알려져 있으며, 또한 《한 타(打 · 다스)면 싸진다》라는 책을 쓴 열두 아이의 어머니로서 유명한 리리안 길브레스 박사 부인은, 대개의 일은 그 일에 소비하고 있는 시간의 66퍼센트까지 절약할 수 있을 것이라고 말하고 있다. 당신 공장의 종업원이나 이웃 사람이나 친구들에게 당신이 발견한 시간 절약법을 이야기해 보아라. 그렇게 하면 틀림없이 유익하고 좋은 일이 있을 것이다.

이상의 방법을 적용하여 하루를 지내본다. 그리고 당신 자신의 반응과 개선 방법을 검토하여 시간 절약법에 대한 연구를 계속하여라.

능률이 오르는 가장 좋은 시간

"오늘 아침엔 정말 총알같이 일이 빠르게 진행되는 것 같군. 모든 일이 절반의 시간으로 해결되는 것 같은데."

만약에 이런 일이 있다면, 이렇게 일이 순조롭게 잘 되어가고 효과도 오른 것이 심리적인 것인지, 아니면 정말 그런 것인지 이상하게 생각할 것이다. 이 사실은 좋은 날도 있고 나쁜 날도 있는 것과 마찬가지로, 시간도 좋은 시간과 나쁜 시간이 있다는 것을 뜻하고 있다. 대부분은 심리적 작용에 의한 것인데, 같은 조건 아래서도 어떤 시간에는 능률이 뚜렷하게 오르고, 어떤 시간에는 떨어지는 일이 있다. 이렇게 일의 능률이 오르고 내리는 데는 모든 사람에게 공통된 법칙이 있는 것은 아니다. 그러므로 어느 때가 당신의 가장 좋은 시간인가 하는 것을 자세하게 연구해 보는 것이 중요한 것이다.

시카고 대학의 심리학자 나다니엘 클라이트만 박사는 수면에 대한 연구가로서 유명한데, 우리가 아침나절에 일의 능률이 오르는 것은 대개의 경우 그 사람의 체온과 밀접한 관계가 있다는 것을 발견했다.

보통 사람의 정상적인 체온은 섭씨 36.5도 정도이다. 그리고 건강한 사람일지라도 하루에 세 번 정도 체온이 올랐다 내렸다하는 것은 보통 있는 일이다. 우리 몸은 잠들어 있는 동안은 낮고, 깨어 있을 때는 높다. 이른바 신진대사 작용, 다시 말해서 몸이 산소를 태우는(말하자면 몸이라는 난로에 불을 태우는 것과 같은 것인데) 복잡한 과정을 반영하고 있는 것이다. 이 체온 변화에 따라 일의 능률이나 정신의 긴장이나 행복감의 변화가 정비례하고 있다.

어떤 사람일지라도 우리는 결국 다음의 세 가지 형 가운데 하나에 속하는 것이다.

아침형: 난로를 뜨겁게 하여 활활 타오를 준비를 갖추고 일어나는 것과 같다. 이런 형인 사람의 활동력은 정오 무렵에 정점에 이르고, 그로부터 오후는 차차 식어 가서 밤이 되면 하루의 근무로 다 타 버리고 만다.

밤형: 아침 일찍 일어나기를 싫어하는 형으로, 오전 중에는 활기가 없고 찌뿌드드한 가운데서 지낸다. 그러나 오후가 되면 이 형의 사람은 반짝반짝 활기를 띠어 간다. 그리고 오후 점점 늦어짐에 따라 아침형인 사람이 아침나절에 활활 타오르듯이 차츰 불덩어리처럼 타오르기 시작한다. 이 두 번째 형인 사람이 밤늦게 힘차게 활동하고 있을 무렵에는 아침형인 사람은 이미 잠들어 있게 된다.

아침형+밤형: 그 양쪽의 장점을 함께 지니고 있는 행복한 사람이다. 이 형의 사람은 아침 일찍부터 활동을 시작하여 대낮에 한 번 식는데, 밤이 가까워 옴에 따라 다시 타오르는 것이다. 그래서 만일 당신이 이 분류에 따라 자기의 형을 알았다면, 자기에게 가장 좋은 시간을 찾아내는 것은 의외로 쉬울 것이다.

당신은 자신에게 가장 중요한 일을 그 가장 좋은 시간에 집중하면 재빨리 해치울 수가 있을 것이다. 당신의 능력 이상으로 빨리 할 수 있는 시간은 몇 시인가 하는 것을 미리 알아 두는 것이 중요하다.

당신의 능력 이상의 속도를 너무 오랫동안 내면, 두뇌와 육체 양쪽을 무리하게 혹사하는 것이 되어 그 결과는 오히려 일의 속도와 질을 떨어뜨리게 될 것이다.

컨디션을 올리는 방법

당신의 형(型)은 결코 영구불변한 것이 아니다. 다른 것과 같이 습관으로 얼마든지 바꿀 수 있는 것이다. 이를테면 아이젠하워 대통령은 아침 일찍 일에 착수하는 습관을 훈련에 의해 몸에 익혔다. 오랜 세월을 기상나팔 소리에 의해 일어나는 습관이었으므로 오전 6시 30분 이후로는 누워 있지 못하게 되었던 것이다. 봅 콘시딘이 말했듯이 대통령이 하품을 하거나 벗겨진 머리를 슬슬 쓰다듬는 동작을 곧잘 보게 되는 데, 이것은 그의 활동력이 둔해져 있다는 증거다. 그는 오후 11시 가까이 되면 전혀 일을 할 수 없게 되었다고 한다.

누구나 몇 주일 동안 노력하면 체온과 일의 형을 바꿀 수 있다. 어떤 친구는 능률이 최고에 달하게 될 체온이 언제인가를 알아보는 데 2주일이 걸렸다고 한다. 그리고 오전 10시 30분에서 정오까지의 사이가 가장 효과적인 시간임을 알았기 때문에, 가장 중요한 결단이나 그 밖의 소중한 일은 모두 이 시간에 집중하기로 했던 것이다. 그는 이렇게 말하고 있다.

"나는 그 동안에 놀랄 만큼의 일을 했습니다. 기분은 더없이 좋았고, 아무리 어려운 일도 거침없이 해결할 수 있게 되었습니다."

아침에 일어나서 체온을 높이려면, 샤워를 하든가 목욕을 하는 것이 좋다. 또는 30분가량 미용체조를 하는 것도 좋을 것이다. 체온이라는 것은 한번 높아지면 오랜 시간 지속되어 하루 종일의 컨디션을 조정해 주는 것이다. 트루먼 대통령은 재직 중 내내 계속했던 아침 산책으로 얻는 바가 매우 컸다고 한다.

대개의 사람은 머리를 많이 써야 할 중요한 일을 오후까지 끌고 가기 쉬우므로 다음 일에 주의하기 바란다.

① 나중에 천천히 해도 되는 부차적인 일을 가장 좋은 시간에 하려고 하고 있지는 않은가?
② 별로 중요하지도 않은 일, 그날 맨 마지막으로 돌려도 좋은 일, 책상이나 살림살이나 작업대 등을 정리하는 일을 하고 있지는 않은가?
③ 당신의 컨디션을 올리기 위해 계획대로 노력을 하고 있는가?

당신이 비록 밤형의 사람일지라도 시간이 가면 능률이 떨어져 버린다는 것을 명심해 주기 바란다. 그 까닭은 당신은 그때까지 어떤 일정한 시간 동안 일을 하여, 다른 방법으로는 회복할 수 없는 일정한 에너지를 이미 소모해 버렸기 때문이다.

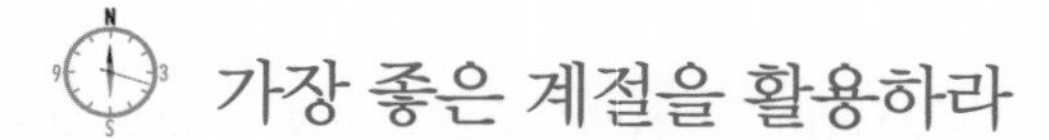

가장 좋은 계절을 활용하라

당신의 가장 좋은 시간을 활용하고 다시금 당신에게 있어 가장 좋은 계절을 선택하여 일한다는 것은, 짧은 시간에 보다 많은 일을 하는 데 도움이 되는 것이다. 달력이라는 것이 있기 때문에 우리는 새로이 시간 절약이라든가 그 밖의 자기 개선을 시작할 각오를 하는 데 새해 초하루를 택하는 일이 곧잘 있다. 그러나 실제로는 이런 결심을 하고 그것을 실행하는 것을 4월이나 10월부터 하기로 한다면 더 좋은 결과를 얻을 수 있을 것이다.

예일대학의 엘스워드 헌친튼 박사의 연구결과는, 우리 몸의 메커니즘이 가장 효과적으로 일하는 계절은 봄과 가을이며, 이 계절에 우리는 짧은 시간 동안 많은 일을 할 수 있음을 분명하게 밝히고 있다.

일하는 장소와 시간 소비와의 관계

당신은 이렇게 말할지도 모른다.

"나는 어떤 장소에서나 해야 할 일은 뭐든지 할 수 있다. 환경은 일을 해내는 데 얼마만큼의 시간과 노력이 드는가 하는 데는 영향이 없다."

알베르트 아인슈타인 같은 소수의 사람은 언제 어디서나 완벽히 신경을 집중할 수 있는 능력을 지니고 있었다고 한다. 그러나 우리들 대부분에게는 직장의 선호도에 따라 일의 능률을 올리는 데 있어 중대한 영향을 미치고 있다. 이것은 과학적으로 증명된 바이기도 하다.

캘리포니아대학의 워너 브라운 박사는 한 그룹의 학생을 두 조로 나누어, 한 조는 지저분한 다락방에서 일하게 하고, 다른 한 조는 같은 일을 기분 좋고 훌륭한 방에서 하도록 했다.

처음 얼마 동안은 대부분의 학생들이 장소는 그다지 차이가 나지 않는다고 했으나 결국은 지저분한 방에서 일한 학생들은 즐거운 환경 아래 일한 학생들에 비해, 일의 분량과 속도 양쪽이 모두 떨어지는 것이 뚜렷해졌다.

쾌적한 조명

쾌적한 조명은 짧은 시간에 일을 해내기 위해서 가장 중요한 요소이다. 제너럴 일렉트릭 회사의 실험 공장에서 일하고 있는 기사들은, 수많은 공장이 개량된 조명으로 10퍼센트에서 30퍼센트나 생산량이 늘고 있음을 밝히고 있다. 당신도 이와 똑같은 일을 자신의 활동이나 직장에서 경험해 볼 수 있을 것이다.

공장에서 조명을 바꾸는 일은 가정에서 알맞게 조명을 바꾸는 것보다 어려울지도 모른다. 세상에는 아직도 좋은 조명이 왜 필요한가를 깨닫지 못하는 경영자가 있다. 이런 경영자에게는 좋은 조명이 현실적으로 얼마나 필요한 것인가를 일깨워 줄 필요가 있다.

쾌적한 조명을 요구하여라. 겉보기만 좋은 램프의 갓이나 어두운 조명은 음악을 듣거나 가만히 앉아서 휴식하고 있을 때 장식적으로는 좋을지 모르지만, 독서나 바느질 같은 것을 할 때에는 사소한 것이라도 분명히 알아볼 수 있을 만한 밝기가 필요하다. 그렇지만 쾌적한 조명도 완전치 못한 시력을 고쳐 주지는 못한다. 조명은 시력을 보호하여 최대의 효과를 발휘할 수 있도록 해줄 뿐이므로 능률적으로 일을 하려고 생각하면 완전한 시력이 필요하다.

좋은 안경은 시간을 절약한다

당신의 눈은 피로를 느끼거나 밤이면 과로를 느끼는 일은 없는가? 독서나 사무나 기계에 관한 일을 할 때, 또는 그 밖의 평소에 하는 일상의 일을 할 때 끊임없이 눈을 피로하게 하지는 않는가?

현대인은 옛날에 비해 눈을 많이 혹사시키고 있다. 일할 때나 한가할 때나, 또는 놀 때나 집안일을 할 때에도 그러하다. 피로, 비능률, 두통 따위는 대개 완전치 못한 시력에 원인이 있다.

그런데 그러한 사람의 80퍼센트까지는 알맞은 도수의 안경을 씀으로써 그 시력을 고칠 수가 있는 것이다. 그런데도 사람들은 안경에 투자하는 것에 인색하다. 시력 검사를 하는 시간이나 경비나 안경 값 따위는 다른 것에 비하면 극히 적은 금액인데도 그렇다.

눈이 나쁜 것은 인생의 행복의 대부분을 희생하고 일을 해내는 데 훨씬 많은 시간을 소비하게 한다. 당신은 스스로 시력 상태를 나쁘다고 결정해 버려서도 안 된다. 우선 안과의사에게 의논하라. 그리고 도수가 맞는 안경을 쓰거나, 치료를 하거나, 여러 가지로 연구해 보아야 할 것이다.

눈을 혹사시키지 마라

시력을 안경으로 교정하거나 안과의사의 도움으로 눈의 상태를 최고로 만들면 최대의 능률을 올리게 되어 많은 시간을 절약하게 되는 것이다. 따라서 눈을 혹사시켜 시력을 떨어뜨리는 일이 없도록 해야 된다.

컴퓨터로 글자를 입력하면서도 원고와 모니터를 번갈아 보는 것도 눈의 피로를 가중시키는 것이다. 이를테면 숙련된 타이피스트는 절대로 모니터를 자주 보지 않는다. 원고만 보면서 손이 자연스럽게 키보드를 쳐 간다. 될 수 있는 대로 눈을 쓰지 않고 손발로 일할 수 있도록 훈련해 두어라.

TIME MANAGEMENT HABIT

03:00
계획을 세우고 실행하라

짧은 시간 동안에 많은 일을 하기 위해 가장 중요한 것은 자기 나름대로 독자적인 계획표를 만드는 일이다. 어떤 사업가도 노동자도, 그리고 주부도 학생도 사무원도 모두 자기의 계획표를 가지고 있다. 어떤 것은 애써서 만든 것이고 어떤 것은 아주 간단하게 만든 것이다. 그러나 당신을 위해 가장 쓸모 있는 계획표를 만들 수 있는 사람은 당신 이외에는 없다.

기록해 두면 시간을 절약한다

내가 만나서 이야기를 나눈 명사들은 모두라고 해도 좋을 만큼 자신의 일을 정리하고, 시간을 절약하기 위해 자신에게 맞는 어떤 방법으로 메모를 해 놓고 있다. 〈디스위크 매거진〉의 편집자 윌리엄 니콜스는 메모를 해 두는 것은 하버드대학에서 받는 교육만큼이나 가치 있는 공부가 된다고 말하고 있다. 니콜스는 또 이렇게 말한다.

"하고 싶은 일을 생각해 냈을 때는 그것을 기록해 두도록 하라. 그렇게 함으로써 낮이나 밤이나 그것을 기억해 두려고 하는 꽤 많은 시간을 덜어 준다. 그리고 쉬는 날을 이용하여 그러한 메모를 정리된 계획으로 만들어내는 것이다(나는 이것을 실행표라고 부른다). 이것은 또 시간 절약도 된다. 왜냐하면 그것은 당신이 해야 할 일들을 논리적으로 순서를 매겨 정돈해 주기 때문이다. 만일 당신에게 부인이 있다면 당신 것과 함께 그녀를 위해서도 실행표를 만드는 것은 훌륭한 아이디어이다. 이 방법은 보통이라면 부인이 잊어버릴지도 모를 일들을 모조리 기억하고 있도록 하기 위해 쓰는 시간을 덜어 줄 것이다."

메모의 중요성

그런데 당신이 그것을 어떻게 적어 두든 간에 그것을 정리하는 방법이 진짜 비결인 것이다.

이면지 뒤에 아무렇게나 써놓은 메모를 주머니나 돈지갑에 처박아 두거나, 또는 벽에 핀으로 눌러 꽂든가 하여 그대로 잊어버리고 마는 것은 흔히 있는 일이다. 때로는 그것이 좀처럼 해결되지 않은 일을 문득 생각나게 하는 작용을 하는 수도 있다. 그러나 메모를 만드는 것은 당신 자신을 위한 일에 도움이 되도록 한 경우에만 유익한 것이다.

만약 여러분이 어떤 일을 왜 하는가에 대해 생각한다면 그 일을 절반 이상 해낸 것과 다름없는 것이다.

하루의 일정표를 짜라

유명한 듀폰 회사 사장 클로포드 H. 그리네랄트는 시간을 엄격히 정리하여 세밀한 계획을 세워 행동하는 것으로 유명하다. 그의 말을 들으면 계획에 소비되는 시간은 실행에서 그 세네 배의 시간을 절약해 주는 것이 된다고 한다. 그의 아이디어 두 가지를 소개해 본다.

① 될 수 있는 대로 언제나 당신이 자기의 일을 해내기 위한 계획을

세울 때는 반드시 부딪치리라고 생각되는 문제를 모두 써 본다. 앞뒤 분별없이 미친 듯한 페이스로 돌진하여 오히려 능률을 떨어뜨리는 것보다는, 처음부터 완만한 페이스로 시작하는 편이 좋다.

② 전문적인 능률 기사와 같은 엄격한 태도로 그날그날의 자기 활동을 연구하여라. 당신은 어떤 다른 사람보다도 자신의 일에 정통해야 하며, 일의 순서도 매끄럽게 진행할 수 있도록 짜야 한다.

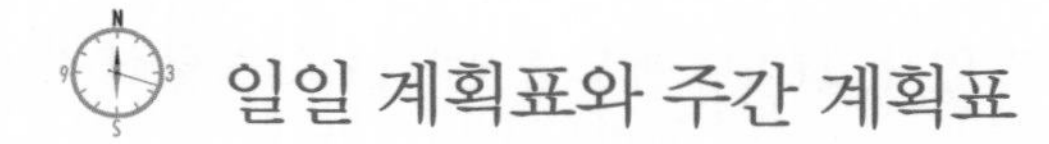

일일 계획표와 주간 계획표

프레드 라잘스 주니어는 백화점 연합회의 대표이므로 전국에 있는 주요한 소매업의 현상을 언제나 정확하게 파악하고 있어야 한다. 그는 우선 일주일 동안의 계획표를 짜고, 그 가운데서 언제나 맨 먼저 해야 할 다섯 가지 또는 열 가지의 가장 중요한 일을 골라내는 것으로 매일 적어도 25분은 절약하고 있다. 그는 이렇게 말하고 있다.

"자기가 당면하고 있는 일 가운데 어떤 것을 맨 먼저 할 것인가를 결정하기 위해 끊임없이 다시 생각해 보는 것이 가장 중요하다. 해야만 하는 순서에 따라 완성하고 싶다고 생각하는 것을 적어 두도록 하라. 우선 첫째로 힘든 일을 적어 둔다. 시간을 낭비하는 일은 그만두라. 쓸데없이 잡다한 일은 뒤로 돌리라. 그런 일에 얽매어 있으면 같은 결과를 얻는 데 두세 배의 시간과 노력이 들게 마련이다."

계획대로 일하라

시간을 잘 활용하기를 원하는 경영간부라면 일을 계획하고, 계획에 따라 매일 업무를 수행해 나가야 한다. 업무계획을 머릿속으로 생각하는 것만으로는 안 되며 계획을 종이에 적어봐야 한다. 종이에 적음으로써 자신의 목표를 잃지 않게 되며 자신의 눈앞에 매일 출현하는 중요도가 낮은 것에 주의를 빼앗기지 않게 될 것이다.

일일계획표 활용법

① 우선순위를 나타내는 시스템을 만든다.
우선도 A = 당일 중 반드시 실시할 것
우선도 B = 당일 중에 해야 할 것
우선도 C = 실시를 연기해도 괜찮은 것
우선도 D = 누군가에게 맡겨도 좋은 것

② 해야 할 일 난에는 오늘 처리할 업무작업의 목표를 기입한다. 각각 우선도를 정하여 A · B · C 순의 기호를 기입한다. 그 목표를 누군가에게 맡길 수 있는 것이라면 A/D · B/D · C/D의 어느 것이든 기입한다. 그리고 업무를 수행하고 있는 도중에 불확실한 점을 규명하고자 전화할 필요가 있을 경우에는 전화를 걸며, 전화 난에는 기입하지 않는다. 가능하면 업무를 계획하기 전에 필요한 전화를 전부 끝내고(이 전화를 걸 일은 전화 난에 기입한다), 불확실한 점은 규명해 두는 편이 좋다. 전화를 거는 일로 그 업무 수행에 대한 의사집중이 중단되면 귀중한 시간이 낭비되는 것이다.

③ 전화 난에는 그날 전화할 예정인 상대 및 항목을 기입한다. 이 경우에도 우선도를 기입한다.

④ 약속 난에는 시간, 면회자명, 장소(자신의 사무실, 면담자의 사무실, 또는 다른 장소, 기타)를 기입한다. 시간 난에는 이 면회에 필요하다고 생각되는 최대 시간을 기입한다. 이 예정시간이 종료되기 1, 2분 전에 면담이 완결되도록 이야기를 매듭짓는다. 언제나 예정대로 되는 것은 아니지만 목표시간을 정해두면 불필요하게 면담을 질질 끌게 되는 일이 없게 되며, 예정 시간을 지키는 것이 훨씬 용이하게 된다.

⑤ 약속은 미리 예정에 넣은 것이므로 지키는 것이 당연하다. 그러나 해야 할 일 난과 전화 난에 기입한 우선순위 A는 우선순위 B를 실시하기 전에 완료해야 하며, 또한 우선도 C를 실시하기 전에 우선도 B를 완료해야 한다.

⑥ 예정 외의 사항을 처리하기 위해서 매일 한 시간 정도 자유로운 시간을 둔다. 이 자유시간을 사용하지 않고 끝날 경우에는 밀린 일을 하는 데 사용한다.

스케줄을 잘 활용할 수 없는 이유

해야 할 일 난에 매일 기재한 것을 전부 완료하는 것은 거의 불가능하다고 생각하는 사람이 있을 것이다. 중요한 것은, 독자가 달성하고 있는 것은 우선도가 가장 높은 일이라는 것이다. 리스트에 기재한 것을 전부

달성할 수 없는 원인에는 다음과 같은 것이 있다.

① 너무 많은 일을 하려고 생각하는지도 모른다.
② 리스트에 올린 것 중에는 실시한 준비가 되어 있지 않거나, 목표가 명확하게 설정되어 있지 않은 경우가 있어 그 결과 업무내용을 자세히 분석하지 않은 채 어정쩡한 태도로 일에 몰두해 있다는 것이 된다.
③ 일의 우선순위에 주의를 기울이지 않고 있는지도 모른다.
찰스 슈압은 무명의 베슬레헴 제강회사를 5년 동안에 독립 업체로는 최대의 제강회사로 올라서게 했다. 그 주된 이유는 아이비 리라고 하는 능률 전문가의 조언을 따른 데 있다. 리는 슈압 씨에게 단순한 일은 반드시 매일 실시하고, 슈압 씨의 스텝에게도 같은 일을 하도록 조언했다. 반드시 매일 하는 단순한 일이란 다음날 실시해야 할 일로서 가장 중요한 일 여섯 항목을 적어 이것을 중요도에 따라 나열하는 것이었다.
다음 날 슈압 씨는 첫 번째, 두 번째 세 번째라는 우선순위에 따라 일을 처리했다. 당일에 적은 전항목을 완료하지 않아도 상관없다. 가장 중요한 항목을 처리하기 위해서 시간을 사용했기 때문인 것이다. 이 방법을 2, 3주간 시험해 보고 슈압 씨는 대단히 유효하다고 생각하여 이 컨설턴트 조언에 2만5천 달러를 지불했다고 한다.
④ 의사결정을 하기가 어려워서 결정을 내리지 못하고 있는 경우가 있다. 이 문제는 뒤에 나오는 의사결정 시간관리에서 자세히 설명된다.
⑤ 커뮤니케이션에 장애가 있어 일을 완료하는 데 필요한 정보를 모두 입수하지 못한 경우가 있다.
⑥ 다음과 같은 문제점이 있어 자기관리가 잘 되지 않는 경우가 있다. 압박감을 느끼고 있어 계획에 태만하고 있는 경우. 실행 곤란

하다든가 체념해버려서 그 일에 몰두하고 있지 않은 경우. 자신의 주요 목적을 약화시킬 것 같은 반대 욕망을 허용하고 있는 경우.

⑦ 자신의 목표를 달성하는 데 필요한 자신감이 결여되어 있다.

⑧ 업무의 핵심으로 들어가지 않고 업무 주변을 빙빙 돌고 테스트를 반복하고 있는 경우가 있다.

⑨ 장래의 성공을 목표로 발전적으로 움직이지 않고 지난 실패의 포로가 되어 있는 경우가 있다.

⑩ 자신은 그것을 할 수 있다든가, 그것을 해보자라고 생각하지 않고 반대로 자신은 아마 그것을 완성할 수 없을 것이라고 생각하고 있는 경우가 있다.

계획수립 시간관리

스페인의 격언에 "공중에 성을 쌓지 않으면 어디에도 성은 쌓을 수 없다"라는 말이 있다. 대개 미국인은 백일몽을 꾸는 것은 시간낭비라고 교육받아 왔다. 그러나 성공한 경영간부는 컨트롤된 백일몽은 절대로 필요한 것이라고 인정하고 있다. 이것은 계획수립이라 불리는 것이지만, 경영간부가 조직상의 지위가 오르면 오를수록 계획수립에 사용되는 시간은 증가된다.

데이비드 알렌은 그의 저서 《업무 달성(Getting Things Done)》에서 매일 어떤 일을 해나가는 데는 게임을 하는 듯한 계획이 필요하다고 서술하고 있다. 계획이 없으면 자신의 눈앞 혹은 책상 위에 있는 것에 터무니없이 시간을 할당해버리게 된다. 알렌은 계획이 없으면 기회와 씨름하는 것이 아니라 단지 문제와 씨름하는 것으로 끝나 버린다고 서술하고 있다.

계획을 세움으로써 비생산적인 활동과 꾸물거리는 행위를 제거할 수 있게 된다. 이 과정은 두 종류의 렌즈, 즉 광각렌즈와 망원렌즈를 사용해 카메라를 들여다보는 행위와 같다.

광각렌즈적 계획수립

광각렌즈적 계획에 의해 큰 시야를 가질 수 있게 된다. 이것은 장기목표를 다시 한번 떠올리게 해서 그것을 달성하기 위한 단기 목표를 설정할 경우에 필요한 것으로, 이런 때에 과거를 되돌아보고 생각해 실패를 배우고 과거의 성공을 기초로 장래를 계획하는 것이 된다. 또 조직의 목표달성에 자신이 더욱더 공헌할 방법은 없을까 하고 검토하는 시간이기도 하다. 공부를 하거나 자신의 분야와 관계있는 문헌을 읽고, 자신의 전문적인 능력을 닦는 시간이기도 하다.

일주일간의 스케줄에는 광각적 계획을 세우는 데에 한두 시간을 잡아둘 필요가 있다. 가능하면 그날의 압박감으로 자신의 사고의 기능이 저하될 수도 있는 사무실이 아닌 다른 곳에서 광각렌즈적인 계획을 세우는 것이 좋다. 쾌적하고 긴장을 풀 수 있는 자택의 조용한 장소라든가 어딘가 그런 다른 장소를 찾으면 좋다.

광각렌즈적 계획 작성은 금방 자신의 주의를 끄는 것이 아니므로 그냥 이것을 무시해버리는 경향이 있는데 그러면 안 된다. 광각렌즈적 계획수립은 성과를 많이 거두기 위한 매우 현명한 시간투자이기 때문이다.

망원렌즈적 계획수립

망원렌즈적인 계획수립이란 어느 특정문제와 일에 초점을 정확히 맞추는 것이며, 이 경우에는 다음과 같이 한다.

▶ 일일계획표를 사용해서 그날의 일을 계획한다.
▶ 인사에 관한 문제를 잘 생각한다.
▶ 스케줄을 짠다. 다음과 같은 가이드라인은 스케줄을 짤 때 경영간부가 때때로 활용하는 것이다.
  · 그날 중 발생하는 문제 처리를 위해 38%의 시간을 사용한다.
  · 일주일 후의 문제에 40%의 시간을 사용한다.
  · 일주일에서 한 달 후의 문제에 15%의 시간을 사용한다.
  · 6개월 후의 문제에 5%의 시간을 사용한다.
  · 6개월부터 일 년 후의 문제에 2%의 시간을 사용한다.

망원렌즈적 계획수립을 위해 매일 1시간 정도 조용한 시간을 설정해둔다. 이를 위해서는 혼자 있을 수 있는 시간을 선택해야 하고 전화, 방문자, 비서 등에게 방해받지 않고 생각에 전념할 수 있는 때가 좋다. 사람에 따라서는 이 시간으로는 아침이 제일이라고 하기도 한다. 사무실 문을 열자마자 금방 일을 시작해야 할 입장에 있는 사람은 러시아워가 시작되는 1시간 전에 출근해보는 것도 좋다.

조금 빨리 시작할 수 없는 사람은 다른 시간을 찾아본다. 예를 들면 업무가 끝나기 1시간 전이라든가 점심시간을 전후해서 이 시간을 찾는다.

중요한 것은 하루에 적어도 1시간은 자신이 혼자서 자유롭게 있을 수 있는 시간을 정하는 데 있다. 가능하면 매일 같은 시간을 선택해서 이것을 특정해 두면 이 시간에는 자신을 붙들 수 없다는 것을 주위사람이 알게 될 것이다.

경영간부를 만나려고 하면 언제라도 만날 수 있다는 잘못된 사고를 가져서는 안 된다. 이런 생각은 자신의 사무실 문은 언제나 열어둔다는 생각을 낳게 되는데, 이렇게 되면 복도를 지나가는 용건도 없는 사람에게 '언제라도 자유롭게 들어와 주세요' 라고 초대하고 있는 것이 되어 버린다.

다음으로 할 일은 망원렌즈적 계획수립을 할 장소를 발견하는 것인데, 이것은 자신의 사무실이라도 상관없다. 단지 이럴 경우에는 이 계획을 세우고 있는 동안 아무도 자신의 주의를 방해하지 않도록 모든 방해를 잘 막아 줄 사람이 있어야 한다. 사무실이 누구나 자유롭게 출입할 수 있는 상태인 경우에는 생각을 위한 시간용으로 어딘가 비밀장소를 발견하면 좋을 것이다.

상사가 보면 자신은 아무것도 하고 있지 않은 듯 보이므로 자신이 시간을 낭비하고 있다고 상사가 생각하고 있는 것이 아닐까 걱정하는 경향이 있는데 이런 걱정은 하지 않아도 된다. 필시 상사도 계획을 세우기 위해 조용한 시간을 설정하고 있다. 설령 그렇지 않을 경우라도 계획수립의 시간을 설정한 결과 능률이 오르면, 계획을 세우는 시간을 설정하는 지혜를 상사는 틀림없이 인정하게 될 것이다.

시간을 기록하고 관리하라

피터 드러커는 이렇게 서술하고 있다.

"시간을 기록하라. 시간을 관리하라. 일체화하라. 사장은 이 세 가지의 스텝을 밟는 것이 효율적인 관리를 하는 기초이다."

시간의 기록과 시간관리를 최저 6개월마다 반복해서 실시해주기 바란다. 비생산적 행동은 자신도 모르는 사이에 자신의 스케줄 속에 잠입하므로 정기적으로 이것을 찾아내서 제거할 필요가 있다.

자신의 시간을 기록하고 관리하게 되면 자신이 해야만 하는 일에 소요되는 시간이 어느 정도인지를 알 수 있게 된다. 문제는 이 시간이 하루 스케줄 속에서 부분적으로 조금씩 나누어져 있다는 것에 있다. 이 시간을 합하면 1시간이나 2시간이 되는데 대개의 경우 경영간부가 일을 처리하는 데는 이것은 충분하지 않다. 매시간의 15분씩을 사용해서 관리직이 해야 할 계획수립의 일을 한다 해도 이것을 완성하기는 힘들다고 생각한다. 필요한 것은 약간의 시간적 여유를 갖는 대신에 이것을 합해서 상당한 시간을 가질 수 있는 시스템을 만드는 것이다. 이것을 하기 위한 방법을 몇 가지 소개한다.

① 일주일에 하루 정도는 집에서 일을 한다.

② 예를 들면 일주일 중 월요일과 금요일 이틀간을 미팅이나 문제해결 회의, 그 밖에 이런 종류의 일을 실시하는 날로 스케줄을 정한다. 화 · 수 · 목요일 오전 또는 오후를 경영간부로서의 일을 하는 날로 정한다.

③ 오전 중 2시간 또는 1시간 반 동안 자기 집에서 매일의 반복되는 일을 끝내 버린다. 하루의 일이 끝난 시점보다도 하루 일을 시작하는 때가 생산적인 상태에 있는 것이다. 게다가 저녁 시간을 가족과 함께 보내는 것도 즐거울 것이다.

④ 전화할 일을 정리한다.

⑤ 아침식사를 늦게 하고 점심시간에 일을 한다.

스케줄 캘린더를 활용하라

경영간부에게는 3개의 스케줄 캘린더가 필요하다. 포켓용, 탁상용 그리고 일일계획표이다.

포켓 캘린더

소형 포켓 캘린더를 언제나 휴대하라. 사무실을 떠나 있을 때 약속과 회의 예정을 짤 필요가 있을 경우에 시간이 있는지 없는지는 이 포켓 캘린더를 보면 좋을 것이다. 탁상용 캘린더는 자신의 어시스턴트 책상 위에 놓으면 좋다.

그리고 반드시 ① 하루에 1~2회, 1회에 2~3분(최대 5분) 자신의 어시스턴트와 자신의 캘린더를 조회한다. ② 양쪽 캘린더에 기입할 경우에는 연필로 한다. 그러면 변경이 필요할 경우에는 지우개로 지우고 변경한 스케줄을 기입할 수 있다.

포켓 캘린더에는 탁상용 캘린더에 비해 필요한 정보를 대량으로 적을 수 없다. 필요한 것은 일정한 시각에 약속한 사람의 이름을 기입하는 것으로, 이 캘린더로는 특정시간이 누구누구와의 관계로 기록되어 있는가를 아는 정도인 것이다. 포켓 캘린더를 사용하면 외부에서 약속을 정하자고 제의받았을 경우 빈 시간을 확실히 알고자 사무실에 전화를 거는 시간을 절약할 수 있게 된다.

탁상 캘린더

어시스턴트가 상사를 위해 사용하는 탁상 캘린더에는 예정된 시간과 다음 사항이 기입된다.

· 약속된 사람 이름
· 회합시간
· 회합의 주제(약속 이유)

약속 의뢰가 있으면 어시스턴트는 상사를 위해 이 캘린더에 약속을 기입하게 된다. 어시스턴트는 언제, 어느 정도 시간적 여유가 있는지 알고 있으므로 경영간부와 어시스턴트가 하루에 1~2회 탁상용과 포켓용 캘린더를 조회하고 서로 어긋나지 않도록 해둘 필요가 있는 것은 이 때문이다.

일일계획표

세 번째 캘린더가 이 일일계획표로, 이것에 따라 시간을 활용하면 약속은 생산적인 것으로 된다. 이 일일계획표는 상사가 회사에 도착하기 전 또는 퇴근하기 전에 어시스턴트가 제일 먼저 준비하는 것이다. 이 표에는 시간, 이름, 주제, 그 밖에 약속을 이행하는 데 필요한 정보가 기입되는데, 예를 들면 다음과 같은 예가 그 전형적인 것이다.

- 오전 10시 바튼씨, 시민단체 참석에 관하여
  (지난 번 바튼씨에게 참석의사 확인)
- 오전 11시 상공회의소의 고탈씨, 회원모집 운동에 관하여
  (운동전략 개요)
- 오후 1시 브락사의 브라운씨와 화이트씨, 건축문제에 관하여
  (서신 별첨)

제1순위 판단력

심리학자 데이비드 시바리는 자기가 해야 할 첫 번째 일을 골라내는 능력을 '제1순위 판단력'이라 하고 이렇게 설명한다.

"유능한 사람은 우선 첫째로 자신의 머릿속을 정리하고, 어떤 일에 대해서도 맨 처음에 해야 할 일부터 먼저 착수하도록 노력한다. 대개의 사람은 무엇이 중요하고 무엇이 중요하지 않은가는 알고 있지만, 그들은 그것을 어떻게 할 것인가를 생각해 보려고는 하지 않는 것이다. 일을 시작함에 있어 처음에 그런 것을 남김없이 써 본다면 아무래도 좋은 일과 필요한 일을 구별할 수 있을 것이다. 그렇게 하면 그것을 서로 비교하여 가장 중요한 것부터 그다지 중요하지 않은 것을 차례로 나열할 수가 있다. 다음에 우선 첫째로 가장 중요한 것을 맨 먼저 하는 습관을 붙이도록 하여 인생을 하찮은 일로 방해받지 않도록 해야 한다. 뚜렷한 성과를 얻을 수 없는 하찮고 시시한 일과 싸워 귀중한 시간과 노력을 헛되이 소비해서는 안 된다."

선견(先見)과 계획

RCA 회장인 데이비드 사노프는 이 아이디어를 가장 귀중한 것으로 실행해 오고 있는데, 그는 이렇게 말하고 있다.

> "얼핏 보기에 자질구레한 일 속에서 기본적인 것을 꺼내어 그것을 실천적으로 정리하라. 훨씬 앞까지 미리 내다보고 계획을 세워라. 물론 눈앞의 일을 놓칠 만큼 너무 앞의 일을 계획해서는 안 되지만…."

자기에게 가장 가까운 일이 언제나 가장 중요한 것이라고는 할 수 없다는 것을 잊지 말라. 시간적으로 가까이 접해 있는 일이 그 순간에 당신에게는 가장 중요한 일인 것처럼 보이게 마련이다. 전체를 내다보며 과연 그것이 옳은가 어떤가를 결정하고 난 다음에 일을 진행해 가는 습관을 만들도록 하라. 그렇게 하면 많은 시간을 절약할 수 있을 것이다.

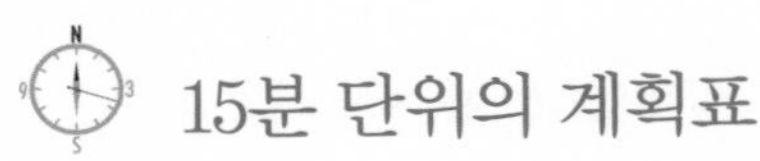

15분 단위의 계획표

유명한 목사이며 저술가인 다니엘 포올링 박사는 〈크리스천 헤럴드〉의 편집자로도 활약하고 있는데, 그는 시간을 15분 단위로 나누는 계획표를 만들어 다음과 같이 설명하고 있다.

"몇 년 전, 나는 하루를 15분씩으로 나누어 계획표를 짰다. 그리고 각 15분 동안의 프로그램을 적었다. 그 결과 나는 분명히 20~30분은 걸릴 거라고 생각되는 일을 15분 동안으로 줄일 수 있는 방법을 터득했다. 그래서 나는 매일 한 시간이나 두 시간을 가외로 벌고 있다. 지금은 이미 이런 구분도 필요치 않다. 오랜 세월의 습관으로 완전히 자동적으로 일이 진행되고 있기 때문이다."

그의 작고 검은 수첩에는 먼 장래의 계획과 동시에 이튿날, 다음 주, 다음 달의 계획이 적혀 있다. 이것이 그의 일의 뼈대가 되어 있는 것이다. 그는 이렇게 말하고 있다.

"예기치 못한 사정으로 계획을 변경해야만 하게 될 때면, 나는 계획을 고쳐 필요하다고 생각되는 그 다음으로 가장 급한 일을 하고 있습니다."

라디오 프로그램에 맞춘 일정표

부인들 가운데는 자기가 좋아하는 라디오 프로그램에 맞추어 집안일을 처리하여 일하는 시간을 줄이도록 하고 있는 사람이 있다. 그녀들은 아침식사를 하면서 라디오 뉴스를 듣고, 요리를 하는 시간에는 또 다른 프로그램을 듣는다. 15분 동안 라디오의 어떤 프로그램이 진행되는 사이에 청소를 끝내고, 옷을 손질하고, 식사를 준비하고, 다림질도 하고, 저녁 식사를 준비하는 등 라디오 프로그램에 맞춘 일정표를 실행에 옮기고 있다. 어떤 부인은 이렇게 말하고 있다.

"나는 시계를 볼 필요도 없습니다. 라디오 프로그램의 길이에 따라 나에게 정확하게 남은 시간이 어느 정도인지 알 수 있답니다."

내가 이 책을 쓸 준비를 위해 CBS 청취자에게 그들의 시간 활용법을 물었을 때 안 일인데, 많은 가정주부들은 음악을 듣거나 텔레비전을 보면서 저마다의 일을 진행시킨다고 한다. 그녀들이 좋아하는 라디오 프로그램을 반주삼아 뜨개질도 하고 수를 놓기도 하며, 빨래를 개어놓거나 할 때는 무의식중에 일이 잘 된다고 한다.

시계를 빠르게 해 두는 것도 요령

어떤 사람들은 시간을 절약하기 위해 언제나 시계바늘을 빠르게 해 둔다. 그리고 확실히 얼마 되지는 않으나 가외의 시간을 만들어 내고 있다. 그것은 심리학적인 하나의 트릭이지만 이따금 매우 도움이 되는 것이다.

월간 계획표

헨리 포드 2세는 만약 당신이 적어도 한 달 앞의 일을 계획하고, 지금까지 해 온 일과 이제부터 처리하려고 생각하는 일을 비교 연구한다면 매 달마다 발전하는 과정을 확실하게 볼 수 있을 것이라고 말하고 있다.

그는 앞으로 한 달 동안의 일에 대한 계획을 A4 용지 크기의 크기로 접었다 폈다 하는 식의 달력에 적어 둔다. 하나는 매 주를 위해, 또 하나는 매일의 시간에 대한 일정표로 쓰고 있다. 이렇게 해서 그는 일반적인 작업계획을 만든다.

그러나 포드는 너무 계획이 빨리 진행되거나, 어중간하게 진행되는 일이 없도록 주의하고 있다.

"우리는 자동차 생산을 위해 3년이나 4년 앞의 계획까지 세워야 한다. 그러나 여러분의 개인적인 계획표라는 것은 첫째로 여러분의 하루 하루를, 또 한 주 한 주를, 혹은 한 달 한 달을 정리하기 위해 편성해야 한다. 뒷걸음질을 치거나 같은 일을 되풀이하거나 하지 않도록 주의하기만 하면 두서너 가지의 일은 함께 해낼 수도 있는 것이다."

〈타운 앤 컨트리〉를 편집하는 헨리 B. 셀은 또 다른 계획표를 만들 아이디어를 짜내고 있다. 하루 한 번씩 그는 큼직한 종이 한 장을 꺼내어 거기에 생각난 일을 모두 적어 놓는 것이다.

"이렇게 하면 무엇을 해야 하는가가 일목요연하므로 나는 그 가운데서 가장 중요한 일부터 시작합니다."

하루의 마지막에 다음날의 계획을 준비하라

또 다른 계획표 작성의 아이디어가 있다. 그것은 사무실이든 공장이든 가정이든 하루의 마지막 짧은 시간을 이용하여 다음날의 일에 대한 계획을 세우는 일이다. 이 10분 동안의 '마지막 정리' 시간에 의해 하루의 일을 잘 끝냈다는 안도감을 느끼고, 그 뒤의 여가를 좀더 편안히 지낼 수가 있다. 엘리너 루스벨트 부인은 전날 이렇게 계획을 세워 다음날 행동으로 옮기기를 즐겨하는데 그녀는 이렇게 말하고 있다.

"전날 밤에 계획을 세워 준비한 일은 이튿날 보통으로 해서 걸리는 시간의 절반으로 해낼 수 있습니다. 게다가 노력도 훨씬 적게 듭니다. 이 10분 동안의 기록이 이튿날의 행동 계획을 세워주기 때문입니다. 이튿날의 일이 머리에 남아 불안에 시달리고 있는 것보다는 신선하고 흥미 있는 메모를 만드는 것으로 하루를 끝내는 편이 얼마나 나은지 모릅니다. 이렇게 해 두면 다음날은 완전히 신선한 마음으로 시작할 수가 있답니다."

웨스팅하우스 에어 브레이크 회사 사장인 에드워드 O. 보셀은 이에 찬성하여 다음과 같이 말하고 있다.

"내일의 일정은 모두 적어 두었으므로 이제는 잊어버릴래야 잊어버릴 수가 없다는 것을 확인하면, 밤이 되어 많은 사업상의 문제로 시달리는 일은 없습니다. 나는 정신적 고민을 실제로 써 보고 해결책을 찾도록 자신을 훈련해 왔습니다. 그리고 망설이며 결단을 내리지 못하여 많은 시간을 허비하는 일이 없도록 자신을 교육해 왔습니다."

실행에 도움이 되는 메모

해야 할 일을 모두 노트에 적는 것은 만약 그것을 행동으로 옮기지 않는다면 힘만 들이고 시간의 낭비가 될 뿐이다. 그렇게 되지 않게 하는 가장 좋은 방법은 당시의 노트에 모두 구체적으로 행동하는 방법을 쓰는 것이다. 정원 손질에 대해 막연하게 해야 할 것을 적는 대신 어느 날 어느 시간에 무엇을 한다는 식으로 쓰는 게 좋다. 이를테면 이렇게 적어 보는 것은 어떻겠는가.

"내일은 꽃집에서 거름 흙 두 포대 주문. 헛간에서 비료 한 포대를 꺼내다가 맨 앞줄 화단에 뿌린다. 물뿌리개로 물을 준다."

이런 식으로 노트에 적으면 효과적인 일의 계획이 될 것이다.

비망록

광고업으로 성공한 제롬 햄머는 이런 계획표를 작성하는 습관을 일을 하는 데 절대적이라고 생각하고 있다. 그는 자기가 거래하는 상위 100명의 자료를 써 놓은 비망록을 만들어 놓고, 시내 전화든 장거리 전화든 간에 3~4일에 한 번이나 나흘에 한 번은 반드시 전화를 한다.

그는 이렇게 말한다.

"이 규칙적인 전화 덕분에 얼마나 많은 불평과 어려움을 미리 자라기 전에 잘라 버릴 수 있었으며, 또 얼마나 많은 주문을 받을 수 있었는지 놀랄 정도입니다."

이와 똑같은 아이디어는 개인적인 교제에서도 마찬가지로 도움이 되는 것이다. 만나기로 한 사람을 잊고 있었다든가, 참가하고 싶었던 봉사 활동이라든가, 하고 싶었지만 그만 잊어버렸던 일이라든가 하는 것은 이 비망록을 활용하면 한번 보기만 해도 생각해 낼 수 있는 것이다.

파일 카드의 활용

팬아메리칸 항공회사의 창립자인 잔 트립페는 최대로 시간을 절약하는 비결은 파일 카드라고 했다. 그는 그것을 포켓에 넣어 갖고 다니는데 버스를 탈 때에도, 엘리베이터를 탈 때에도, 물론 비행기를 탈 때에도 항상 지니고 다닌다.

"이 카드의 장점은 많은 것을 적는 것보다도 그룹별로 정리할 수 있다는 점에 있습니다. 이를테면 편지를 보내야만 하는 사람들은 초록색 카드를 씁니다. 전화를 걸어야할 사람들은 노란색, 가정이나 사무실에서 만날 사람들은 파란색 하는 식으로 나누어져 있습니다. 이 카드에 몇 자 적어 두는 것으로 생각난 것을 잊거나, 기억에 의지하지 않아도 됩니다. 더 좋은 장점은 관련된 일을 일괄적으로 해결할 수 있음으로써 아까운 시간을 헛되이 낭비하지 않아도 되는 것입니다."

그레이 애드버 다이징 회사의 부사장 에드몬드 리처는 이 카드의 또 하나의 장점은 그대로 그것을 명함철이나 주소록 속에 철해 넣을 수 있다는 점이라고 한다.

"생일이나 기념일, 또는 다른 특별한 경우의 자료를 더해 넣을 수 있도록 되어 있습니다. 크리스마스라든가 다른 행사를 준비할 때 해당되는 사람을 찾아내는 데 매우 편리합니다. 더욱이 이름이나 주소나 전화번호를 장부나 노트에서 베낄 필요도 없고 낡아 가는 명부를 뒤적거릴 필요도 없습니다. 파일 카드는 보관하는 것도 아주 간단합니다."

물론 이러한 것들을 컴퓨터 파일로 정리해 놓으면 수고를 더 줄일 수가 있다.

오래 간직할 수 있는 업무용 다이어리 활용법

많은 사람들에게 있어 오래 지닐 수 있는 업무용 다이어리 한 권은 아무리 잘 된 탁상 메모보다도 훨씬 효율적으로 활용된다. 이를테면 나스콘 회사에서 만든 최신식인 파일식 다이어리에는 하루를 5분씩으로 나누어 선이 그어져 있다. 다른 페이지에는 주소록, 전화번호, 관계 사항을 적어 넣을 수 있게 되어 있다. 나중에 여러 가지 자료나 법률상의 모든 문제까지 보충하여 적어 넣으면, 이것은 매우 쓸모 있는 것이 될 것이다.

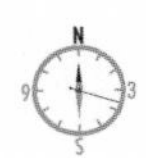

요소요소에 메모지를 놓아두어라

포켓에 넣어두는 카드 말고도 가정이나 아파트의 다음과 같이 중요한 다섯 군데에 간단한 카드라든가 메모지를 비치해 두면 편리하다.

독서용 책상, 작은 탁자, 거실 구석, 전화대, 목욕실 등.

세일즈맨의 계획표

세일즈맨들은 고객을 방문하는 차례를 미리 계획해 두면 시간과 노력의 낭비를 덜 수 있다는 것을 누구보다도 더 잘 알고 있다. 그리고 이것은 많은 수입을 얻는 세일즈맨과 실패만 하고 있는 세일즈맨과의 다른 점이기도 하다. 신용조사로 유명한 단 앤드 브라드스트릭 회사에서는 다음의 아이디어로 계획표를 짜면 가장 효과적으로 활용할 수 있다고 말하고 있다.

① 단순히 어떻게 될 것 같다는 정도의 사람보다는 가장 유망하다고 보이는 고객에게 노력을 집중한다.
② 고객의 관심사항을 찾아내어 공략한다.
③ 판매는 그 고객의 지불 능력에 따라 주문량을 맞추어서 한다.

글 쓰는 도구

요소요소에 메모지를 준비해 놓는 것과 마찬가지로 중요한 것은 필요한 장소에 연필이든 볼펜이든 글 쓰는 도구를 놓아두는 일이다.

파커 펜 회사의 피터 롤맨은 말하고 있다. 물건을 살 리스트를 만들어야 하는 주부들은 남편의 만년필을 찾거나, 서랍에서 쓸 만한 펜이나 연필을 꺼내는 데 귀중한 시간을 허비하고 있다. 이것은 엉뚱한 장소에 연필 같은 것을 감추고 싶어하는 아이가 있는 가정에서는 흔히 보게 되는 광경이다.

계획표 실행 요령

이제부터 말하는 연구는 많은 시간을 절약하는 데 큰 도움이 되리라고 생각하나, 그 전에 우선 다음과 같은 일을 분명하게 할 필요가 있다.

꼭 해야만 하는 일은 무엇인가. 그리고 그 일을 하기 위해서는 일의 순서를 어떻게 정해야 되는가.

다음에 든 것은 앞의 연구를 이용하면서 일을 가장 빠르고도 효과적으로 완성하는 방법이다. 가정주부이건 경영자이건, 실제로 일의 중심이 되는 사람은 생각하고 계획하는 그리고 관리자이다. 생각하고 계획하고 관리하기 위해서는 다음 두 가지 기본적인 원리를 배워야 한다.

① 당신에게 있어 중요하지 않은, 또한 당신의 시간을 헛되이 하는 일을 다른 사람에게 맡게 하려면 어떻게 그 사람에게 흥미를 갖게 하고 훈련해 갈 수 있는가?
② 당신이 분담한 일을 재빨리 정확하게 처리하려면 당신 자신을 어떻게 훈련하는가? 다른 사람들이 이런 문제를 어떻게 해결했는가를 아는 것은 이 경우에 참고가 될 것이다.

표준시간

반복적인 일을 할 경우 자신과 부하를 포함해서 이 일에 통상 어느 정도의 시간을 들이고 있는지 기록을 해두면 좋다. 필요하다면 그 반복적인 일을 측정할 수 있는 단위로 분해해 보도록 한다.

① 부적절하게 시간을 들이고 있는 일을 알게 된다. 그러면 그 일을 할 필요가 있는지 재평가해 볼 수가 있다.
② 일을 실제로 함에 있어 스케줄 작성에 도움이 된다. 나중에 표준시간에서 꽤 동떨어진 경우에는 시간관리의 필요성을 알게 된다.
③ 비용을 계산할 경우에 자료가 된다. 변호사와 서비스 산업의 사람들은 이 자료들을 비용청구의 데이터로 자주 사용하고 있다.
④ 일의 완료시기를 설정하는 데 도움이 된다. 완료시기의 설정은 시간을 현명하게 사용하는 데 크게 도움을 준다.

주의사항

일에 실제로 종사하고 있는 사람들이 이 일의 표준시간을 알고 있으면 파킨슨의 법칙이 작용할 위험이 있다. 다시 말하면 표준시간에 맞추어 일을 연장하는 경향이 나오게 된다. 이것을 피하기 위해서 표준시간의 기록은 표준시간을 단축시키기 위해 있는 것처럼 담당자에게 인식시키는 것이 좋다.

사람을 쓰는 효과

아메리칸 에어라인스 사장 스미스에게 평사원이었던 그가 사장의 지위에까지 오르게 된 출발점으로 가장 중요한 것은 무엇이라고 생각하느냐고 물었다. 그러자 그는 이렇게 대답했다.

"내가 처음으로 부하를 거느리게 되었을 때, 부하가 하는 거의 모든 일이 내 마음에 들지 않았습니다. 그가 해주기를 바라는 바를 그에게 설명하는 데 시간이 너무 많이 걸리는 것입니다. 나는 내가 하는 것의 절반이라도 좋으니까 해보라고 했습니다만, 나에게는 그렇게 해서 얻은 결과보다는 헛되이 보낸 시간이 더욱 많은 것으로 생각되었습니다. 그래서 나는 다른 생각을 해보았습니다.

'결함은 아마 나 자신에게 있을 것이다. 만약 나 자신이 할 수 있는 일만을 해 나간다면, 나는 언제까지나 앞으로 나아갈 기회를 잡을 수가 없을 것이다.'

그래서 나는 다시 한 번 용기를 내어 그 일을 하는 데 필요한 조력을 얻기 위한 사람을 훈련시키는 데 온힘을 다하기로 했습니다. 나는 비록 내가 기대하는 것만큼 일을 처리하지 못하더라도 부지런하고 능력 있는 사람이라면 찾아서 도움을 얻으려고 했습니다. 그 결과 내가 훈련시킨 어떤 사람이든 차츰 나 자신을 성장시키는 데 보다 많은 시간을 가져다 주게 되었습니다. 이것이 나를 사장으로 만들어준 방법입니다."

당신이 가령 가정주부라고 한다면 가정부가 꾸물거려 능률이 오르지 않을 수도 있을 것이고, 우체국장이라면 아르바이트하는 젊은 사람들이 우편물을 정리하는 데 도무지 느려 터져 답답할 수도 있을 것이고, 또 만약 가게의 지배인이라면 판매원이 가게 문을 닫을 때가 가까워지는데도 매출을 제대로 올리지 못해 속상할 때도 있을 것이다. 그러나 어떤 입장의 사람에 있어서도 다른 사람을 쓰는 것은 가장 많은 시간 절약법의 하나라는 것은 진리다.

사소한 것에 매달리지 마라

누구나 해군 작전부장 로버트 카네이 제독이 주창하는 사소한 것에 매달리지 않는 방법을 쓸 수 있는 것은 아니지만, 누구든 그렇게 하기 위해 노력해야 한다고는 말할 수 있다. 제독은 이렇게 말하고 있다.

"나는 부관이 처리할 능력이 있는 일은 어떤 일이라도 내게로 가져오지 못하게 했다. 그리고 정책상의 결함이 있다거나, 큰 문제점이 있을 때만 내게로 가져오도록 했다. 실제로 분석해 본 바에 의하면 이 방법은 나의 전임자보다 약 15퍼센트가량 결재사항 수를 줄이고 있었던 것이다. 이것은 절대로 감독을 소홀히 한다는 것이 아니다. 반대로 나는 나의 책임인 큰일에 대해서는 더욱 시간을 들여 생각하고 있다. 사소한 일을 남에게 맡기기로 한 덕분에 나는 부관이나 상관들과는 물론, 해군의 실무나 정책상에 무언가를 이바지할 수 있을 만한 수많은 시민들과도 여유 있는 시간을 갖고 토론도 할 수 있었다. 이러한 방법은 나에게 날마다 한 시간 내지 세 시간 걸리는 사소한 일에서 해방시켜 주었던 것이다."

카네이 제독의 방법이 가르치는 교훈은 간단하다. 이치에 맞지 않는 시간 소비는 피하도록 하라는 것이다.

이를테면 당신이 가정주부라면 당신의 아이들이 맡아 줄 일이 주변에 얼마든지 있을 것이다. 아이들을 일로 훈련시켜라. 그들에게 책임감을 갖게 하라. 그러면 아이들은 많은 잡무를 도와 줄 것이다. 청소를 하거나, 이부자리를 깔거나, 접시를 닦거나, 편지를 부치러 보내거나, 옷을 정리하거나 하는 잡다한 일들을 시켜 보아라.

또한 당신이 만약 사무실에서 일한다면 이 방법은 상사에게는 더할 나위 없이 좋은 방법이라고 생각할지도 모른다. 상사는 얼마든지 자신의 일을 부하에게 맡길 수도 있기 때문이다.

그러나 당신이 부하로서 일하는 입장이라면 어떻게 해야 되겠는가? 그 경우 다음과 같은 방법을 응용할 수가 있다. 한 예로 문서 처리의 경우를 들어 보기로 하자. 그 경우에는 당신의 컴퓨터 속에 있는 파일들을 당신의 조수로 삼는 것이다. 날짜별로 그리고 사항별로 정리해 보아라.

"내가 이러저러한 일로 쓴 편지가 어디에 있나? 그리고 언제였지, 그 건으로 쓴 편지는 어디 있지?"

만일 상사가 이렇게 묻더라도 당신은 그 자리에서 당장 그것을 찾아 낼 수 있을 것이다.

때로는 미루는 것도 해결책이다

인디언 헤드 밀 회사의 청년 사장 제임스 로빈슨은 어떤 일이든 메모에 적어 두었다가 시간을 갖고 그것을 평가하는 것이 상당한 장점을 갖고 있다고 다음과 같이 이야기하고 있다.

"나는 그 자리에서 일어난 모든 문제는 즉석에서 해결해야 한다고 생각해 왔다. 그런데 고민하고 긴장하며 시간을 소비하면서도 정말로 중요한 일을 가끔 잘못 처리해 버리는 것이다. 한참 지나 보면 이러한 많은 트러블은 전혀 별것도 아닌 하찮은 경우가 많은 것이다.

그래서 지금은 그런 종류의 서류를 '후일 재검토'라고 쓴 서랍에 넣어 두기로 하고 있다. 이 서랍이 하나 가득 찼을 때 열어 보면, 놀랍고, 또 유쾌하게도 그토록 시달렸던 문제가 75퍼센트에서 90퍼센트까지는 저절로 해결되는 것이다. 때로는 작은 실패도 있지만 평균하여 그런 계산이 된다."

걱정거리는 현관 계단에서 버려라

업무상의 문제를 가정에까지 끌어들이는 것은 자신이나 가족들을 위한 시간을 빼앗을 뿐만 아니라, 휴식을 취할 겨를도 없어져서 결국 업무상으로도 좋은 결과를 가져오지 못한다는 것을 많은 비즈니스맨들은 점차 깨달아 가고 있다. 이것을 피하기 위해 모자 제조업자인 프랭크리 회사 사장 제임스 리는 이렇게 말하고 있다.

"중요한 것은 에너지의 소비를 컨트롤하는 것을 배우는 일입니다. 일정한 시간에는 일을 금고에 넣어 두고 물리적으로나 심리적으로나 책상을 떠나 일을 잊어버리는 것입니다. 나는 가정에서 낮이나 밤이나 일에 대해 어떻게 할까 하고 궁리하지 않게 된 뒤로는 하루에 한 시간은 절약할 수 있게 되었습니다.

사무실에서 저녁 시간이 되면 오늘은 이 이상 아무것도 걱정거리에 시달리는 일은 없다는 듯이 벽의 일력을 한 장 뜯어 버립니다. 옳은 판단을 내릴 수 있는 이튿날 아침의 신선한 시간까지 업무에서 떠나는 것이 중요한 것입니다.

걱정거리는 가장 큰 시간의 낭비자입니다. 그 가운데서도 특히 어제의 실패나 고민에 대해 또는 내일 부닥치게 될지도 모르는 재난에 대해 자신의 시간을 남용한다는 것은 어리석기 짝이 없는 일입니다."

내셔널 석고회사 사장인 멜빈 베이커는 이렇게 덧붙이고 있다.

"나는 일을 끝내고 집으로 돌아갈 때는 반드시 사무실에 서류가방을 두고 갑니다. 이튿날 아침에는 아주 가벼운 마음으로 사무실에 나갑니다. 나는 이 간단한 방법 덕분으로 일에 붙어 다니던 걱정거리가 없어져서 긴장감과 피로감에서 몸을 해방시킬 수 있게 되었습니다.

자기 자신의 페이스를 지키는 것도 중요합니다. 세계적으로 뛰어난 달리기 선수는 경쟁하는 선수와 다투어 달리는 것이 아니라, 스톱워치를 상대로 하여 자기의 페이스대로 달리고 있는 것입니다."

일자리에서 떠나면 그 일을 잊는 게 좋다. 다시 일자리로 돌아올 때까지는 일에 대해서 생각하지 않도록 하는 것이다.

그렇게 하면 정신적 신선함을 유지할 수 있으며, 밤낮을 가리지 않고 일을 생각하며 지낼 때보다 훨씬 많은 것을 성취할 수 있는 것이다.

결단

걱정거리는 같은 사실에 대해 몇 번씩이나 되풀이하여 혼자서 해결을 못하며 시간을 낭비하게 만든다. 디튼 고무회사 사장인 프리드 한더는 어떤 문제에 적정한 해결책이 결정되지 않는 경우에는, 그의 사무실 칠판에 큼직한 종이에 문제점을 남김없이 커다란 글씨로 써넣는다. 그리고 자신이 쓴 것을 수시로 쳐다보면서 연구한다.

이 방법은 학생 시절에 클리블랜드의 법률 연구소에서 공부할 때에 배운 것인데 많은 곤란한 문제를 보다 효과적으로 또 보다 재빨리 해결하는 데 도움이 되었던 것이다.

또 이와 마찬가지로 칠판이나 누런 큰 보드 종이나 아무튼 얼른 보아도 모든 것을 알아 볼 수 있는 큼직한 종이에 문제를 써 봄으로써 좀더 빨리 해결책을 찾아내고 있는 사람도 있다.

비교적 중요하지 않은 문제의 해결을 잘 생각하여 빨리 처리하는 연습을 하여라. 그렇게 하면 곧 중요한 행동을 재빨리 결정하는 방법을 터득하게 될 것이다.

내가 보이스카웃 단원이었을 시절 단장이었던 에드몬드 라인하이머는 적절한 판단을 빠르게 내리는 훈련을 우리에게 가르쳐 준 사람이다. 그가 생각해 낸 방법 중의 하나는 유명한 그린브리아 호텔의 식단표를 우리에게 보여 주는 일이었다. 그리고 우리에게 식사를 위해 얼마 가량의 돈을 쓸 것인가를 미리 정하게 한 다음 이렇게 말하는 것이다.

"자기의 예산 이내에서 먹고 싶은 것을 뭐든지 생각해 보아라."

이 훈련은 식탁에 앉은 다음 꾸물거리는 좋지 않은 버릇을 고쳐 주었을 뿐만 아니라, 이제까지 경험하지 못한 귀중한 시간 절약법을 나에게 가르쳐 주었다.

회의시간을 단축하려면

사무실이나 공장이나 클럽이나 조합 또는 그 밖의 조직이나 가정에서의 모든 활동에서 우리는 집단적인 결정을 필요로 하는 문제를 생각하거나 토론하거나 하는 데 얼마나 많은 시간을 소비하고 있는지 모른다.

우리는 누구나 가정의 일이든 회사의 일이든 또는 정치적인 문제든 '이렇게 해야 한다' 는 식으로 마지막 결론만을 강요하는 독재적인 방법에는 만족할 수 없다. 다수결의 법칙을 존중하는 민주주의에서는 모두가 참가한 집단적인 의사를 조급히 결정해야 할 때가 가끔 있다.

다음에 시간을 절약하고 가장 좋은 성과를 올리는 몇 가지 아이디어를 소개한다.

필립 모리스 회사의 회장인 알프렛 리욘은 오후 늦게 회의를 소집함으로써 회의나 위원회의 결정을 짧은 시간에 처리할 수가 있다고 다음과 같이 말하고 있다.

"대개의 사람들은 빨리 집으로 돌아가고 싶어합니다. 그러므로 쓸데없는 이야기는 별로 나오지 않습니다. 시간이 흘러감에 따라 참석한 사람들은 점점 더 문제점에 주의를 집중하게 됩니다. 그 결과는 어떻겠습니까. 보통 오전 중이라면 세 시간이나 걸려 씨름을 해야 될 만한 일이 대개의 경우 한 시간 또는 한 시간 이내에 처리되는 것입니다."

시러큐스, 포틀랜드, 뉴욕, 오레곤 등에서 많은 신문을 발행하고 있는 뉴우 하우스는 그가 주재하는 회의는 참가한 사람이 모두 일어선 채 진행하는 것으로 시간을 짧게 단축시키도록 하고 있다. 그는 제대로 갖추어 놓은 사무실이 없다. 그 대신 그는 편집자나 직원과 의논하기 위해 공장과 사무실을 돌아다니는 것이다. 그는 일어서 있으면 회의 준비도 할 필요가 없고, 문제의 핵심을 정확하게 파악하여 결정을 신속하게, 가장 효과적으로 정하게 된다는 것이다. 토의를 할 때에도 일어서 있으면 거드름을 피우거나 쓸데없는 말을 장황하게 떠들어 대는 일은 볼 수 없다고 말하고 있다.

요점을 올바르게 파악하라

또 한 가지는 아더 위센바거가 제창하는 방법이다. 그는 같은 이름의 증권회사 사장이며 또한 '인베스트먼트 컴퍼니' 라는 출판사의 출판인으로도 널리 알려져 있다. 그는 이렇게 말하고 있다.

"나는 일에 관한 회의는 점심시간 전에 하기를 좋아합니다. 모두 배가 고프니까 쓸데없는 자질구레한 일을 잘 가려내어 시간을 낭비하는 일 없이 토론하게 됩니다. 회의는 신속히 진행됩니다. 그리고 회의가 끝난 뒤 우리는 함께 식사를 하면서 즐겁게 이야기할 수도 있는 것입니다. 이 방법을 쓰게 된 뒤로 나는 전에 두 시간 걸렸던 일을 한 시간으로 끝낼 수 있게 되었습니다."

영화 제작자인 새뮤얼 골드윈은 모두 함께 점심을 먹으면서 회의를 하는데, 그 경우 언제나 오후 1시에서 2시 반 사이에 중요한 약속이 있다는 것을 미리 말해 두어 시간 낭비를 피하고 있다. 그 결과 참가자의 토의는 모두 곧장 의제의 핵심으로 들어가게 되었다.

영화배우이며 미국 대통령이었던 로널드 레이건은 식사를 하면서 하는 회의에는 반대여서 이렇게 말하고 있다.

"식사를 하면서도 할 수 있는 의논이라면 어떤 일이라도 간단한 사무적인 편지라든가 간단하게 전화로 이야기할 수도 있지 않겠는가?"

광고업계의 실력자인 랄프 메이어는 그가 주최하는 모든 회의는 최대한 1시간으로 한정하고 그 시각이 되면 벨을 울리도록 지시하고 있다. 그는 이렇게 말하고 있다.

"그 시간 내에 의논을 다 하지 못하거나 결정짓지 못한 문제는 회의에서 다루는 문제로서는 너무 크니까 좀더 각자 개인적으로 이야기를 나눈 다음 처리하는 편이 좋습니다."

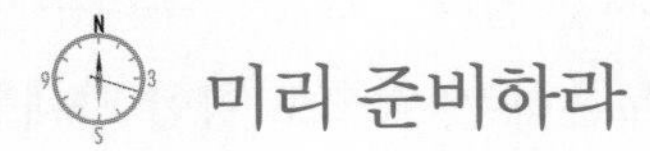

미리 준비하라

셴리 디스트리뷰터 회사의 부사장 시드니 프랭크는 다음 네 단계를 거치지 않으면 그 의제를 회의에 제출할 수 없다는 원칙을 두고 있다.

① 의제를 주의깊게 검토한다.
② 그 원인을 연구한다.
③ 가능한 해결책을 생각해 둔다.
④ 차선책을 준비해 둔다.

그는 이 원칙을 회의뿐만 아니라 전화의 경우에도 활용하고 있다. 그는 이렇게 말하고 있다.

"이 방법으로 우리는 모두 사소한 일에 많은 시간을 빼앗기지 않게 되었습니다. 게다가 우리는 회의를 열 필요조차 없는, 개인적으로 이야기하여 해결할 수 있는 문제가 많은 것을 알았습니다."

파커 만년필 회사의 공장장 펠프 워커는 또 다른 시간 절약법으로 과거의 잘못에는 눈을 돌리지 않는다고 말하고 있다.

"우리는 과거의 실패에서 배울 수는 있겠지만, 우리의 결정은 다만 이제부터 앞으로의 일에 관한 것입니다."

과거의 잘못을 의논하여 시간을 낭비하지는 말라. 그리고 '우리는 이제부터 대체 어디로 갈 것인가' 하는 것을 토론하는, 앞으로 향한 자세를 취하라.

의사록 회람의 필요성

전 국방차관이며 전시에 인적자원국 장관이었던 안나 로젠버그는 회의시간을 낭비하지 않는 비결로써 다음 방법을 제안하고 있다.

① 15분 이상 계속되는 회의는 반드시 그것을 위한 특별 의사록을 준비하여 회람케 하도록 한다.
② 구체적인 의제에 대하여 구체적인 기여를 할 수 없는 회의는 그만두도록 한다.
③ 끝맺어야 할 결론은 지연시키지 말라. 그 중에서도 특히 당신이 최후의 결론이 어찌 될 것인가를 알고 있는 경우에는 더욱 그러하다. 그러한 지연은 당신 자신은 물론 다른 사람들의 시간까지도 낭비하는 것이다.

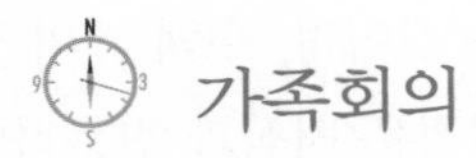

가족회의

1주일 동안 끊임없이 일어나는 가정에서의 문제를 해결하기 위해 시간을 절약하는 한 가지 좋은 방법은 그 문제의 해결을 위해 일정한 시간을 정하는 일이다.

예를 들어 일요일 저녁이라고 하자. 그때 지난 7일 동안의 모든 문제가 토의되고 또한 해결한다. 의논이 길게 되거나 문제가 일어날 때마다 시간을 낭비하는 대신, 이 가족회의에 문제를 내놓고 여러 사람의 지혜를 짜내어 해결하도록 하는 것이다.

이를테면 시청할 텔레비전 프로그램을 정할 때 어린이와 어머니, 아버지 가운데 누구의 의견으로 정하는 문제가 있다. 이 문제를 일요일 저녁의 가족회의에 내놓고, 거기서 1주일 동안의 예정표가 결정되는 것이다. 보고 싶은 프로그램이 서로 맞지 않는 시간은 누가 양보하는가, 그 한계를 어떻게 하는가, 하는 것을 모두 결정하는 것이다. 이 순서는 많은 다른 가정 문제에도 적용할 수 있고, 가족 모두의 시간을 절약하고 기분을 조정해 주는 것이다.

의사결정을 내리는 시간관리

의사결정은 경영간부가 해야 할 가장 기본적인 일이다. 의사결정 행위는 경영간부가 하는 거의 모든 사항에 관계하는 것이며, 수백 개의 작은 의사결정을 즉시 내리야 되며, 이 같은 의사결정은 지식과 전문적인 능력을 전제로 하고 있다. 의사결정에는 비즈니스에서 생겨난 개념적 의사결정이 있다. 이 의사결정에 의해 장기목표를 설정하고 실행계획을 세우고 새로운 조직상의 방향을 정해 변혁을 일으키게 한다.

당신이 경영간부라면 이런 의사결정 외에도 관리상 복잡한 문제가 많다. 현명하게 의사결정을 내리는 마법의 방법은 없지만 다음은 경영간부가 꼭 알아야 한다.

의사결정이란 실제로는 문제해결 행위의 일부이며 해결을 요하는 문제가 없으면 의사결정을 할 필요도 없는 것이다. 문제해결 과정은 세 부분의 행위로 성립되는데, 그것은 문제의 분석, 의사결정, 행동이다. 따라서 의사결정은 문제해결의 일부이며 문제 연구로부터 시작되며 의사결정 사항을 수행하는 행동을 수반하는 것이다.

문제의 분석

관리상의 문제는 세 가지로 구별된다. 즉 첫째 실제로 일어난 일과 일어나고 있는 일과의 차이, 둘째 여러 대안(代案) 중에서의 선택, 셋째 순위의 결정이다.

문제 분석과 해결

데일 카네기는 다음 문제에 대답할 수 있다면 근심은 50%로 줄 수 있을 것이라 했다.

① 무엇이 문제인가?
② 문제의 원인은 무엇인가?
③ 문제를 해결하기 위한 여러 가능한 해결책은 무엇인가?
④ 최선의 해결책은 무엇인가?

이 같은 문제에 답하게 되면 문제를 분석하고 의사결정에 이를 때까지 필요한 시간을 적어도 50%는 줄일 수 있게 된다.

무엇이 문제인가?

이 질문은 너무나 초보적인 것으로 시간을 들여 설명하는 것은 어리석게 생각될지도 모르겠다. 그러나 문제를 구체적으로 몇 줄에 걸쳐 써서 나타낼 수 없다면 문제가 무엇인지 알고 있지 않다는 것이며, 또는 몇 개의 문제를 한 번에 해결하려 하고 있는 것일 수도 있다.

문제의 해결책은 무엇인가

경영간부가 직면한 문제의 대부분은 대체안에 관한 것으로 피터 드러커는 다음과 같이 서술했다.

"대체안을 동반하지 않은 의사결정은 설령 오랫동안 숙고한 것이라 해도 이것은 마치 도박꾼이 하는 의사결정과 같은 것이다. 의사결정의 과정에서 여러 대체안을 숙고하고 검토하였으면 대체할 만한 단서가 나온다. 경영간부가 이렇게 대체안을 준비하고 있지 않을 경우에는 문제가 생겼을 때 의사결정을 잘 내리지 못하게 되어 능력 없는 사람으로 보이게 되는 것이다."

경영간부가 문제분석을 단지 담당자 혼자서 하게 하는 일은 좀처럼 없으며, 반대의사를 가진 사람을 포함한 모두에 의해 문제를 분석하게 한다. 시간관념이 강한 경영간부는 반대의사를 가진 사람에게 대체안을 검토하도록 시킨다. 이런 사람은 중요한 문제의 기본에 눈을 돌리는 도구로서 견해의 차이를 활용하는 것이다.

행동으로 옮겨라

효과적인 의사결정을 빨리 하기 위한 열쇠는 주의를 요하는 문제(일탈, 대안 우선순위)에 대한 지식과 필요한 행동 내용에 있다. 최종적인 의사결정을 하기 전에 행동을 취할 필요가 있을 경우가 있다. 경영간부가 취하는 행동에는 다음 종류가 있다.

일시적 행동: 문제의 원인을 알고 있지 않다든가 또는 시정행위를 취하는 것이 불가능한 경우에 취하는 행동이다.
예방적 행동: 문제를 일으킬 가능성이 있는 상황을 변화시키기 위해 취하는 행동이다.
예비적 행동: 제1의 계획에 실패한 경우에만 취해지는 행동이다.

위험도가 높은 경우에는 대안이 결정되어 있고, 필요에 따라 취하는 행동이며 준비되어 있는 행동이다.

예를 들면 어느 대회에서 예정된 강연자가 급히 못 나오게 된 사태가 발생할 경우 자신이 강연자로 대역을 맡도록 해 둔다. 이런 경우 대역을 수행하면 예비적 행동을 취한 것이 된다.

실효를 거두는 의사결정

최선의 의사결정이라 하더라도 그것이 실효를 거두지 않는다면 의미가 없게 된다. 의사결정이 실효를 거두려면 의사결정과 관계가 있는 사람이 이것을 활용하려는 의사를 갖는 데 있다. 의사결정에 영향을 받는 사람에게 효과적으로 잘 이해시키는 방법을 소개한다.

① 의사결정에 의해 어떤 영향을 받을 경우에는 가능한 한 이 영향을 받는 사람들을 의사결정 과정에 참여시킨다. 이렇게 하면 보다 적은 시간으로 좋은 결정을 할 수 있다.

② 영향을 받는 사람들에게 의사결정을 하는 이유를 알려준다. 의사결정을 내린 이유를 알고 있으면 순순히 이 결정을 받아들이게 된다.

③ 의사결정의 영향을 받는 사람에게 자신이 의사결정에 영향을 주고 있다는 것을 알린다. 대부분의 사람은 자신의 의견이 인정받기를 원한다. 자신이 의사결정에 영향을 주고 있는 것을 알고 있는 사람은 적극적인 관심을 갖게 된다.

④ '당신의 의견을 말해보세요' 라는 방법으로 제안한다. 딱딱하게 표현하는 편이 더 효과적일 수도 있다.

⑤ 의사결정을 행동으로 옮길 때 건설적인 코멘트를 찾도록 한다. 의사결정의 영향을 받는 사람은 그것이 실행될 수 있도록 도와 줄 책임을 느낀다.

⑥ 의사결정에 영향을 받는 사람에게 어떤 이익을 가져올 것인지 설명하면 보다 협조적이 될 것이다.

드러커는 다음과 같이 서술하고 있다.

'의사결정을 내리는 것은 인간이다. 인간에게는 실패가 따르게 마련이다. 아무리 최선을 다해도 오래 지속되지는 못한다. 최선의 의사결정을 해도 그 의사결정이 잘못되어 있을 가능성도 크다. 최선의 의사결정이라 하더라도 언젠가는 진부한 것이 되어 버릴 수도 있다.'

위기관리

위기를 가장 잘 관리하는 방법은 위기에 직면하지 않도록 하는 것이다. 오늘 발생하고 있는 일은 이론적으로 말하면 지난 주 또는 지난 달 또는 1년 전에 계획한 것의 결과인 것이다.

스코틀랜드의 시인 로버트 번즈가 "생쥐와 인간이 만든 최선의 계획이라도 빗나가기 일쑤다."라고 서술했듯이, 위기는 누구나 직면하는 현실이며 시간을 축내고 피할 수 없는 것이다. 어떻게 하더라도 위기상황에 직면할 수밖에 없다면 이 위기를 다음과 같은 방법으로 잘 극복해야 한다.

① 즉석에서 의사결정을 해야 할 위기상황에 직면하면 이것을 적당히 회피하거나 타협하지 않도록 한다. 드러커는 다음과 같이 서술하고 있다.
"외과의사가 편도선과 맹장을 반만 수술하여 들어내는 경우와 전부 들어내는 경우 세균감염으로 쇼크를 일으키는 위험도가 같다.

그런데도 반밖에 들어내지 않아서 그 때문에 완전히 치유되지 않고 악화된다면 수술을 하거나 하지 않거나 마찬가지가 된다. 이와 같이 탁월한 의사결정자는 완전히 할 것인지, 하지 않을 것인지를 선택한다. 어중간한 의사결정은 하지 않는다."

위기상황에서는 중간의 의사결정 또는 대증요법적(對症療法的; 근본적이 아닌 표면상 증상에 의해 행하는 치료법)인 의사결정을 할 필요가 있는 경우가 있다. 그러나 위기상황이 끝나면 전체를 커버하는 최종적인 의사결정을 가능한 한 빨리 할 필요가 있다.

② 어떤 상황 속에 있으면 상황의 전체 윤곽을 파악할 수 없다는 것을 기억해둔다. 위기가 지나가고 나서 일보 후퇴해 비판적인 눈으로 검토해 본다.

- 위기를 초래한 원인은 무엇인가? 위기가 재발하지 않도록 철저하게 분석한다.
- 현재 주어진 상황에서 판단할 때 위기에 직면하면 반복되어서는 안 된다고 생각되는 것은 무엇인가? 두 번 같은 일을 반복해서는 안 되는 이유는 무엇인가? 그 대신 해야 했던 일은 무엇인가?
- 위기에 직면했을 때 했던 일로 혁신적이고 동시에 효과적이었던 것은 무엇인가? 이 혁신적인 방법을 타 분야에도 활용해 시간을 절약할 수 없을까?

③ 큰 위기와 긴장상태에 대응하기 위한 수단으로는 자신감을 갖는 것이 좋다. 대개의 사람들은 어떤 위기가 발생하면 자신들이 가지고 있는 장점과 능력의 일부를 활용하는 데 지나지 않는다. 그리고 위기가 지나고 나면 자신이 사태를 잘 처리한 것에 깜짝 놀란다. 긴급사태나 위기에 단호한 결의를 가지고 문제를 바라보면 상상 이상으로 위기에 대응하는 능력을 자신들이 갖추고 있다는 것을 알 것이다.

04:00 단순하게 일하라

일을 하는데 가장 신속하고 가장 좋은 방법은 무엇일까? 모든 경우에 부합되는 가장 좋은 방법은 없으므로 누구나 이 질문에 대해 결정적인 대답을 할 수 있는 사람은 없을 것이다. 그러나 이 장에서는 당신 자신의 방법과 비교하여 정말 자기에게 맞는 새로운 생각을 할 수 있는 몇 가지 아이디어를 소개한다.

한 번에 한 가지 일을 하라

어떤 일을 할 경우에도 중요한 점은 당신 자신의 개성에 맞는 방법이 무엇이며, 당신을 위해 가장 맞는 것이 무엇인가를 결정하는 것이다.

대통령 고문인 버나드 바르크는 이런 말을 하고 있다.

"나에게 있어 가장 좋은 시간 절약법은 한 번에 한 가지 일을 하는 것이다. 그리고 그것을 해낼 때까지 포기하지 않는 것이다. 나는 한 번에 두 가지 일을 하지 못한다. 어떤 사람들은 그것을 할 수 있고 꽤 잘 하기도 한다. 그러나 나의 견해로는 불완전하게 일을 끝내지 않도록 하는 훈련이 필요하다고 본다. 한 번에 일을 마지막까지 해내는 습관을 들인다면 사람과 시간과 정력을 최대한으로 활용할 수 있다고 본다."

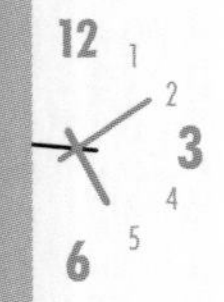

《생활의 여유》의 저자 하이만 유다 샤하텔 박사는 이렇게 말하고 있다.

"내가 알고 있는 시간 절약에 있어 가장 중요한 일이란 한 번에 한 가지 일을 계획하고, 그것을 끝까지 해내도록 자기 자신을 훈련하는 일이다. 이것은 다만 계획표를 작성하는 것에서 그치는 것이 아니라, 일을 완성할 때까지 자신의 정신을 훈련하는 것이다."

외과의사로 유명한 도날드 엘만 박사는 또 이렇게 말하고 있다.

"만약 여러분이 불완전한 상태에서도 중지하지 않고 끝까지 해내는 습관을 기른다면, 여러분의 의지력과 일을 완성하는 능력은 한층 더 늘게 될 것이다. 어떤 사람은 힘이 미치지 못해서 주저앉기도 하겠지만, 의지력이라는 것은 일을 하지 않고 내버려 두면 못 쓰게 되어 버린다는 것을 깊이 생각할 필요가 있다."

아이젠하워식 방법

아이젠하워 대통령은 한 번에 한 가지 일을 하는 원칙을 가장 굳게 확신하고 있는 사람 가운데 하나다. 그는 저술가인 봅 콘시다인에게 이런 말을 했다.

"대통령의 막중한 일을 계속 해내기 위해 내가 발견한 유일한 방법은 한 번에 한 가지 일을 끝까지 해내는 것이다. 그리고 일을 남겨서 결코 이튿날로 넘기지 않는 것이다."

아이젠하워 대통령의 신문 담당 비서인 제임스 하가티는 이렇게 덧붙이고 있다.

"대통령은 어떻게 해야 한다고 결정하면 어디서 그것이 일어나건 간에 재빨리 행동하여, 재빨리 명령하고, 즉시 판단을 내린다. 또 언제나 그의 책상 위에는 그날 올라온 결재서류가 깨끗이 처리되어 있다. 그는 편지 회답을 즉시 처리하고, 지금 곧 처리해야 하는 일은 단 하나라도 뒤로 미루기를 용납하지 않는다.

대통령에게 어떤 문제를 들고 가는 경우에, 대통령은 요점만 또렷하게 그리고 간결한 형식으로 제출하기를 바라고 있다. 그는 오전 중에 될 수 있는 대로 많은 약속된 일을 다 하도록 시간을 안배하고 있으므로, 그의 개인적인 관심을 필요로 하는 많은 문제는 오후에 연구할 수 있도록 되어 있다. 즉 다른 많은 바쁜 사람도 마찬가지겠지만 대통령은 1분 1초도 헛되이 보내는 시간은 없다."

한 번에 한 가지 일을 한다는 것은 예를 들어 일할 때는 힘껏 일하고 놀 때는 마음껏 노는 것이다. 이 두 가지를 혼동해서는 안 된다. 두 가지 일을 뒤섞게 되면 일도 놀이도 둘 다 실패할 것이다.

일의 진행 방법을 바꾸어 보라

부동산업으로 널리 알려져 있는 욥 회사 사장 제일리 필드는 또 다른 관점에서 이렇게 말하고 있다.

"힘드는 일을 모두 같은 방법으로 하려고 드는 것은 자기 집에 있을 때에도 뛰는 속도로 돌아다니라는 것과 같다. 그것을 지속하기란 어렵다. 만약 먼 거리를 뛰려고 한다면 속도를 조정하거나 보폭을 바꾸든가 해야만 한다. 한 가지 방법은 일을 시작하여 처음 3시간 뒤에 10분 동안 변화를 주어 본다. 4시간 뒤에는 그것을 15분 동안 변화를 주어 본다.

'작업에 변화를' 이라는 말을 잊지 말라. 방법을 바꾸어도 같은 결과를 얻을 수 있고, 좀더 시간을 줄일 수 있는 방법이 나올 수도 있는 것이다."

이를테면 가정에서 창문을 청소한다고 하더라도 진공청소기와 다른 청소도구를 번갈아 가며 쓰는 식으로 말이다. 피로는 일반적으로 당신의 몸 전체에 한꺼번에 퍼지는 것이 아니다. 피로한 근육에 잠간 쉬는 기회를 주기 위해 이따금 다른 근육을 쓰도록 하면 좀더 적은 시간으로 당신의 일을 끝낼 수 있을 것이다.

또 전문가들은 이렇게 말하고 있다. 비록 머릿속에 하루종일 여러 가지 일이 가득 차 있더라도 진정한 의미의 '정신적 피로'란 의외로 적을 수도 있다. 실제로 당신이 경험하고 있는 것은 일의 단조로움과 그것을 혐오하는 마음이다.

집중적 계획표

얼마 되지 않는 시간에 해야 할 일이 산더미처럼 있을 때에는 누구나 추가 시간이 필요하다고 외치고 싶어진다. 그런 경우에는 토머스 립튼 회사의 사장 로버트 스몰우드가 제안하는 대로 해보는 것이 좋을 것이다. 그는 이렇게 말한다.

"그토록 일이 많이 밀린 날에는 우선 영양가가 많은 아침식사를 하도록 하시오. 그리고 점심식사는 오후 3시까지 미루도록 하시오. 이렇게 하면 일을 완성하기 위해 중단되지 않는 6시간을 쓸 수 있습니다. 오전 중을 헛되이 지내 버리거나, 바쁜 점심시간에 식사 준비가 되기를 기다리거나, 점심을 먹은 뒤의 나른함에 정력을 빼앗기거나 하지 않게 됩니다. 그 시간대는 또한 전화라든가 그 밖의 방해를 가장 적게 받을 때입니다.

반대로 만약에 저녁때 해야 하는 일이 많을 때에는 이번에는 점심식사를 천천히 배부르게 먹고, 밤 8시나 9시까지 저녁식사를 미루도록 하시오. 이렇게 하면 교통이 혼잡한 러시아워에 집으로 돌아가지 않고, 직원들이 퇴근한 조용한 사무실이나 가게에서 일할 수 있을 것이며, 일도 중단됨이 없이 해나갈 수 있는 것입니다. 이 방법으로 일을 해 나가면 다른 방법으로 보통 2~3일이 걸릴 일을 하루에 해치울 수도 있습니다. 물론 매일 이와 같은 계획표에 따라 일하기는 무리겠지만, 알맞게 활용하면 많은 시간을 절약할 수 있을 것입니다."

일과는 정해진 시간보다 일찍 해내라

리페어 서비스회사 사장인 시드니 조셉은 이렇게 이야기한다.

"우리는 모두 직장이나 가정에서 날마다 똑같은 일을 되풀이하고 있다. 즉 일정한 일과를 갖고 있는 셈인데, 이러한 일을 통해서도 시간의 절약을 배울 수가 있다. 만약에 여러분이 일과를 신속하고도 효과적으로 처리하는 훈련을 쌓는다면 한층 더 흥미 있는 창조적인 일에 정력을 집중할 수 있는 여유를 갖게 될 것이다.

일과를 빨리 끝내는 것은 이제까지 없었던 새로운 일이든, 개인적인 활동이든 간에 다른 일이 갑자기 생겼을 경우에 매우 도움이 되는 것이다. 사업에 성공한 사람들이란 시간을 가장 잘 활용하며, 누구나 하는 일상적인 일 이상의 일을 한 사람들이다. 언제나 일상적인 일을 재빠르게 해내는 방법을 탐구하라. 그리고 적어도 10일 동안 그것을 해보라. 그렇게 하면 언젠가는 그 효과가 눈에 보이게 될 것이다."

사무실 구조

사무실의 구조가 잘 되어 있지 않으면 일에 열중해도 시간이 낭비되고 만다.

개인에게는 좋아하는 것과 싫어하는 것이 있고, 여러가지 습관이 있는데 이처럼 성공한 경영간부에게는 다음과 같은 공통점이 있다.

① 현재 실제로 열중하고 있는 특정 일에 관한 것 외에는 아무 것도 책상 위에 두지 않는다. 그래야 현재 열중하고 있는 일에 주의를 집중할 수 있게 된다.

② 책상 위를 정리하고 펜, 가위, 클립, 자, 호치키스, 호치키스 떼는 것, 편지지, 봉투, 메모용지 등을 찾는 데 시간이 걸리지 않도록 한다. 모든 것을 정리정돈하고 있어야 할 곳에 두는 것은 시간활용의 원칙이다.

③ 작업할 장소의 넓이가 넉넉하다. 이것은 필요조건이다. 책상만으

로 불충분하며 자신의 책상 뒤에 작업대, 카운터, 또는 보조책상 같은 것도 필요하다.

④ 책상은 벽에 면하여 있고, 작업 중에는 칸막이를 향해 있을 수 있도록 되어 있다. 이렇게 함으로써 외부의 방해를 최소한으로 받지 않을 수 있으며 생산성을 최고로 높일 수 있다. 방문자에 대해서는 최대의 주의를 기울일 수 있도록 방향을 변경할 수 있는 위치에 책상을 둔다.

⑤ 책상용의 전등은 천정에서 비추는 것보다도 빛이 책상 위로 집중되어 있다. 이것은 전기요금이 절약될 뿐 아니라 잡음 방지도 된다. 부분적으로 빛이 비춰지는 장소에서 사람들은 천천히 걸으며 조용히 말하는 경향이 있다.

⑥ 사무실은 작업할 장소와 응접할 장소를 구별해둔다. 응접용 의자는 간편하게 움직일 수 있도록 한다.

⑦ 사무실에는 시계를 2개둔다. 하나는 자신에게 잘 보이는 곳, 또 하나는 방문자의 눈에 반드시 띄게 한다.

⑧ 출장여행이 잦은 사람에게는 양복을 갈아입을 장소와 여행 도구를 둘 곳이 있으면 시간을 절약할 수 있다.

책상이 없는 사무실

미국 경영자협회 회장인 로렌스 압프레이는 시간이 한정되어 있는 중요한 문제를 정신을 집중하는 방법으로 해결해 내고 있다. 그것은 책상 없이 일을 하는 방법이다. 그는 이에 대해 다음과 같이 말하고 있다.

"책상은 일을 만들어 내는 것입니다. 그러므로 나의 사무실에는 책상을 놓지 않고 있습니다. 또 나는 어떤 파일이나 서류에도 의존하지 않습니다. 나는 계획표에 따라 행동하고 일을 알려 주는 비서를 완전히 믿으며, 사소한 일에는 관여하지 않습니다. 적정한 때에 적정한 행동을 취할 수 있도록 도와주는 것이 비서의 역할입니다. 물론 나는 미리 계획표를 짜놓았으니까 비서는 그에 따라 다음 해야 할 일을 적은 메모를 나에게 건네줄 뿐입니다. 나는 곧 실행해야 할 일부터 차례로 처리해 갑니다."

이 책상 없는 사무실의 아이디어를 채용하는 회사의 수가 늘어감에 따라, 이제까지 흔히 보통 사무실에서 볼 수 있었던 거대한 책상이라는 것은 결코 시간 절약에 도움을 주었던 것이 아니라, 위엄을 갖추기 위한 한낱 허세에 지나지 않았다는 것을 많은 사람들이 알게 되었다.

CBS 라디오의 부사장 루이스 하우스만도 이 방법으로 사무실을 바꾸었다. 가구는 적지만 현대적이다. 두 개의 안락의자가 있고, 티 테이블을 앞에 작은 의자가 있다. 벽에는 개인용 파일을 꽂은 사무용 책장이 있고, 그 옆에는 눈에 띄지 않게 전화가 놓여 있다. 하우스만은 어디에나 앉지만 보통 전화에서 가장 가까운 안락의자에 앉아서, 일도 지시하고 메모나 편지도 쓰고 책을 읽기도 한다. 서류에 사인을 하는 것은 티 테이블에서도 하고 안락의자에서도 할 수 있다. 그는 이렇게 설명하고 있다.

"나는 내 마음에, 정말 나에게는 책상이 필요하지 않느냐고 물어 보는 일이 있다. 대답은 '필요 없다' 이다. 우편물에 사인을 하거나 보고서에 필요한 사항을 적어 넣거나 사람을 만나거나, 일을 지시하거나 전화로 이야기하거나, 회의를 소집하거나 하는 이러한 일 가운데 단 하나도 책상을 필요로 하는 것은 없다.

이를테면 서류에 대해 예를 들어 보기로 하겠다. 하루에 세 번이나 네 번은 비서가 편지나 메모나 보고 서류를 가지고 온다. 그것들을 처리하는 것이 티 테이블인 것이다. 나에게는 거기에서 업무를 처리하는 것이 빨라서 좋다. 결정할 수 없는 일도 서랍에 넣는 일이 없다."

하우스만과 방문객이 이야기할 때에는 각자 마음대로 서성거리거나 서 있거나 앉거나 한다. 이것은 자기 집의 거실에서 한가하게 이야기하는 듯한 편안한 마음이 되게 하는 효과가 있다는 것이다.

다른 동료들도 책상이라는 것은 서류를 모아 두는 도구로서밖에는 의미가 없는 것으로 생각하게 되었다. 서류는 세부적으로 잘 정리되어 있다면 조수나 비서에 의해 처리될 수 있는 것이다. 그래서 책상은 필요 없는 것이 된다. 책상 없이 일을 함으로써 이 사람들은 이제까지의 단순한 윗사람이라는 입장을 떠나, 정말 경영자로서의 입장에 서서 신경을 사원들이나 그들의 문제로 돌릴 수 있게 되었던 것이다.

능률적인 책상

그러나 사무용 책상이 결코 쓸모없게 된 것은 아니다. 책상이라는 것은 앞으로 모양이 바뀔 운명에 있다.

근대적 설비를 한 사무실의 경영자들은 글을 쓴다는 책상 본래의 용도만을 살린 설계를 좋아한다. 이러한 책상은 서랍이 없는, 단순한 느낌이 드는 두꺼운 판자에 다리를 붙인 것이다.

밀튼 비오는 1년에 5,000만 달러나 되는 매출을 올리는 광고업자인데, 이 경향에 따라 완전히 장식용인 작은 책상을 하나 갖고 있을 뿐이다. 사무실 출입구 옆에 비서의 책상을 하나 놓고 그 위에서 서류에 사인을 한다. 그리고 서류는 절대로 쌓아 놓지 않는다.

종래의 습관에 사로잡히지 않는, 매일의 일의 필요에 따라 설계된 간단한 책상을 쓰고 있는 기업인도 있다. 그것은 정말 간단하고 아래쪽에 편리한 파일용 서랍을 달았으며, 책상 위가 아니라 옆에 전화를 비치하였다. 기존의 책상도, 이를테면 이 방면의 선각자인 쇼워커가 제작한 책상 같은 것은 시간을 절약하기 위한 연구를 하여 설계되어 있다. 시간이나 장소를 절약하기 위해 쓰레기통이 안쪽에 감추어져 있거나, 시간을 허비하지 않도록 신경을 써 서랍을 달거나, 책상 위가 난잡하게 되지 않도록 서류 정리 상자를 달거나, 안쪽에 기밀 서류함을 달거나 하는 식으로 되어 있다.

산더미 같은 서류정리 방법

매일 일의 우선순위를 정하고 일일계획표를 사용해도 책상 위에 서류는 산더미처럼 쌓인다. 이 서류들을 정리하는 방법을 소개한다.

우선 산적된 서류를 처리할 시간을 확보한다. 가능하면 스케줄을 세워 하루나 한나절을 여기에 사용한다. 틈을 보아 조금씩 하기보다 일정한 시간을 잡아 씨름하는 편이 훨씬 많은 양을 정리할 수 있다. 일정한 시간을 확보할 수 없을 경우에는 일일계획표 속에 서류정리 일을 넣어 건

별로 한 건씩 처리하도록 한다. 이 경우 산적한 서류 중에서 우선순위가 높은 것을 선택해 처리해가는 것이 중요하다.

서류를 정리하기 위해 하루 또는 한나절의 시간을 확보했다고 하자. 또는 토요일 오전 중을 이용해서 서류더미를 정리하도록 스케줄을 짰다고 하자. 이제 산더미같이 쌓인, 아무래도 정리되지 않을 것 같은 서류더미를 정리하는 방법을 다음과 같이 소개한다.

① 가장 중요한 일부터 하루에 완료할 수 있다고 생각되는 것을 가능한 한 많이 선택한다. 자신이 예정한 시간보다 빨리 처리할 수 있는 경우를 생각하여 2개 정도 여분을 첨가해 둔다.

② 선택한 일을 별지, 또는 소형카드에 나열해 적는다.

③ 책상위에 카드를 놓고 착수할 순서대로 나열해 본다. 이럴 경우,

a. 지루하고 단조로운 일은 흥미 있는 일과 섞어서 한다.

b. 하드웨어적(육체적)인 일과 소프트웨어적(심리적)인 일을 섞어서 한다.

c. 가능하면 관련 있는 일은 함께 모은다. 예를 들면 전화 거는 일, 메모지를 옮겨 적을 서류 등등.

④ 순서에 따라 일에 착수한다.

⑤ 서류더미는 자신이 잘 볼 수 있는 책상 가장자리에 놓아두고 일에 방해가 되지 않도록 한다.

⑥ 한 가지 일이 끝나면 완료한 날짜를 기록한다. 1회에 하나의 일만이 눈에 들어오게 한다. 즉 씨름하고 있는 서류만이 눈에 들어오게 하는 것이다. 그렇게 함으로써 씨름하고 있는 일에 주의를 집중하게 된다.

⑦ 보고서를 작성하는 일같이 시간이 많이 걸릴 것 같은 일과 씨름할

때에는 몇 개 부분으로 분할하고 각각에 관해 카드를 작성하여 처리할 서류더미 속에 둔다. 이렇게 하면 장시간에 걸쳐 시간과 노력이 드는 일에 질리지 않게 될 것이다. 즉 짧은 시간에 작은 일을 몇 개 완수할 수 있게 되어 뭔가 성취감 같은 것을 느낄 수 있다.

서류가 쌓이지 않게 하는 방법

서류가 쌓이지 않게 하기 위해서는 어떻게 하면 좋을까?

서류더미가 쌓여 있지 않은 경영간부는 좀처럼 없다. 그러나 서류더미를 전혀 만들지 않고 끝내는 습관을 익힐 수 있다. 그 원칙은 다음과 같다.

서류는 한 번 이상 취급하지 않는다. 그것이 편지거나 리포트거나 또는 전화에 의한 전언이라도 서류를 집어들면 파일로 만들어 넣어두는 일은 하지 않는다. 바로 처리하도록 한다. 회답을 요구하고 있는 편지라면 그 자리에서 답장을 쓴다. 바로 읽어 소화할 필요가 있는 리포트인 경우에는 즉시 처리한다. 바로 읽어 소화시킬 시간이 없을 경우에는 누군가에게 건네고 포인트를 알려주고 개요를 설명해주도록 일을 위임한다. 이렇게 하면 책상 위에서 리포트가 바로 정리되는 것이다.

〈US 뉴스 & 월드리포트〉지에 R. 알렉 마켄지와의 인터뷰 기사가 실려 있다.

Q: 비즈니스맨과 전문가의 대부분은 시간낭비의 근원이 되는 탁상업무에 불평을 늘어놓고 있습니다. 어떻게 하면 탁상업무의 홍수에서 헤어날 수 있을까요?

A: 제일의 원칙은 가능한 한 일을 다른 사람에게 위양하는 것입니다. 일을 위양하지 않으면 서류가 점점 쌓이게 되는 것입니다. 탁상업무의 원인으로 일어나는 초조함의 최대 원인의 하나는 망설이다가 결정하지 못하는 데 있습니다. 보통 경영간부는 미결서류함에 들어 있는 일의 80%는 즉석에서 결정을 내릴 수 있을 것입니다. 그 문제에 관해 그 자리에서 판단할 수 없다는 경영간부는 며칠이 지나도 역시 어떻게 해야 좋을지 모를 것입니다. 바로 의사결정을 하는 습관이 붙어 있는 사람은 2, 3일 그 문제를 생각해보려고 연기해 두어도 그 이상 그다지 좋은 결정을 내릴 수 없다는 것을 알고 있습니다. 며칠이고 끌면 그 서류를 다시 한번 읽어야 하고 문제가 무엇이었는지 다시 생각해보아야 합니다. 그렇기 때문에 의사결정을 즉석에서 내리는 것은 두 가지의 이점이 있습니다. 그 첫째는 시간을 버는 것입니다. 경쟁적인 조건하에서 시간은 결정적 요소입니다. 둘째는 잘못 내린 결정을 고칠 시간이 있다는 것입니다. 의사결정을 연기하면 어느 샌가 돌이킬 수 없는 시점에 와 있을 때가 있습니다. 겨우 결정을 내린 때에는 변경하기에는 너무 늦어서 틀린 채로 진행하게 될 위험이 커집니다.

사무실로 보내온 서류를 전부 자신에게 오지 않도록 어시스턴트를 훈련한다.

복사서류와 회람서류는 어시스턴트가 담당자에게 보내게 한다든가, 통상의 편지는 답장을 쓰게 한다든가, 자신에게 흥미 없는 광고물 같은 우편물이라면 파기시킨다든가, 당장 읽지 않아도 되지만 보관해 두는 편이 좋을 것 같은 정보는 파일로 만들도록 책임을 부여한다.

우선 확인해 보아야 할 우편물이 무엇인지 알도록 어시스턴트와 함께 분류 시스템을 만든다.

이 방법 중의 하나는 당일 중 긴급히 확인해 볼 필요가 있는 우편물을 넣는 파일을 만드는 것이다. 그리고 중요하지만 급히 확인해 보지 않아도 좋은 우편물 파일도 만든다. 또한 참고용 자료 파일도 만들고 각각의 파일을 색깔로 구별해 두면 좋다.

편지, 리포트, 정기간행물 등을 어시스턴트에게 읽도록 시키고 포인트에 언더라인을 긋도록 한다.

예를 들면 긴 편지를 받았다고 하자. 어시스턴트가 개봉해서 그것을 읽고 요망사항이 적혀 있고 회답 기한도 명시되어 있다고 하자. 편지 내용이 어시스턴트가 상사 대신 답장을 낼 수 없다고 하자. 이럴 경우에는 어시스턴트는 상사가 회답해야 할 요점을 모아 상사를 위해 노트에 기입해둔다. 편지의 요망 항목에 언더라인을 긋거나 회답 기한 날짜에 빨간색으로 줄을 긋거나 둥글게 글자를 감싸도 좋다. 이런 식으로 되어 있으면 편지를 보고 금방 무엇이 필요한지 알 수 있으며 바로 옆에 필요한 자료도 준비되어 있으므로, 그 편지를 손에 넣자마자 구술 속기용 녹음기를 향해 구술로 회답하고 요지를 기록해 파일에 넣어 어시스턴트에게 돌려주면 된다. 이렇게 하지 않으면 긴 편지를 다시 한번 꺼내고 회답에 필요한 자료를 찾으려다가 결국은 서류더미에 첨가해 버리게 될 것이다.

어떤 문제를 제출할 경우에 해결책도 함께 제출하게 한다.

이렇게 함으로써 문제를 안고 있는 자가 그 문제 해결책을 생각할 기회를 만들게 되어 모든 걸 상사에게 해결책을 맡기는 일이 없어진다. 경우에 따라서는 논리적이라 생각되는 해결안을 승인하면 끝나게 되기도 한다.

3 쪽 이상의 리포트에는 표지에 요약을 달게 한다.

표지에는 리포트 요약, 작성일자, 보고자명을 쓰게 한다. 이렇게 한 것만으로 요약, 작성일, 보고자명을 찾는 시간을 절약하게 된다. 리포트를 파일할 필요가 있을 경우에는 파일할 시간의 절약도 될 것이다.

일상적인 탁상업무는 가능하면 매일 같은 시간에 처리하는 습관을 들인다.

이런 습관을 들이면 서류정리를 할 때 우물쭈물하는 일은 없게 된다. 게다가 다른 사람도 그 시간은 비어 있지 않다는 것을 알게 될 것이다.

'있어야 할 곳에 있어야 할 물건을 둔다' 는 것을 잊지 않는다. 이 오래된 금언은 시간낭비를 없애는 데 큰 도움이 된다.

새로운 서식을 작성할 때는 다음 사항을 고려한다.

① 정말 필요한 것인가? 이 서식으로 무엇을 얻으려는 것인가? 절차를 생략하거나 폐지할 수는 없는가?

② 기존의 서식을 개선해서 이 정보와 절차를 포함시킬 수 없는가?

③ 새로운 서식은 타 부서에 어떤 영향을 미치는가? 이 서식으로 업무를 보다 더 편리하게 할 수는 없을까? 업무량은 증가할 것인가? 아무런 영향도 주지 않고 끝나는가?

④ 이 서식의 절차에 어느 정도의 비용과 시간이 필요한가. 서식 작업의 조사, 필요한 준비, 공란 처리기한, 서류정리, 시간 등.
⑤ 새로운 서식을 사용하기 위한 필요한 훈련시간은 어느 정도인가?

능률적으로 서식을 설계하라

사무실에서 사용하는 서식은 보기도 좋아야 되고 동시에 기능적이지 않으면 안 된다. 다음 사항을 지키면 서식은 효율적으로 사용되어 다시 고쳐야 할 필요도, 추가정보를 모으기 위한 불필요한 시간, 사본을 회부하기 위해 복사를 추가하는 불필요한 시간 등을 없앨 수 있게 되어 탁상업무는 감소되고 시간의 낭비도 줄이게 된다.

① 이 서식에는 필요한 지시가 전부 인쇄되어 있어야 한다. 그리고 필요한 사본 수 및 사본 송부처가 기입되어 있어야 한다.
② 바로 판별할 수 있게 각 서식에는 이름과 서식번호가 기입되어 있어야 한다. 서식번호는 어느 서식이나 같은 위치에 기재되어 있어야 한다. 이 번호는 서류의 왼쪽 하단에 인쇄해 두는 것이 가장 보편적인 방법이다. 또 이 서식의 제정 연월일, 개정 연월일도 인쇄하도록 한다. 그래야 사용자는 최신 서식을 사용하고 있는지 식별할 수 있게 될 것이다.
③ 철을 하게 되어 있을 경우에는 서식에 철할 수 있는 공간을 남겨둔다.

④ 서식번호에는 사용목적 또는 사용부서를 판별할 수 있는 번호를 붙여둔다. 예를 들면 입사신청서 양식에는 [No. p-38] 이라는 식으로 인쇄한다. 이 P는 인사(퍼스널)부를 의미하는데 인사부가 사용할 서식번호에는 전부 P를 붙여두도록 하는 것이다.

⑤ 회답을 기입하는 경우에는 적절한 곳에 기입하기 좋도록 서식을 기입자가 체크리스트에 회답하는 형식으로 작성한다. 기입 작업이 간단히 끝나도록 정형화되어 있으면 작업시간은 짧게 끝난다.

⑥ 컴퓨터로 기입할 경우에는 기입할 수 있는 공간을 남겨둔다. 손으로 기입할 경우에는 적어 넣을 수 있는 적당한 공간을 둔다. 공간은 부족하기보다는 충분히 있는 편이 좋다.

⑦ 사무실에서 사용할 서식의 크기는 가능한 한 통일한다. 사이즈를 통일해두면 파일이 용이하고 파일 시간을 절약할 수 있다.

⑧ 플라스틱으로 된 하드커버보다 특수 처리한 종이를 사용할 것을 검토해 본다. 그렇게 하면 깨끗하고 스피드도 빠르다.

⑨ 서식은 풀칠해 둘 것인지, 따로따로 두는 것이 좋은지, 한 장의 긴 종이로 해서 빳빳하게 접지 않고 둘 것인지, 접어두는 것이 좋은지, 단지 철할 구멍을 내는 것이 좋은지 등을 검토해본다.

⑩ 서식을 설계하거나 재검토할 경우에는 사용할 사람의 의견을 들어본다. 사용자의 의견은 서식을 사용하기 편리하게 하는 데 도움이 된다.

⑪ 새로운 서식이 만들어지면 낡은 것은 폐기처분한다.

면회시간을 정해놓아라

회사 안의 사람이나 회사 밖의 사람과 만나 이야기하다가 잘못하여 온 하루를 장황한 이야기로 허비하게 되어서는 곤란하다. 사무에 숙달된 그레이 오디그라프 회사 사람들은 그것을 피하는 가장 좋은 방법은 의사들이 하는 방법을 따르면 된다고 말하고 있다. 다시 말해서 찾아온 사람과의 면회를 매일 일정한 시간에 하도록 정하거나, 1주일 중에 어떤 요일인가를 면회일로 지정한다.

그리고 그 밖의 경우에는 급한 일인 경우에 한한다고 하는 것이다. 유능한 비서의 도움이 있으면 이 방법은 당신의 사무 생활에 새로운 질서를 주고, 마찬가지로 찾아온 사람의 시간도 절약해 줄 것이다.

방문객의 용건을 신속하게 끌어내라

방문객과 함께 서로의 시간 절약을 꾀하는 가장 좋은 방법의 하나는 미국 정신병학계의 권위자 해리 스타크 설리반 박사가 제창하는 '질문법' 을 활용하는 일이다. 설리반 박사의 말에 의하면 이런 방법이다.

"대개 만나기를 청해 오는 사람은 자신의 의견을 분명히 표현할 수 없을지도 모르지만, 무언가를 마음속에 품고 있게 마련이다. 그 요점을 어떻게든 되도록 신속히 효과적으로 끌어낼 수 있으면 양쪽 모두의 시간을 절약하게 된다. 상대가 무엇을 요구하는가 하는 질문을 망설여서는 안 된다. 여러분의 방문객은 때때로 자기가 무엇을 바라고 있는지 자신도 정확히 알지 못하고, 여러분에게 이야기를 늘어놓기도 하고 해결 방법을 암시해 주기를 기대하는 수가 있다. 직접 물어봄으로써 그가 거의 마지막까지 말하지 않는 것을 처음에 말하도록 만들 수가 있으며, 이렇게 하는 것이 좋은 시간 절약 방법이 되는 것이다."

면회는 짧게

다음에 말하는 것은 능률적으로, 또 기분 좋게 면회를 끝내는 방법이다.

면담이 길어지면 일어나 약간 농담 섞인 말투로 다른 볼일이 있다는 것을 알려 주는 것도 한 방법이다. 또 찾아온 사람이 이야기를 장황하게 늘어놓는 손님임을 안다면, 미리 이야기를 끝낼 무렵을 잘 계산하여 비서에게 중단시키도록 정해 두는 것도 한 가지 방법이다. 몇 분 동안밖에 시간의 여유가 없다는 것을 처음 만났을 때 알려 두고, 그리고 그것을 엄격하게 실행하는 것도 좋은 방법이다.

방문객이 너무 오래 앉아 있는 경우를 방지하기 위하여 처음부터 손님을 너무 반색하거나 기분을 맞추어 주지 않는 것도 한 방법이다. 이런 때를 위해서는 복도에 작은 탁자와 의자만을 놓은 간소한 면회실이나 응접실을 마련해 두는 것도 이야기를 재빨리 결론으로 이끄는 데 도움이 된다.

사무실에서 생각하는 시간을 만들어라

매우 바쁜 경영자들은 어떻게 그 바쁜 시간 속에서 여가를 짜내고 있는가? 그런 사람들이 쓰고 있는 아이디어 몇 가지를 소개해 보겠다. 이 사람들은 만약 그런 시간을 일부러 만들어내지 않는 한, 결코 여가 따위는 가져 볼 수가 없는 바쁜 사람들이다.

혼자만의 시간

어떤 경영자는 매일 일정한 시간에 사무실 문을 닫아걸고, 그동안 전화도 연결하지 못하도록 하는 방법을 취하고 있다.

비밀의 사무실

또 어떤 사람은 다른 사람의 방해를 받지 않도록 어떤 다른 장소에 비밀 사무실을 가지고 있다. 같은 건물 안에 이런 방을 마련하는 수도 있다.

침대에서의 일

뛰어난 경영자들 가운데는 특히 시간을 쪼개어 몹시 지친 신경을 가라앉히기 위해 이따금 자기 침대에서 푹 쉬는 사람들이 있다. 이와 같은 휴식은 그들이 일을 계속하기 위해, 특히 아이디어를 짜내거나 계획을 세우기 위해 필요한 것이다.

하루 2교대 제도

호프만 전자회사의 광고부장 조지 하킴은 색다른 방법을 제안하고 있다. 그는 그날의 오후 1시부터 일을 시작한다. 1시부터 5시까지는 질문에 대답도 하고 다른 사람들과 토론도 하고, 전화 응답도 하는데, 그 뒤 4시간은 방해받지 않는 자기만의 시간으로 한다. 이 4시간은 마음속에 있는 여러 가지 번거롭고 귀찮은 골칫거리를 일소하고 아이디어를 짜내어 그 실행 방법을 생각해내는 창조적인 4시간인 것이다.

라디오 강연과 저작 활동으로 잘 알려진 프리만 박사는 67세로 세상을 떠날 때까지 오전 2시 30분에 일어나 3시에는 책상 앞에 앉는다. 우선 뉴스 파일을 읽는다. 그리고 세계 정보에 관한 사설을 쓴다. 8시까지 두서너 가지의 단평을 쓰고 라디오 토론회에 참가할 준비를 한다. 9시에 출근해 12시 30분이 되면 그는 신문사의 편집실을 나와, 점심식사와 낮잠을 자기 위해 자기 집으로 돌아온다.

그는 여기서부터 혼자만의 시간을 갖고 역사가 전기 작가로서의 새로운 하루가 시작된다. 이 일과 구성으로 그는 획기적인 4권의 로버트 E. 리의 생애, 6권이나 되는 조지 워싱턴 전기를 쓴 것이다.

소음은 시간을 낭비한다

소음은 사람의 정신을 흩어지게 하는 가장 큰 시간 낭비자이다. 그것은 우리에게서 능률을 모조리 빼앗아 간다. 오늘날 도시에 사는 사람들은 소음의 희생자이다. 심리학자들은 우리가 깨닫지 못하는 일이지만, 소음이 우리의 위나 내장에 강한 영향을 주는 불안이나 공포를 일으키게 하는 원인이라고 했다. 소음은 심장의 고동을 빠르게 하고 혈압을 높이고 근육의 긴장을 늘게 한다.

사람은 소음에 익숙해지면 이미 그것에 주의하지 않게 되지만 그 사람의 몸은 여러 가지로 나쁜 영향을 받고 있는 것이다. 그러므로 소음을 제거하는 방법을 연구하는 일이 중요하다. 만약에 당신의 집 문이 하나라도 쾅쾅 소리를 낸다면 그것이 조용하게 닫힐 수 있도록 고무로 완충 장치를 하면 된다. 기름을 치면 삐걱거리는 소리가 멎는다. 창문들은 소음을 흡수하는 효율이 높은 자재로 만들도록 연구하라.

중단되는 시간의 낭비를 제거하라

방문자를 쫓아내거나, 아직 응접실에 있는데 안으로 들어가기란 처음에는 거북할 것이다.

그러나 꾸물거리는 것은 시간의 낭비보다도 더 나쁜 결과를 가져오게 한다. 그것은 당신이 시작한 일을 끝낼 수 없는 구실을 주고 당신 자신의 실패를 다른 사람의 책임으로 돌리게 만들 것이다.

당신은 그 솔직한 성질 때문에 몇 사람의 친구를 잃을지도 모르지만, 그러나 당신이 목적을 달성한 뒤에는 사람들은 당신의 방법을 훌륭한 것으로 이해할 것이다.

① 만약 당신이 정말로 바쁠 때 전화가 걸려오거나 현관의 초인종이 울리는 일이 있다면 그것은 무시해도 된다. 필요에 따라 적절하게 스위치를 끊기도 하라. 그것은 초인종이나 전화 벨 소리를 무시하

는 것보다 더 효과적일 수 있다.

② 방해를 가장 안 받는다고 생각될 때를 활용하도록 일의 계획을 세워라. 필요하다면 점심식사를 여느 때보다 앞으로 당기든가 또는 늦추든가 하여 다른 사람들이 식사하는 보통 식사 시간을 충분히 활용하여라.

③ 말을 많이 하는 방해자를 돌려보내기 위해서는 천장이나 창문 쪽을 자주 보아라. 그들은 틀림없이 눈치를 챌 것이다.

④ 저작자인 윌리엄 레들러는 이렇게 충고하고 있다.

"만약에 찾아온 손님이 밤 9시나 10시가 되어도 돌아가지 않으면, 하품도 하고 기지개도 켜 보아라. 그래도 안 일어나면 술이건 얼음이건 뭐라도 내놓고 변명할 필요도 없으니 누워 자면 될 것이다. 이 이야기가 알려지면 당신의 친구들은 보통 방문하기 전에 당신의 형편을 전화로 묻고 오게 될 것이다."

이런 경우에는 부인이 그들에게 당신이 지쳐 있다든가, 바쁘다는 말을 해줄 수도 있다.

방해 받지 않는 방법

댄스 교사인 아더 마레는 다음과 같이 말하고 있다.

"우리의 경험으로는 귀찮게 구는 친구에게 붙잡혔을 때, 체면상 관심이 있는 듯이 보여야 한다는 것처럼 괴로운 일은 없다. 더욱이 그 동안에도 귀중한 시간은 자꾸만 지나가고 있는 것이다. 이에 대해 나는 다음과 같은 제안을 하고 싶다. 만약 당신이 누군가 시간을 헛되이 빼앗길 것 같은 사람을 만나야 할 궁지에 빠지게 되면, 안경을 벗고 그가 보이지 않은 것처럼 하며 급히 지나가도록 하라. 만약에 파티 같은 데서 당신을 기다리고 있는 사람이라도 만나게 되면 이렇게 말하라. '아내를 혼자 집에 두고 왔는데, 아무래도 아내가 몸이 불편해서 곧 가야겠다고.'

만약 어떤 사람이 혼자 떠들며 당신을 난처하게 만든다면, 그리고 당신에게는 중요한 약속이 있다고 한다면, 연거푸 기침을 하고 머리를 흔들면서 떠나버려라.

만약 당신이 약속에 늦을까봐 허둥지둥 걸어가고 있을 때, 그다지 잘 알지도 못하는 귀찮은 사람과 마주치게 되면 누군가 다른 사람을 잘못 본 것처럼 시치미를 떼고 슬쩍 피할 수도 있다. 그러나 만약 이런 방법들이 모두 실패했을 경우에는 솔직하게 바쁘다는 사실을 이야기해야 된다."

TIME MANAGEMENT HABIT

05:00
휴식과 기분전환

신선한 기분으로 일을 시작하면 보통 때보다 빨리 할 수 있다는 것은 새삼스럽게 듣는 말이 아니지만, 그렇다고 이것이 간단한 일은 아니다. 그러나 여러 가지 방법을 사용하면 하루에 한 번뿐만 아니라 세 번이나 네 번도 기분전환을 할 수 있다. 날마다 몇 번이든 명쾌하고 상쾌한 기분이 되기 위해서는 5분이나 10분 정도의 시간만 있어도 된다.

하루의 출발은 새로운 마음으로 시작하라

내 친구 알 루이스는 많은 사람들이 그렇듯이, 더 이상 여유가 없는 시간이 될 때까지 늦잠을 자고, 신문을 읽으면서 커피와 토스트를 먹고, 부인과 아이에게 손을 흔들면서 허둥지둥 집을 나서는 그런 사람이었다. 이렇게 되면 마음을 신선하게 갖기는커녕 아침의 어수선하고 바쁜 출발로 마음을 새롭게 할 겨를도 없이, 답답하고 무거운 마음으로 초조해하면서 하루를 지내게 된다.

작년 봄 알은 이래서는 안 되겠다 싶어, 기분을 바꾸어 보려고 마음먹었다. 아침식사를 끝내면 다른 것은 다 못해도 그는 먼저 정원을 거닐기로 했다. 날마다 비가 오나, 눈이 오나, 봄 가을 할 것 없이 거닐다 보니 그의 집 정원은 끊임없이 변화하고 있음을 깨달았다.

이 발견은 우선 그의 마음을 새롭게 했다. 조그마한 전정가위를 들고 여기저기 다니면서 마른 가지를 쳐내고, 또 잡초를 뽑는 것이 즐거움이 되었다. 그리고 이번 주말에는 무엇을 할까, 하고 적극적으로 계획을 세우게 되었다. 매일 아침의 불과 10분 동안 그는 자연의 신비와 기쁨을 마음껏 맛보고 그의 마음은 샤워로 몸을 깨끗하게 씻은 것처럼 새로워지는 것이었다. 이렇게 하여 신선한 마음으로 직장에 나가게 된 뒤부터는 적은 시간에 보다 많은 일을 할 수 있게 되었다고 하였다.

10분을 효과 있게 써라

아침에 맑고 새로운 마음이 되기 위해서 일부러 시골에 살 필요는 없다. 새나 열대어에 취미를 갖고, 단 10분이라도 좋으니 그것을 돌보아 주도록 하여라. 창문 밑에 만들어 놓은 조그마한 꽃밭에서 조그마한 위안을 느껴라.

세계적인 고전을 읽고, 하루를 시작함에 있어 위대한 인물에 접한 감격에 잠겨라. 이런 일에 소비하는 10분간은 전원생활을 하는 것과 마찬가지로 기분을 일신하는 데 도움이 되는 것이다.

마음을 새롭게 하기 위해서는 클래식 음악을 들어도 좋고, 또는 천천히 거닐며 지나가는 거리의 모습이며 시골길의 광경에 마음을 멈추는 것도 좋다. 어떤 때는 자연의 아름다움을 찬미하고, 어떤 때는 쇼윈도에 눈을 멈추고, 또 어떤 때는 좀처럼 보는 일이 없는 하늘을 쳐다보는 것도 좋을 것이다.

이처럼 기분전환을 위해 아침 시간을 쪼개어 쓴다는 것은 얼른 생각하기에는 불가능하게 보일지도 모른다. 그런 일을 해본 적이 없다고 말하는 사람도 있을 것이다. 그러나 절대로 불가능한 것이 아니다. 하루의 시작에서 이러한 10분간은 당신의 시야를 넓히는 데 큰 도움이 될 것이다.

오전 중의 기분전환

미시건 주 어느 시의 시장은, 시청의 모든 임원은 30분 동안 깊은 명상을 하도록 정하고 있다. 그들은 명상 중에는 아무것도 하지 않는다. 전화가 걸려와도 받지 않고 사람이 찾아와도 만나지 않고, 다만 새로운 아이디어만을 생각하기 위해 이 시간을 쓰는 것이다.

아이젠하워 대통령 밑에 있던 직원들은 대통령에게 충분한 아침 휴식 시간을 갖게 하기 위해 일부러 보고서를 30분 늦게 보고하였는데, 이 30분 동안이 국가의 현재 및 장래에 있어 매우 중요한 시간이었다.

또한 대통령 고문인 버나드 바르크도 모자를 쓰고 책상에서 떠나, 공원 벤치에 앉아 다람쥐를 보면서 생각함으로써 똑같은 효과를 올리고 있었다. 그의 말을 들으면, 이렇게 해서 소비한 시간은 기분을 새롭게 하는 데 매우 도움이 되며, 결국은 그 몇 갑절이 되어 되돌아온다는 것이다.

진공청소기의 설계자이며 제조업자이기도 한 알렉스 류이트는 점심 시간을 이 목적을 위해 이용하고 있다. 그는 언제나 그의 개인 방에서 혼자 식사를 한다. 그동안 그는 전화도 받지 않고 방문객도 만나지 않으며, 완전히 마음과 몸을 편안하게 휴식한다. 여러 가지 방해에서 멀리 떠나 이렇게 하고 있으면 사물을 객관적으로 생각할 수 있으며 앞으로의 활동에 대해 여러 가지 아이디어가가 떠오른다고 한다.

오전중의 티타임

미국 직장인의 약 5분의 3은 날마다 직장에서 오전 중에 티타임을 즐기고 있다. 시사문제 해설자인 에드워드 B. 마로우는 한 잔의 커피가 기분을 활발하게 해준다고 말하고 있다. 또 디자이너인 소피아도 한 잔의 커피를 마시면 훨씬 기운이 나고 생각이 맑아지며, 특히 창조적인 일을 하는 데 도움이 된다고 보고하고 있다.

또 배우 찰스 로튼이나 샤를르 보아이에는 기분을 새롭게 하기 위해 연습 중간에 커피를 마신다. 테스트 파일럿인 리일 몬크튼도 제트기의 시험 비행을 하기 전에 반드시 커피를 마신다. 이 커피를 마시는 습관은 원래 제2차 세계대전 직후부터 시작된 것이다. 많은 회사는 오전 중 10분이나 15분 동안의 티타임이 생산과 능률을 올리며 사기를 높이는 데 도움이 되는 것을 인정했다. 피로가 줄고 사고 발생률이 낮아지며 결근이라든가 근로자의 이동률이 적어졌다. 이 때문에 커피 이동 판매점이나 자동판매기를 일부러 설치하는 회사도 점점 늘어갔다.

대부분의 과학자들은 커피를 적절한 자극제라고 생각하고 있다. 한 잔의 커피 속에는 평균 2.5그램의 카페인이 포함되어 있다. 적은 양의 카페인은 근육운동뿐만 아니라 정신과 육체의 컨디션을 도와 업무상의 사고를 적게 하는 데 도움이 된다. 그리고 그다지 많은 분량을 마시지만 않으면 부작용은 없다. 알코올과 달리 커피는 판단력이나 자제력에 영향을 미치지 않고 피로를 없애는 데 효과가 있다. 이 사실은 미국 공군에서도 인정하고 있다.

뉴욕의 한 레스토랑 체인점의 사장 윌리엄 블랙은 근무 시간 중에 티타임이 두 번 있다고 말하고 있다. 즉 오전 10시에서 10시 반까지, 오후 3시에서 3시 반까지이다. 또한 그의 조사 결과에 의하면 티타임을 갖는 동안은 일시적으로 업무에서 떠남으로써 오히려 사기를 북돋우고 일의 효율을 올린다고 했다.

영국에서도 커피는 홍차나 점심식사와 마찬가지로 우리의 생활에 없어서는 안 될 음료로 되어 왔다.

휴식은 에너지를 충전시킨다

코카콜라의 종업원들은 1929년 이래 '휴식은 에너지를 충전시킨다'라는 슬로건을 내걸고 있다. 그들은 일하는 도중에 휴식을 취하는 것이 심리적으로나 육체적으로 능률을 증진시킨다는 것을 과학적으로 입증함으로써, 코카콜라가 세계적으로 판로를 넓힐 수 있게 했던 것이다.

애틀란타에 있는 애틀란틱 제강회사의 사장 RF 린치 씨는 이렇게 말하고 있다.

> "나는 코카콜라 냉각기를 한가운데 놓고 그 주위에 공장을 짓고 싶다고 생각하고 있을 정도다. 다시 말해 이러한 청량음료가 일하는 사람들에게 얼마나 중요한가를 역설하고 싶은 것이다."

제강공장에서는 노동자들이 높은 온도 밑에서 일하고 있기 때문에 이러한 휴식 시간이 자주 필요하다. 이와 같은 견해는 다른 많은 산업에서도 보고되고 있다.

제2차 세계대전 중 국민 모두가 군수품 생산에 동원되어 있을 때에도 이런 청량음료의 생산은 제1순위에 놓여 있었다. 그것은 노동자에게 5분이나 10분 또는 15분 동안의 휴식시간을 주면 피로는 줄고 생산량은 는다는 것을 인정받았기 때문이다. 미국 공중위생보건성에서 낸 공식적인 간행물에서도 다음과 같은 견해를 내놓았다.

"비록 근로자가 임금이 적어진다고 하여 강제적인 휴식 시간 제도를 반대하는 경우라도 회사는 휴식 시간 중의 임금을 보증하면서 휴식 시간을 마련하는 편이 유리하다. 과거의 경험은 이와 같은 휴식 시간을 설정함으로써 설사 눈에 띄게 생산량이 늘지는 않았다 하더라도, 능률이 오름으로써 적어도 이러한 시간을 만들지 않았던 때와 같은 정도의 생산량은 올릴 수 있다는 것을 입증하고 있다."

당신이 하는 일이 어떤 것이든 간에 밖에 나가 일하는 경우나 집에서 일하는 경우나 반드시 휴식을 취하라. 휴식이야말로 에너지를 충전시키는 것이다.

기분전환을 시켜주는 점심식사

자신의 책상 위에서 샌드위치를 먹고 점심식사를 끝내는 사업가나, 주방에서 요리를 하면서 식사를 끝내는 주부들은 기분을 새롭게 하여 좀더 능률을 올리는 것을 포기하는 것이나 마찬가지다.

밖으로 식사하러 가는 것은 단순히 휴식을 취하거나 편안히 쉬는 것만이 아니다. 환경을 바꿈으로써 일의 능률을 높이게 되는 것이다. 많은 학교에서는 학생들이 규칙적으로 심호흡을 함으로써 에너지가 생긴다는 사실을 인정하고 있다.

우리는 거의 모두 신선한 공기에 접하는 기회가 적다. 오늘부터라도 하루 중 오전과 오후에 한두 번 신선한 공기를 마시기 위해 쉬도록 하라. 특히 환기장치가 없는 장소나 공기의 유통이 나쁜 방에 있는 경우에는 더욱 그렇다. 그리고 옷을 많이 껴입고 방을 너무 덥게 하는 것도 능률을 떨어뜨린다.

담배와 일의 능률

담배를 피우는 사람은 누구나 다 그것이 즐거움이며 마음을 편하게 해주고 기분을 새롭게 하는 데 도움이 되기 때문에 담배를 피운다고 한다. 필립 모리스 회사의 부사장 조지 와이즈만은 실제로 담배를 피우는 것에는 단순한 즐거움 이상의 이익이 있다고 말하고 있다.

"이 일을 끝내면 한 대 피워야지."

이렇게 생각하면서 일하는 심정은 애연가가 아니면 맛볼 수 없는 묘미라는 것이다.

그러나 이것은 어디까지나 담배회사의 광고 전략일 뿐이다. 담배는 여러 모로 우리 몸에 해롭다는 것이 현대의학에서 입증하고 있다. 담배를 안 피우는 사람은 더 건강하고 맑은 정신으로 휴식을 취하면서 아이디어를 짜낼 수가 있다.

기도에 의한 기분전환

조용한 명상이라든가 기도, 또는 성경책을 읽기 위해 약간의 시간을 할애한다는 것은 기분전환에 매우 효과가 있다.

매일 몇 분씩 당신의 정신을 깨끗이 정화하는 습관을 몸에 익혀 두면 당신이 여러 가지 곤란한 일을 만났을 경우 평온한 태도를 유지하는 데 도움이 된다.

학자들은 일찍부터 이것을 깨닫고 있다. 분석이나 설명만으로는 충분치 못하다. 우리가 정말로 강함과 기백을 갖고 일에 임하기 위해서는 개인보다도 훨씬 위대한 어떤 의지나 신앙 같은 것이 필요할 수도 있다. 크고 작은 많은 회사나 단체들이 이와 같은 효과를 기대하여 신앙 그룹을 만들도록 장려해 왔다.

머리를 비우고 잠자리에 들어라

하루의 일을 끝낸 다음에는 당신의 머리를 모든 일에서부터 해방하여 편안히 잠들게 하기 위해 그날 일어난 걱정스러운 문제를 깨끗이 씻어내라. 어차피 잠자리에 들면 해결될 문제가 아닌 이상 긴장감을 끌고 들어가지 않도록 해야 한다. 잠을 이루지 못하는 것처럼 휴식을 방해하는 것은 없다.

다음에 드는 기도의 말은 우리가 꼭 음미해 볼 일이다.

"내 마음속에 더러워진 생각, 옳지 못한 계획, 당치 않은 야망이 깃들지 않도록 나의 영혼의 잘못됨을 바로잡아 주옵소서. 나의 노여움이 내일까지 남아 후회함이 없도록 하여 주시고, 항상 조용한 자비와 착한 마음으로 편안케 할 수 있도록 나의 마음에서 질투와 증오와 악의를 제거하여 주옵소서."

낮잠의 효과

루스벨트 대통령은 점심식사 후 30분간의 낮잠이 아침에 일어나기 전 3시간의 수면에 맞먹는다고 말했다. 그는 이 낮잠 덕분에 매일 2시간이나 더 일할 수 있었던 것이다.

트루먼 대통령도 같은 생각으로 언제 어떤 장소에서도 졸 수 있는 방법을 터득하고 있었다.

관저에 있을 때도 트루먼은 곧잘 짧은 틈을 내어 졸곤 했던 것이다. 특히 중대한 연설을 하기 전에는 그러했다. 불과 15분이나 30분 동안의 수면으로 에너지를 회복하여 두 시간 내내 하는 연설이나 회의에 견뎌 냈던 것이다.

윈스턴 처칠은 끄덕끄덕 졸거나 안락의자에 기대앉아 잠깐 눈을 붙이지 않고 아예 침대에 누워 낮잠 자기를 습관으로 삼아 왔다. 그는 잠에서 재빨리 깨어나는 재주를 갖고 있어서 휴식 후 맑은 머리에 떠오른 생각을 곧바로 끄집어낼 수 있었다.

 어디에서나 바로 잠들 수 있는 훈련을 쌓아라

머리만 어디에 대면 곧 잠들 수 있도록 습관을 붙이는 것은 쉬운 일이 아니다. 그러나 한번 그것을 몸에 익히면 시간이 많이 절약된다. 이를테면 토머스 에디슨은 하루에 3~4시간밖에 자지 않는 습관을 갖고 있었는데, 그는 어디에서나 곧 잠들 수 있었으므로 대개 낮에 2~3시간 낮잠을 자는 것을 습관으로 삼고 있었다.

덜레스 전 국무장관은 그의 정력의 원천이 베를린이건, 버뮤다이건, 또 2만 피트 상공이건 간에 어린아이처럼 깊이 잠들 수 있었기 때문이라고 하였다. 바다를 건너 회의에 참석하러 가는 비행기 속에서도 그는 눕기만 하면 곧 온갖 걱정거리를 내버릴 수가 있었다.

10분쯤 따뜻한 목욕물 속에 몸을 담그고 피로를 푸는 사람도 있다. 또 어떤 사람은 샤워가 좋다고 한다. 아무튼 어떤 방법이든 간에 10분쯤 이렇게 휴식을 취하면 적극적인 마음으로 일에 임할 수가 있다.

의사들은 이렇게 말하고 있다.

"10분 동안 조는 것은 사람의 기분을 푸는 데 두서너 잔의 술보다도 훨씬 효과가 있다. 식후 침대에서 잠깐 동안 수면을 취했다 할지라도 시간을 낭비한 것은 아니다. 당신은 그렇게 함으로써 새로운 기분과 열의를 가질 수가 있을 것이다. 이 10분 동안이라는 것이 1시간에서 1시간 반 정도 잠잔 만큼 기분을 회복시켜 주는 것이다."

내가 오랫동안 살았던 라틴아메리카에서는 점심식사 후 반드시 낮잠을 잔다. 더욱이 이것은 하루 중에서 가장 귀중한 시간이었다.

그런데 주부들 중에는 가족들이 모두 나가 버린 뒤 다시 잠자리에 들어가 자는 사람이 있는데, 이것은 결코 효과 있는 방법이 아니다. 의사들은 그렇게 하면 그 뒤에도 하루 종일 잠이 올 뿐이라고 한다.

깊은 잠은 시간을 절약해준다

뉴욕에서 낮잠 자는 휴게소를 경영하고 있는 노먼 다인은 여가를 많이 만들기 위해서는 수면시간을 조정하여 휴식 능력을 높이고, 잠자는 시간을 단축하여 깨어 있는 시간을 길게 해야 한다고 말하고 있다.

그는 규칙적인 생활을 하는 한 회사의 중역을 자주 예로 든다. 이 중역은 눈코 뜰 새 없이 바쁠 때에는 밤에 4시간밖에 자지 않고, 낮에는 2시간마다 15분씩 수면을 취한다. 이 때문에 그의 수면시간은 모두 6시간으로 되어 깨어 있는 18시간 동안 끊임없이 바쁜 업무에 견뎌 나갈 수 있게 되었다는 것이다.

또 영화 프로듀서인 리샤알 드 로시몬도 이와 같이 하는 데, 일이 바쁠 때는 수면시간을 짧게 하고 있다. 그는 2~3시간 자고는 새로운 기분으로 4시간 일하고, 그리고 또 2~3시간 자는 식으로 되풀이하여 능률을 올리는 것이다. 그는 다음과 같이 말하고 있다.

> "이렇게 하면 긴장감이 풀려 마음을 완전히 새롭게 할 수가 있습니다. 나는 이렇게 하여 보통 수면시간인 8시간을 5시간으로 줄이고, 하루에 3시간씩 더 일하고 있습니다."

그러나 이러한 사람은 예외적인 사람이고 대부분의 사람은 어떻게 하면 수면 중에 충분한 휴식을 취할 수 있겠는가 하는 연구가 필요하다.

다음에 그 몇 가지를 소개한다.

① 충분한 수면시간을 취하라. 만약 자명종 시계가 필요치 않고, 산뜻한 기분으로 잠에서 깨어날 수 있다면 그것은 충분한 휴식을 취한 증거다. 그러나 이와 반대로 매일 아침 억지로 잠을 깨야만 한다면, 충분한 휴식이 되어 있지 않은 것으로 활동력이 떨어질 수도 있다.

② 사람은 잠들어서 1~2시간 동안에 가장 깊이 잠들게 된다. 그때 근육은 많이 풀리며, 혈압은 낮아진다. 아침 늦게까지 잠을 자도 막

잠이 든 직후만큼 충분한 휴식을 취하지는 못한다.

③ 숙면을 하려면 다음과 같은 연구가 필요하다. 우선 자기 전에 목욕을 하라. 정확하게 섭씨 37도까지 물의 온도를 올려라. 그리고 20분 간 물속에 들어가 있도록 하라. 이렇게 하면 혈액순환이 잘 되어 몸이 편해진다.

피부를 문지르지 말고 꾹꾹 누르듯이 하여 닦는다. 침대는 언제나 잘 수 있도록 준비해 놓았다가 목욕이 끝나면 곧 들어가 눕도록 하여라.

그리고 몸의 모든 근육에서 완전히 힘을 빼도록 하여라. 팔다리나 몸통 어느 한 군데라도 몸에 거북한 곳이 없도록 하여라. 그리고 아무것도 생각하지 않도록 하라. 흥분은 수면을 방해한다. 침실은 되도록 어둡고 조용하게 하고, 어떠한 방해도 받지 않도록 하여라.

잠자기에 편안한 침대

잠들어 있을 때 당신의 몸에 전혀 압박을 가하지 않는 침대에서 자는 것이 가장 좋은 휴식 방법이다. 통기가 잘 되는 시트, 탄력 있는 베개와 요를 사용하라. 그리고 몸을 자유롭게 하고 공기의 유통을 좋게 하기 위해 무거워서 혈액 순환을 방해하는 이불을 덮지 말고 가벼운 담요를 쓰도록 하라.

밤중에 침대에서 떨어지지 않을까 걱정하지 않아도 되는 돌아눕기 넉넉한 39인치 이상의 폭을 가진 침대를 사용하도록 하라. 돌아누울 때마다 일어나야 할 만큼 몸이 푹 파묻히는 부드러운 요는 좋지 않다. 스프링이 약해져서 당신의 엉덩이가 푹 들어갈 정도면 안 된다. 시트를 요 밑에 끼어 두면 돌아눕더라도 걷힐 걱정은 없다. 아침에 햇빛이 당신의 얼굴에 똑바로 비치지 않도록 침대의 위치를 잡는다.

이상과 같은 점을 잘 주의해 두면 곧 잠들 수가 있고, 충분한 휴식을 취할 수가 있다. 이 때문에 보통보다도 1시간쯤 빨리 잠이 깨는 수도 있는데, 그러면 그만큼의 시간은 효과 있게 쓰이는 것이다.

적정한 수면시간을 취하라

프리드먼 출판사의 회장이며 《시간 이용법》의 저자인 코트프리 M. 레브러의 말을 들으면, 일반적으로 사람들은 필요 이상의 수면시간을 취하고 있다고 한다. 물론 이 점에 대해 원칙이라는 것은 없고, 같은 종류의 업무에 종사하는 사람도 수면시간은 제각기 다르다.

어느 정도의 수면시간이 필요한가 하는 것은 그 사람의 체질이나 업무의 종류나 습관에 따라 다르다. 역사상의 위대한 인물 가운데는 보통 사람이라면 7~9시간의 수면을 필요로 할 경우라도 하루 4~5시간이면 충분했던 사람이 있다.

누구나 경험으로 몸에 장해를 미치지 않는 정도의 최저 필요 수면시간을 측정할 수가 있으며, 그것을 잘 지키면 되는 것이다. 육체적 · 정신적 휴식에 필요한 시간 이상으로 수면을 취하는 것은 일종의 방종이며, 결과적으로는 과잉된 수면시간만큼 당신의 생명을 단축시키고 있는 것이 된다.

레브러는 또 이렇게도 말하고 있다.

"물론 당신은 필요 이상으로 길게 수면시간을 잡으면서 그 습관을 바꾸려고 하지 않을 것이다. 당신은 수면이 무슨 즐거움인 것처럼 그것을 탐내고 있을지도 모른다. 하루에 8시간의 수면시간이 필요하다는 것은 일반의 상식이 되어 있다고는 하지만, 이것은 근거가 없는 말이다. 다만 습관상 그렇게 생각하고 있을 뿐이며, 그 습관은 언제라도 바꾸려고 생각하면 바꿀 수 있는 것이다."

나대니얼 크라이트만 의사는 필요로 하는 수면시간이 완전히 똑같은 사람은 둘도 없다는 것은 경험으로도 증명할 수 있다고 말한다. 또 습관이라는 것은 일반적으로 후천적인 것이지 결코 태어날 때부터 타고난 것이 아니며, 대개의 동물은 졸기를 되풀이하여 필요한 휴식을 취하고 있는 것이라고 한다. 그러므로 당신이 만약 수면시간을 절약하고 싶다면 다음과 같은 일을 해보는 것이 좋다.

① 만약 현재 9시간의 수면시간을 취하고 있다면, 그것을 8시간으로 줄이도록 하라. 그리고 그것으로 충분한가 어떤가를 시험해 보라. 아마도 처음 얼마 동안은 충분하지 못할지도 모르지만, 적어도 10일 동안 이렇게 계속하면 적응이 될 것이다.
② 일정한 기간 자명종 시계를 적어도 15분간 빠르게 해 놓는다. 이렇게 하여 번 시간을 무엇이든 하고 싶다고 생각하는 다른 일에 쓰도록 하여라. 아마도 어젯밤부터의 충분한 휴식으로 아침나절은 지금까지보다 일을 더 잘할 수 있을 것이다.

06:00

시간을 절약하는 습관

인생관이나 습관은 짧은 시간 안에 얼마나 많은 일을 완성하느냐에 큰 영향을 준다. 이것은 내가 지금까지 설명해 온 모든 일에 부합된다. 이 장에서는 일에 성공한 사람들이 어떤 방법으로 자기의 의지력을 단련했는가에 대해 실제적으로 교훈이 될 만한 것을 이야기하겠다.

일하고 싶은 마음이 들지 않을 때

대단히 정력적인 사람들에게는 매일 한 시간쯤 일을 더 한다는 것은 별로 큰 문제가 아닌지도 모른다. 그러나 웬일인지 일하고 싶은 마음이 들지 않을 때는 어떻게 하면 좋을까?

누구나 그런 기분을 가져 보았으리라 생각되지만, 그러나 그런 기분이 늘 든다면 그 근본 원인은 피로라기보다 오히려 나태라고 보아야 할 것이다. 피로와 나태가 현상적으로 동일한 경우가 종종 있긴 하지만, 이 둘 사이에는 근본적인 차이가 있다. 대부분 피로하다는 것은 힘을 다한 뒤의 결과이다. 그것은 일을 한 뒤에 생기는 것이지, 결코 일을 하기 전에 생기지는 않는다. 그러므로 만일 당신이 근육을 움직이거나 글씨를 쓰기 전에 싫증이 난다면, 그 책임은 건강에 있는 것이 아니라 당신의 정신에 있는 것이 된다.

만일 몸 어딘가에 불편한 곳이 있다면, 물론 실제로 피로가 온다. 그리고 계속 일할 마음이 안 생긴다. 그러나 특별히 의사나 약을 필요로 하는 병이 없는 한, 그 원인은 정신의 방종이라고 할 수밖에 없다.

적극적인 기분을 강화하라

게으름과 부지런함은 소극적인 행동과 적극적인 행동으로 바꿔 표현할 수 있는 관계에 있다. 사고방식이 적극적이면 모든 일을 신속히 능률적으로 수행하는 데 도움이 된다.

그리고 낡은 습관을 타파하는 데에만 전념해서도 안 된다. 그런 노력은 스스로를 패배로 이끄는 수가 있다. 왜냐하면 그렇게 하는 것은 자기 병이 완치되었다고 생각지 않고 끝까지 병자라고 생각하는 것이나 다름없기 때문이다. 낡은 습관을 타파할 생각을 말고 잊어버려야 한다. 새로운 습관을 만드는 일에 전념하라. 그러기 위해서는 착실하게 한 걸음씩 실천해 가도록 힘써야 한다.

그리고 다음 다섯 가지 사항을 꼭 명심해야 한다.

① 일을 하려면 우선 행동으로 옮겨야겠다는 결심을 하여야 한다.

② 일을 하기 싫다는 기분은 술을 마셨을 때와 같은 방종의 소산이다. 그것은 모든 사람이 한 번은 경험하는, 마음속 깊이 가로놓여 있는 강한 욕망을 만족시키는 감정적인 망설임이다. 당신이 거기에 굴복하면 할수록 그것은 더 커지고 실천력은 점점 약해진다. 그리고 자기혐오를 하면 할수록 실망은 커지고 일은 완성할 수 없게 된다.

③ 기운을 잃거나 일이 하기 싫어졌을 때는 대부분의 경우, 비록 의식적은 아닐지라도 타인이나 자신의 동정을 바라는 마음이 그 속에 숨어 있는 법이다. 우리 마음속 어딘가에 숨어있는 비뚤어진 근성은 이 같은 방종에 의해 크게 만족된다. 만일 타인의 동정을

얻지 못할 경우에는 자기 연민으로 빠져든다.

④ 일단 게으른 버릇이 붙게 되면 다시 본래의 상태로 돌아가는 데 상당한 시간이 걸린다. 월요일 아침에 일을 하러 나갈 때 왠지 기운이 없거나, 휴가에서 돌아와 일할 기분이 들지 않는 것은 당연한 일이다. 그럴 경우 활동적인 기분이 들게 하는 가장 좋은 방법은 평상시에 늘 하던 일부터 시작하는 것이다. 그렇게 두세 시간을 보내면 마침내 활력이 솟아남을 느낄 것이다.

⑤ 처음부터 너무 큰일을 하려고 하면 안 된다. 처음에는 작은 일로 만족하라. 너무 많은 것을 바라는 것은 성공을 실패로 이끄는 원인이 되기 쉽다.

현재 하고 있는 일에 흥미를 가져라

만일 우리가 지루한 일을 멋지고 재미있는 일로 생각되게 하는 좋은 확실한 방법을 알고 있다면 하룻밤 사이에 큰 재산을 만들 수 있을지도 모른다.

그러나 결코 쉬운 일은 아니지만 극히 간단한 해결 방법이 있다. 일을 해내는 능력을 높이는 길이 있기는 하다. 이 방법을 터득하기만 하면 당신도 지금 자기가 하고 있는 일에 대해 흥미를 갖게 될 것이다.

드와이트 D. 아이젠하워 전 미국 대통령의 부인은 결혼 초부터 군인의 아내로서 만나는 사람 누구에게나 억지로 보이던 애교가 지금은 완전히 몸에 배어 참다운 열정으로 변하여 하는 일이 모두 재미있고, 힘들이지 않고도 할 수 있게 되었다고 한다.

또 도널드 레아드 박사는 캘리포니아 대학의 어떤 학생 그룹이 그들이 받아야 할 수업이 대단히 재미있는 것이라고 억지로 생각했더니, 보통 때의 수업태도로 배웠을 때보다 훨씬 더 그 수업에 열중할 수 있었다고 보고하고 있다. 당신 자신도 시험해 보아라. 확실히 효과가 있을 것이다.

전 코카콜라 수출회사의 회장인 제임스 A. 파레는 실천력이 강한 사람인데, 그는 이렇게 말하고 있다.

"만일 여러분이 하고 있는 일을 기쁜 마음으로 하는 방법을 터득한다면 결코 실패하는 일은 없을 것이다. 모든 일이 척척 처리되고 시간을 헛되이 보내는 일이 없어질 것이다."

일에 열정을 갖는 방법

흥미보다도 한층 더 높은 것은 열의다. 더구나 '열의를 갖는다'는 것은 당신이 하는 모든 일에 열의를 가질 수 있는 성질이 본래 갖추어져 있다는 사실을 이해한다면 그렇게 어려운 일은 아니다.

정신병리학자들은 우리가 무엇을 하거나 열의를 가지고 하면, 보통 때의 10분의 1가량의 피로감밖에 생기지 않는다고 말하고 있다. 열의를 갖게 하는 최선의 방법은 주어진 어떤 일이나 해내겠다는 긍정적인 마음으로 대하는 것이다. 일을 하거나 사물을 생각하거나, 또 새로운 방법을 시도할 경우 흥미를 갖도록 하라. 그러면 일을 하고 있는 동안에도 마음이 편해지는 것이다. 왜냐하면 일이란 그것을 사랑하는 마음이 없으면 오래 계속할 수 없기 때문이다. 일을 할 때 자극이 되는 것은 정복하는 것이 아니라 탐구하는 데 있다. 칭찬을 받기 위해서가 아니라 그 노력에 대한 만족감, 완성했을 때의 쾌감을 위해 일을 함으로써 우리의 마음은 흡족해지는 것이다.

정신과 의사 데이비드 시바리는 이렇게 말하고 있다.

"우리는 대부분 골프, 낚시, 야구와 같은 운동을 할 경우에도 노력에 대한 만족감, 완성했을 때의 쾌감을 위해 해야 한다. 그리고 여러 가지 다른 방법을 시도해 본다. 즉 시험해 보는 것이다. 우리가 이런 마음을 갖는 한 운동은 즐거운 것이 된다. 내기에 이기든 지든 마음이 편한 것이다. 이와 같은 사고방식은 모든 일에도 적용된다. 비록 그런 일이 당시에는 사소한 일이고, 언뜻 보기에 중요성을 갖지 않은 것으로 보인다 해도 말이다."

자신에게 자극을 주어라

"상황에 따라 자기 자신을 격려해 주면 줄수록 당신의 목적을 보다 신속하고 훌륭하게 이룰 수 있을 것이다."

줄리아스 카이자 회사 사장 필립 골드스미스가 한 말이다. 막대기에 매단 당근이나, 개가 경주하는 코스에 설치된 토끼 인형은 짐마차나 경주용 개에게 일종의 격려를 주는 것이다. 길들인 바다표범조차도 곡예를 시키기 위해서는 물고기가 필요하다.

우리는 모두 어떤 실질적인 보수라는 대가를 주면 단시간에 많은 것을 완수할 수 있다는 사실을 알고 있다. 보수는 반드시 돈이라야 할 필요는 없다. 방법은 얼마든지 있다. 이를테면 접시를 씻는 데 보통이라면 30분이 걸린다고 하자. 그러나 당신이 갑자기 영화나 음악회에 초대를 받았다면 그 일을 절반의 시간으로 마칠 수 있을지도 모른다.

그렇게 자신이 뭔가 보수를 정하고 일을 하도록 하라. 그러면 일이 끝나고 그 보수를 기쁘게 받을 수 있다.

집중력을 찾아내라

덜레스 전 미 국무장관은 단시간 내에 일을 마치려면 집중력이 필요하다고 말하고 있다. 그러나 어떻게 해야 정신을 집중할 수 있을까? 당신이 해야 할 일에 대하여 다음 질문에 대답해 가면 저절로 그 답이 나오게 될 것이다.

① 당신이 하고 있는 일은 지금 어떤 상태에 있는가를 당신의 모든 지능을 짜내서 상세히 관찰하고 있는가?

② 당신의 머릿속에 떠오르는 여러 가지 사실의 관련성을 파악하고 있는가?

③ 이를 위해 모든 각도에서 사물을 생각하려고 하는가?

④ 지금부터 자기가 하려고 하는 일, 그리고 그렇게 하기 위해서는

어떻게 하면 좋겠다는 것을 마음속에 뚜렷이 그리고 있는가?

⑤ 그 일의 제1단계를 완수하면 곧 다음 단계로 옮기고 있는 가? 이런 경우에는 행위의 논리적 일관성이 필요하다.

⑥ 자기 힘이 미치는 일정한 범위에 주의를 집중하고 있는가? 좁은 범위에서 충분히 집중하는 편이 넓고 산만하게 늘어놓는 것보다 좋은 결과를 얻을 수 있다.

⑦ 마음이 산만해짐을 막기 위해 지금 당신이 당면하고 있는 문제의 어디에 흥미를 가질 수 있는가를 연구하고 있는가? 어떤 일에 머리를 집중시키려고 해도 소음이 귀로 들어와 주의를 집중시킬 수 없다는 사람이 있는데, 재미있는 소설에 열중해 있을 때는 그것이 들리지 않는 법이다. 하고 있는 일에 흥미를 가지면 가질수록 마음이 산만해질 우려는 적은 것이다.

때로는 낙서를 하는 일이 정신을 집중시키는 데 도움이 될 때가 있다. 이를테면 덜레스 전 미 국무장관은 연필을 깎는 버릇이 있다. 그는 어떤 큰 국제회의석상에서 소련의 모로토프 외상이 연설을 하고 있는 도중에 줄곧 연필을 깎으면서 들었다. 나중에 조사해 보니 그때 깎은 연필은 열두 자루나 되었는데, 덜레스는 한 장의 메모도 적지 않고서 모로토프의 연설를 조목조목 비판한 것이다.

능동적으로 생각하라

"꼭 해야겠다고 말하면서도 불평만 늘어놓고 빈둥거리는 것은 마술사가 되면 얼마나 편할까 하는 꿈을 꾸는 것이나 다름없이 어리석은 일이다."

비치나트 파킹 회사의 부사장 카알 W. 라비가 충고하는 말이다.

"일을 재빨리 재치 있게 처리하고 싶으면 '이 일이야말로 내가 해낼 수 있는 일이다' 라는 생각을 계속 가져야 한다. 모든 일을 수동적이 아니라 능동적으로 생각해야 한다. 적극적인 사고방식은 몽상을 현실로 바꾸게 하며, 하고자 하는 일을 완성시킨다."

당신의 사고방식을 적극적으로 하기 위해서는 어떤 일이 필요할까? 다음에 그 중요한 마음가짐을 들어보겠다.

① 각 목적을 달성하기 위한 단계를 계획적으로 생각한다.
② 모든 일을 있는 그대로 받아들이고 요행을 섞어서는 안 된다. 잘못 되었다고 깨달았을 때는 그 원인과 어떤 점이 잘못되었는가를 분명히 밝혀 두 번 다시 되풀이하지 않도록 한다.
③ 상관이나 가족들의 결점을 찾거나, 경쟁 상대와 주위의 조건을 들어서 변명의 재료를 만들지 말고, 그보다는 매일 하는 일에 보다 경제적이고 능률적인 방법을 연구한다.

그 자리에서 바로 실행하라

꾸물대는 사람은 시간을 가장 많이 낭비하는 사람이다. 정도의 차는 있지만 우리는 모두가 일을 뒤로 미루려는 습성을 가지고 있다. 지금 곧 해야 할 일이라도 어떻게든지 핑계를 대어 뒤로 미루려고 한다. 미국의 스펠만 추기경은 시간을 절약할 여러 가지 연구를 실천으로 옮겨 성공한 대표적인 사람이다.

그는 무슨 일이든지 지금 곧 되도록 빨리 해치운다는 것을 신조로 삼고 있다. 그가 쓴 《오늘의 행동》이라는 책은 신도들 사이에 '지금 당장의 행동' 이라는 경구를 낳게 한 원인이 되었다.

그것이 신앙상의 봉사든, 일상의 일이든 간에 사람을 기다리게 해서는 안 된다. 결코 남에게 시간을 낭비하게 해서는 안 된다는 것이 그가 주장하는 엄격한 규율이다. 그리고 그 자신이 가장 엄격한 이 규율의 실천가인 것이다.

미루는 습관을 극복하는 방법

미루는 습관을 극복하는 데는 여러 가지 방법이 있다. 다음에 소개하는 내용은 가장 좋은 것이라고 생각되는 것만을 모은 것이다.

① 급히 실행할 일이라고 무작정 덤벼들어서는 안 된다. 먼저 모든 일을 질서 있게 계획한 다음 행동하도록 한다.

② 뒤로 미루는 버릇을 없애려면 가장 손쉬운 일부터 착수하는 것이 좋은 방법이다. 이렇게 처음 한 일이 성공하면 우선 확신을 얻게 될 것이다. 그렇게 됨으로써 어려운 일에도 길이 트이게 된다. 처음에는 그다지 중요하게 여겨지지 않았던 일도 일단 그것을 완성하게 되면, 거기서 얻는 만족감이란 대단히 중요한 힘이 된다.

③ 큰일의 정복을 작은 일의 연속이라고 생각한다면 당신 앞에 가로놓여 있는 불가능해 보이는 큰 임무도 겁낼 것이 없다고 생각할 것이다. 이를테면 처음부터 큰 저작을 착수하기가 힘겹다면 우선 메모를 쓰는 일부터 시작한다. 메모를 한장 한장 써 모아 가노라면 마치 벽돌을 한 장씩 쌓아올려 집이 이루어지듯 어느새 한 권의 책이 되는 것이다.

④ 가장 곤란하거나 또는 가장 불유쾌한 일을 먼저 해 버리면 다음은 비교적 편하게 될 것이다. 그러므로 우선 그런 곤란하고 불유쾌한 일부터 시작하는 것도 한 방법이다.

⑤ 책상 위에 산더미처럼 쌓인 걱정거리는 당신을 피로하게 할 뿐만 아니라 시간을 허비하는 나쁜 습관에 빠져드는 원인이 된다.

자진해서 시작하라

어떤 방법으로 미루는 습관을 극복하건 우선 행동으로 옮기는 일이 가장 중요한 첫 단계이다.

"어떻게 하면 좋을까 하는 생각은 하지 않는다. 나는 반드시 할 수 있다는 신념으로 착수하자. 일단 시작하면 뒷일은 잘 되어 갈 것이다."

이런 마음을 가지고 자기 스스로 시작하는 습관을 가져라.

이 세상에는 결코 자진해서 시작하려 들지 않는 사람들이 많은데, 이런 사람들은 행동에 대한 계시가 어떤 외부로부터 주어지는 것으로 알고 있다.

그들은 시계 소리에 귀를 기울인다. 당신은 바람 빠진 풍선처럼 우울한 기분으로 의자에 웅크리고 앉아 있지 말고 일어서서 기분을 새롭게 하는 게 좋다. 얼굴을 들고 가슴 가득히 호흡을 하라. 억지로라도 좋으니 명랑한 체하라.

너무 심각하게 생각해서도 안 된다. 자기가 당면하고 있는 문제나 일이 명확해질 때까지 행동하려 들지 않고 시간을 낭비하는 사람이 많은데, 자신은 가만히 앉아 있으면서 일이 진척되는 경우는 없는 법이다.

이와 반대로 무슨 일이든지 완성시키지 않고서는 못 배기는 사람은 도저히 손댈 수 없을 것 같은, 언뜻 보기에 불가능하다고 생각되는 목표를 세우고 그 완성을 향해 노력한다.

자기 자신을 고무하기 위해서는 과거에 달성한 여러 가지 일을 상기해 보아라. 전에도 당신이 할 수 있었으니까 다시 한 번 할 수 있을 것이다. 더구나 전과는 달리 더 잘할 수 있고 더 빨리 해낼 수도 있을 것이다.

좋은 습관을 몸에 익혀라

우리는 모두 좋은 것이건 나쁜 것이건, 또는 좋지도 나쁘지도 않은 것이건, 어떤 습관을 가지고 있다. 습관이란 무엇을 할 때 그 사람의 독특한 방식을 뜻할 뿐 아니라 자기 몸에 밴 우리의 능률을 높이는 기술이다.

만일 몸에 밴 습관적인 행위로 거의 의식하지 않고 그것을 행할 수 있게 된다면, 그 동안의 시간을 새로운 다른 일을 생각하거나 행하는 데 이용할 수 있을 것이다.

좋은 습관은 반드시 만들 수 있다. 그러기 위해서는 매일의 일과에 대해 최선의 방법을 생각해 내어, 그것을 그다지 힘들이지 않고 평소의 보통 일처럼 할 수 있을 때까지 되풀이 할 필요가 있다.

아드레 드 르류와 카토우 드 르류는 그들의 저서《당신을 위한 습관을 만들라》에서 우선 자기 자신을 연구하여야 한다는 점을 지적하고 있다. '현재의 습관을 잘 조사하라. 그리고 어떤 습관을 용기 있게 없애 버려야 할까를 결정하라.'

그들은 또 이렇게 말하고 있다. '당신의 분석을 한 걸음 더 밀고 나아가, 당신이 어떻게 되고 싶은가를 마음속에 그릴 수 있게 되어야 한다. 그래야 비로소 당신이 몸에 지니고 싶어하는 습관의 실마리를 잡을 수 있는 것이다.' 나쁜 습관을 극복하는 중요한 비결의 하나는 그것에 대치

될 새로운 습관을 만들어 간다는 것이라고 했다.

이 방법은 당신의 시간과 정력을 놀라울 정도로 절약해 줄 것이다. 당신은 이제 나쁜 습관을 제거하기 위해 고민할 필요는 없다. 즉 바르고 좋은 습관을 만들어 냄으로써 자동적으로 나쁜 습관을 몰아내고 있는 것이다.

수다를 줄여라

실천은 하지 않고 말 만 많은 것은 가장 큰 시간 낭비라고 파나그라 항공회사 사장 앤드류는 말하고 있다.

정말 쓸데없는 수다가 너무 많다. 《창조력을 길러라》의 저자 아렉스 오스본이 지적했듯이 쓸데없는 말을 하지 않는다는 것은 단순히 시간 절약이 될 뿐만 아니라, 사람들은 그다지 잘 모르고 있지만 중요한 사교의 요령인 경우가 많다.

우리가 지나치게 수다를 떤다는 것은 한시라도 빨리 그 일을 마음속에서 정리하고 뒤흔들어 어디론가 몰아내고 싶기 때문이다. 또한 남의 이목을 끌기 위해서 하는 말은 시간 낭비일 뿐이다.

그리고 또 이렇게 말하고 있다.

> "이런 손해를 없애기 위해서는 두 가지 방법이 있습니다. 그 하나는 되도록 침묵을 지킬 수 있도록 자신을 훈련시키는 일입니다. 또 한 가지 방법은 무엇을 위해 말하는가를 미리 생각해 두고, 예정한 말을 다 끝냈으면 곧 그쳐 버려야 합니다. 대화는 서로 다정히 지낼 때처럼 일반적인

것도 있고, 가르칠 경우처럼 전문적인 것도 있지만, 모두 그 나름대로 목적을 가지고 있습니다.

주방 일을 할 때도 우리는 우리가 만들려는 것이 무엇이고, 그것이 어떻게 만들어지리라는 것을 이미 알고 있습니다. 고기를 반쯤 익게 구우려고 했을 때는 너무 익기 전에 불에서 내려놓을 것입니다.

인간은 무엇을 말하고자 하는가를 생각한 다음에 비로소 이야기한다는 천부적인 재능을 활용하는 것입니다. 우선 목표를 뚜렷이 세우는 일이 중요합니다. 막연한 감정적인 의견은 깨끗한 양복 위에 빛바랜 장미꽃을 다는 것과 같습니다.

만일 우리가 목적에 어긋나는 것은 일절 말하지 않기로 한다면 우리들의 이야기는 좀더 견실해질 것입니다. 그렇게 함으로써 우리는 남의 기분을 상하게 하거나, 성나게 하거나, 쫓아버리는 일 없이 언제까지나 자기 편으로 잡아 둘 수 있는 것입니다."

순간의 들뜬 기분을 누르고 불필요한 이야기를 하지 않도록 조심하라. 그리고 때로는 '이 이야기를 하는 데 따로 시간을 낼 가치가 있을까' 하고 반성해 보라. 이러한 반성을 하기 위해 소비되는 불과 2초 동안이라는 시간이 마침내 하루에 5분이나 10분, 심지어는 15분이라는 쓸데없는 이야기나 말다툼하는 시간을 절약하는 결과가 되는 것이다. 그렇다고 입에 빗장을 잠글 필요는 없지만 하루 종일 수다를 떨어서는 안 된다. 지나치게 사교적인 수다는 당신의 정열을 소모하는 가장 큰 원인이다.

작가 소피 카는 여성의 큰 결점은 수다스러운 것이라고 말하고 있다. 먹는 이야기, 옷 이야기 등은 언제나 여자들의 수다를 위한 좋은 재료다. 같은 이야기를 몇 번이나 되풀이하면서도 싫증을 느끼지 않는다. 그리고 미주알고주알 지껄여대는 소문 이야기 등등이다.

어떤 사건을 말할 경우 자기가 하고 싶은 이야기를 아주 짧은 말로 간단하게 표현할 수 있는데도 나는 그 여자에게 이렇게 말했다느니, 그 여자는 나에게 이렇게 말했다느니 하며 주고받은 말을 그대로 되풀이하는 소위 대화적 표현을 빈번히 사용하는 사람이 있다. 각본을 쓸 경우라든가 이야기한 그대로의 말이 중요성을 가지는 경우라면 대화적 표현을 사용하는 것도 필요하겠지만, 보통 회화에서 대화적인 표현을 사용하는 것은 대단한 시간 낭비다.

또 누구나 아는 뻔한 말을 이것저것 쓰기 좋아하는 사람이 있는데, 이것 또한 상당한 시간낭비다. 단 한 마디의 말이라도 쓸데없는 것은 뺌으로써 시간 절약이 되었다는 좋은 예는 로버트 F. 와그너 주니어가 뉴욕 시장으로 취임했을 때의 일이다. 그는 곧 자기 이름에서 주니어라는 말을 뺀다고 말하고 이에 대해 이렇게 설명했다.

12 1 2 3 4 6 5

"나의 임기 중 나의 이름을 그냥 로버트 F. 와그너라고 부르면 시민과 신문기자 여러분에게 얼마나 시간 절약이 될까 하는 생각을 갑자기 하게 되었습니다. 이것은 언제나 변함없는 후의를 보내주신 시민 여러분에 대한 나의 감사의 표시이기도 합니다."

여러 해에 걸쳐 뉴욕 상원의원으로 활약한 아버지 와그너가 몇 년 전에 죽은 뒤로는 이미 아버지와 아들을 구별할 필요가 없어졌음에도 불구하고, 이 주니어라는 단 한 마디의 말을 그의 이름에 붙여두는 것이 그의 재임 기간 중 얼마나 시간을 낭비하는가를 깨달은 것은 과연 뜻있는 일이다.

감정을 억제하는 방법을 배워라

감정을 억제할 줄 아는 사람은 감정의 포로가 되는 사람들보다 짧은 시간 안에 많은 일을 해낼 수 있다. 분노라든가 공포, 그 밖의 이와 비슷한 감정은 체력을 소모시키는 나쁜 감정인데, 이런 감정도 바르게 억제하기만 하면 힘의 원천이 될 수 있는 것이다.

감정은 억지로 만들어 낼 수도 없고 없앨 수도 없다. 요는 감정의 배출구를 찾아 주어야 한다. 멋대로 드러나는 감정을 억누르고 바르게 이끌어 나가야 한다.

두 가지 예를 들기로 하자.

① 화를 낸다는 감정

화를 낸다는 것은 가장 흔히 볼 수 있는 장해이다. 화를 참느라고 일이 손에 잡히지 않았던 일은 누구나 경험해 보았을 것이다. 화는 대개 다른 사람이나 사물의 탓으로 돌리기 마련인데, 사태를 개선하려고 해도 그 일에 대해 해결책이 보이지 않아 어떻게 손을 쓸 도리가 없는 경우가 많다.

이런 경우의 해결책은 다음과 같이 하면 된다. 우선 화를 잘못 되었다고 생각되는 사람이나 사건에 돌리지 말고 그 참된 원인을 파악하도록 한다. 당신으로 하여금 화를 나게 하여 시간을 낭비시키고 있는 것은, 예를 들어 찾아낼 수 없는 장갑이 아니라 그것을 찾지 못하는 당신 능력인 것이다. 당신의 화는 사실상 자기 자신에게 돌려져야 할 것임을 알았다면 화는 바로 사라져 버릴 것이다. 당신을 화나게 한 상황에 의해 당신의 본래 성격이 드러나는 법이다. 당신의 가장 큰 약점은 당신이 화났을 때 폭로되는 것이다.

② 분개라는 감정

이것은 화보다도 더 강한 감정이다. 그 해결책은 다음과 같이 하면 된다. 가령 어떤 사람이 당신을 비난했다고 하자. 그럴 경우 그 비난이 정당한 것이건 정당치 못한 것이건 조용히 앉아 곰곰이 생각해 보아라. 그리고 그 사람의 입매를 응시하여라. 이렇게 하면 당신의 관심은 그 사람이 하는 말에서 동작으로 옮겨가므로 감정적인 중압감에서 해방된다.

잠재의식을 활용하라

앞에서도 말했듯이 당신의 일을 부하에게 맡긴다는 것은 시간을 절약한다는 면에서 좋은 일이라고 했다.

그런데 당신에게는 당신이 아무 때라도 쓸 수 있는 또 한 사람의 부하가 있다. 늘 당신의 일을 돕기 위해 준비하고 있다가 보통 때라면 당신이 이용할 수 없는 그런 시간에 일을 완성시켜 주는 부하이다. 그 부하란 다름 아닌 잠재의식을 말하는 것이다. 잠재의식은 당신 일의 일부를 분담해 준다. 그것은 새로운 아이디어를 만들어 낼 뿐만 아니라 이미 마음속에 품고 있는 아이디어를 드러내 주기도 한다.

다음은 시간을 절약하기 위해 이 힘을 어떻게 이용할 것인가를 알아보자.

① 먼저 당신이 어떻게 하고 싶다고 생각하는 일, 이를테면 어떤 아이디어라든가 어떤 일을 하는 방법 등을 분명히 마음에 그려 보아라.

② 거기에 관계되는 자료를 읽고 연구하여라. 이렇게 하면 당신의 머릿속에 들어오는 것은 모두 정리되어 잠재의식이 당신을 위해 일하는 자료가 될 수 있다.

③ 정신을 통일하기 위해 조용한 시간을 택해 잠재의식에게 '나는 이런 일을 가지고 있다…. 나는 이렇게 하고 싶다' 라고 잘 타일러 주어라.

④ 몇 분 동안 그 문제에 몰두해 보아라. 정신을 그 문제에 집중시킬 수 있도록 평소부터 훈련해 두어야 한다. 만일 준비를 위한 재료라든가 아이디어 등을 생각해 내고 싶을 때는 일정한 시간을 두는 것도 좋다.

⑤ 잠재의식에 대해 특별한 임무를 줄 가장 좋은 시간은 잠들기 직전이다. 졸릴 때라든가 무심한 상태에 있을 때 마음에 일을 주는 것이 가장 효과적이다.

⑥ 일정한 시간까지 일에 대한 것은 모두 잊어 버려라. 그리고 잠재의식이 틀림없이 무엇인가를 가져다 줄 것이라는 신념을 가지고 기다려라. 처음부터 완전한 해결책을 기대하지 않는 편이 좋다. 몇 년이고 되풀이하는 동안, 당신의 잠재의식은 당신이 구하고 있는 아이디어나 방법을 생각지도 않을 때 불쑥 가져다 줄 수가 있다. 더구나 그것을 의식적으로 생각하는 시간은 조금도 필요하지 않다.

시간을 빼앗는 친구와 벌어주는 친구

참된 우정을 말할 때 이런 말을 해서는 안 될 말이지만, 소위 친구라거나 친지라고 일컫는 사람들 가운데는 우리 생활에 방해가 되는 사람도 흔히 있다. 그런데 우리는 그런 사실을 잘 모르고 있는 것이다.

그런 사람들은 우리의 시간을 빼앗아 갈 뿐만 아니라 돈과 정력을 낭비시키고, 더 중요한 것은 참된 친구들을 방해하고 있는 것이다. 우리 생활을 풍족하게 하는 친구를 찾아내는 일은 시간 절약이라는 점에서 보아도 퍽 이롭다. 그렇다면 어떻게 해야 그런 친구를 찾아낼 수 있을까?

노력형과 나태형

우선 자기 친구를 '노력형' 과 '나태형' 으로 나누어 이름을 쓰고, '노력형' 에는 플러스 '나태형' 에는 마이너스의 부호를 붙인다. 전부가 플러스 표시라면 당신은 참으로 행복한 사람이다. 만일 마이너스가 많으면 그런 사람들은 당신의 시간과 정력을 낭비시키고 있다는 사실임으로 잘 생각해 볼 일이다. 3분의 1이 마이너스라면 당신의 생활도 마이너스이다. 플러스인 나머지 3분의 2만을 친구로 남겨 둘 수 있다면 당신의 생활은 보다 풍족해지며 보다 건실해질 것이다.

나태형 판별법

'나태형' 인가 아닌가를 결정하는 데는 다음 사항을 대략 기준으로 보면 된다.

① 그 사람은 당신과 만날 때 늘 못마땅한 얼굴인가? 그리고 무엇보다도 불평부터 늘어놓는가?
② 그 사람은 언제나 최근의 살인사건이라든가, 세금문제라든가, 전쟁의 위험성이라든가 하는 풍문만 늘어놓는가?
③ 당신의 일이나 계획, 흥미 같은 것은 무시하고 제멋대로 지루한 이야기만 하는가?
④ 그 사람은 내기놀이를 하면 승부에만 집착하여 신경질적으로 성질을 잘 부리는가?
⑤ 그 사람은 언제나 비관적이고, 무슨 일에 있어서나 소극적인가?
⑥ 그 사람은 언제나 끈질기게 강압적인 태도로 충고하는가?
⑦ 그 사람은 항상 침울한가?

만일 당신의 친구 가운데 이런 사람이 있다면 친구로서의 교제를 끊어라. 참다운 우정이 생길 가능성이 없는 교제에 허비하는 시간을 없애도록 하여라.

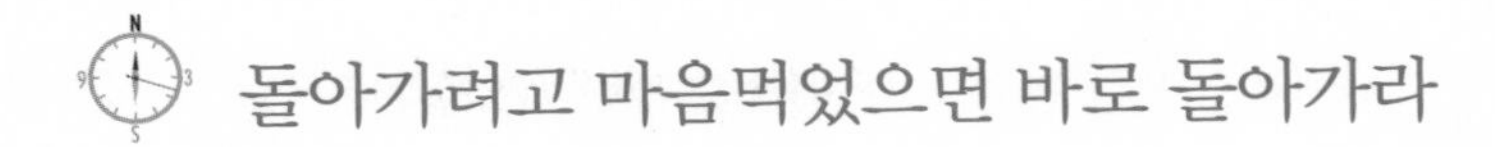

돌아가려고 마음먹었으면 바로 돌아가라

시간을 낭비하는 가장 큰 원인의 하나는 '곧 가봐야 합니다' 라는 말을 못하는 데 있다. 처음에 '이제 그만 실례하겠습니다' 하고 말한 뒤, 사실상 현관에 나가 자기 차에 오르기까지 시간이 한참 걸리는 경우가 종종 있다. 이 마지막 시간은 대개 지금까지 말한 것을 되풀이하는 데 소비되는 것이다.

물론 실례가 되어서는 안 되겠지만, 방문한 지 불과 몇 분도 안 되어 '곧 가봐야 합니다' 라고 말해도 상대방을 불쾌하게 만드는 경우는 거의 없다. 오히려 귀중한 시간이 절약되는 것이다. 파티 같은 데서 늦게까지 남아 있는 것은 피로의 원인이 되며 그 피로는 다음날 아침까지 간다.

'아니오' 라고 당당히 말하라

사람과 교제하면서 시간을 절약하기 위해 '아니오' 라고 말할 줄 아는 것도 좋은 방법이다. 무슨 일에나 '예' 라고 말한다면 나중에는 자기 자신이 곤란한 상황에 빠질 수가 있다. '아니오' 라고 말할 줄 안다면 가장 중요하다고 생각되는 일을 위해 시간을 절약할 수 있을 뿐 아니라, 어떤 뜻에서는 자기 생활에 대한 강한 신념을 갖게도 된다. 이것은 '아니오' 라고 말할 줄 모르면 도저히 불가능한 것이다.

쓰지 않는 물건은 치워버려라

우리 주변을 산만하게 늘어놓는 일은 시간의 낭비다. 우리 주위에는 깨끗이 치워 버릴 수 있는데도 늘어놓은 쓸데없는 잡동사니들이 얼마나 많은지 모른다. 우리는 대부분 자신도 모르는 사이에 소유욕의 습관에 사로잡혀 있다. 그 때문에 많은 시간을 소비하게 되고, 가지고 있는 물건 때문에 오히려 몸을 움직일 수 없게끔 되어 가고 있다.

가정에 있는 잡동사니 목록을 만들어 보자.

① 잼을 넣었던 병뚜껑이라든가 피너츠, 버터의 통 종류.
② 단추, 버클, 경첩, 호스 꼭지 등.
③ 계란 박스, 깡통, 빈병 등.
④ 두세 장이 없어진 트럼프, 넝마로밖에 쓸 수 없는 웃옷만 남은 잠옷, 왼쪽만 남은 가죽장갑 같은 것.
⑤ 결혼식 초대장, 대학 때 썼던 모자, 지난해의 크리스마스카드 따위.
⑥ 계단 밑에 있는 수십 개의 화분, 아직도 흙이 들어 있는 토마토의 묘목 상자 등.
⑦ 너무 훌륭한 것이라 쓰기에는 아까운 것, 할머니가 짠 침대 커버, 어떤 특별한 기회에 마시려고 여러 해 동안 간직해 두었던 나폴레옹 브랜디 등.

흠집이 나지 않은 상자나 종이나 끈 같은 것을 도저히 버리지 못하는 사람이 이 세상에는 의외로 많다. 당신도 자기 주위를 둘러보고 없애버리면 마음도 개운해지고 시간도 절약되는 쓸데없는 잡동사니들이 꽤 많다는 것을 알 것이다.

TIME MANAGEMENT HABIT

07:00

독서력과 기억력을 늘리는 방법

독서는 우리 삶에 가장 중요한 생활 기술의 하나다.

미국의 한 독서 클럽에서 실시한 조사에 의하면, 5명 중에서 3명이 1분에 겨우 250단어라는 느린 속도로 비능률적 독서를 하고 있다는 놀라운 사실이 밝혀졌다. 이것은 정상적인 독서 능력의 겨우 20퍼센트에 지나지 않는다. 당신의 독서력을 증대시키는 세 가지 방법은 다음과 같다. 첫째, 많은 시간을 독서에 투자한다. 둘째, 읽을 책을 신중히 선택한다. 셋째, 독서 속도를 빠르게 한다.

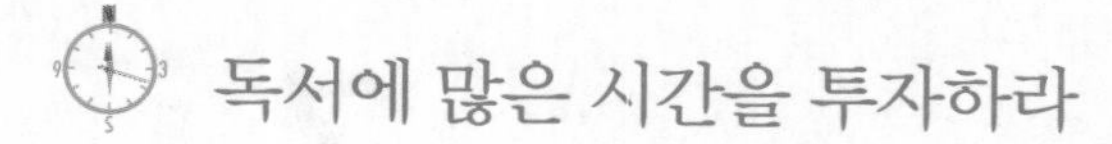

독서에 많은 시간을 투자하라

가장 많은 책을 읽는 사람은 대개 가장 바쁜 사람이다. 그들은 다음과 같은 여러 가지 연구를 하여 독서 시간을 마련하고 있는 것이다.

당신도 다음과 같이 따라하면 가능할 것이다.

① 읽고 싶은 책이나 잡지를 늘 눈에 잘 띄는 곳에 둔다. 버스나 전차를 탈 때도 책 한 권쯤은 가지고 다니는 습관을 갖도록 한다. 비록 5분 동안이라도 책을 읽을 시간이 있으면 읽는다. 그 얼마 안 되는 시간이 쌓이고 쌓여 커지는 것이다.

② 베개 옆이나 침실의 전기스탠드 아래에 책을 한 권 놓아둔다. 잠이 안 올 때 손 가까이에 있는 책을 읽는다면 잠을 불러올 수도 있다.

③ 주방이나 전화대, 경우에 따라서는 욕실에도 읽을 만한 책을 비치해 둔다. 아무데나 굴러다니는 하찮은 잡지책이 아니라 제대로 된 책을 비치해 읽어라.

④ 병원이나 변호사 사무실, 이발소, 미장원, 세탁소 같은 데서 차례를 기다리는 시간에 읽기 위해서도 반드시 책을 가지고 다닌다.

⑤ 교통이 혼잡할 때나 차의 수리, 또는 누군가를 기다리기 위해 차를 세워놓고 있을 때도 읽을 수 있도록 자동차 안에 좋은 책을 비치해 둔다.

책을 신중히 선택하라

아무리 독서 속도가 빠른 사람이라도 모든 신간 서적을 다 읽을 수는 없다. 여러 사회적 문제에 관한 잡지나 단행본도 끊임없이 쏟아져 나오고 있다. 이 모든 것을 닥치는 대로 읽어 간다면 끝내는 당신의 머릿속은 갈피를 잡을 수 없는 사상의 뒤범벅이 되고 말 것이다. 따라서 자신이 정말 흥미를 갖고 알고자 하는 영역의 책을 신중히 선택해 읽어라.

다음에 몇 가지 비결을 소개한다.

① 시간의 여유가 그다지 많지 않은데 신문을 두 가지 보는 경우에는 어느 쪽이든 한 가지는 끊도록 하라. 습관을 고치기란 간단한 일은 아니지만, 한쪽 신문을 과단성 있게 끊고 그 시간을 새로운 지식을 안겨주는 책을 읽는 일에 활용하라.

② 여러 종류의 뉴스 잡지를 충분히 활용하라. 그것은 당신에게 세계 정세나 장래의 전망에 대하여 여러 가지 사실을 가르쳐 준다.

③ 서평은 반드시 읽어보라. 좋은 평은 종종 그 책의 중요한 점을 이해시켜주고 구독하고 싶은 책을 가르쳐준다.

④ 뉴스를 비교해보고 그 핵심을 평가하는 방법을 배워라.

〈뉴욕타임스〉의 광고 담당기자 윌리엄 프리드만은 일간신문을 읽는 방법에 대해 독특한 시간절약법을 행하고 있다. 우선 그는 신문을 빠른 속도로 훑어본다. 그리고 이어서 일반 사회에서 흥미를 가지고 있는 사항에 관한 기사에 한해서만 3주일이나 4주일 뒤에 다시 한 번 읽어 보는 것이다. 이에 대해서 그는 이렇게 말하고 있다.

"그동안에 그것이 발생했던 당시에는 중요하게 여겨지던 많은 문제가 뉴스에서 완전히 모습을 감춰버립니다. 아직 남아 있는 문제는 그때와는 다른 새로운 중요성을 갖게끔 되어있습니다. 나는 신문을 대강 훑어본 뒤에 개인용 신문철에 많은 기사를 오려 붙입니다. 각 뉴스가 어떻게 되어 갈 거라는 예측이 대강 섰을 때 그 신문철을 다시 읽는데 그러면 거기에서 새로운 의미가 발견됩니다."

이와 같은 아이디어는 잡지나 다른 간행물에도 적용될 수 있다.

독서 속도를 늘려라

우리의 대부분은 가능한 독서 능력의 불과 20퍼센트 정도밖에 사용하고 있지 않다. 그러나 새로운 과학적 방법을 사용하면 비즈니스맨이나 학생이나 주부, 아니 그 어느 누구라도 독서 속도와 독서 의욕을 두 배 내지 세 배로 향상시킬 수 있을 것이다.

뉴욕의 한 독서 연구소에서는 독서 속도 조사를 할 때 첫째로 문제 삼는 것은 시력이라고 한다. 대부분의 경우 안경을 쓰면 시력은 해결된다. 눈은 6개의 예민한 근육에 의해 조종되고 있다. 그 근육은 눈이 책의 글자를 볼 때 멈추었다 응시했다 하는 일련의 움직임을 맡아 본다. 당신의 눈이 한 번 들여다보는 사이에 눈에 들어오는 단어의 수효가 독서 속도이고, 그때 눈에 비쳐진 것이 뇌에 전달되어 해석되는 것이다.

느린 독서가는 1분에 150단어 또는 그 이하를 읽는다. 보통 독서가는 250단어, 대단히 빠른 독서가는 700단어를 읽는다. 그리고 극소수의 사람은 1분간에 1,000단어 또는 1,800 단어라는 엄청난 속도를 가지고 있다. 빨리 읽는 일은 눈에 해롭지 않다. 도중에서 멈추었다 다시 읽지 말고 철저하게 속도를 맞춰 읽으면 오히려 눈의 피로를 막는다.

독서 연구소에서 행하고 있는 독서 훈련에서는 한 번에 보다 많은 단어를 보고, 보다 빠르게 뜻을 알려면 눈을 쓰는 범위를 넓히라고 가르치고 있다. 단어보다는 오히려 한 문장의 대강의 뜻이나, 정확한 문장을 이해하기 위해 페이지 전체에 널리 눈을 사용하는 법을 훈련하는 것이다. 전문가는 이 방법을 '사상 단위' 의 독서법이라 부르고 있다. 이 말은 사상은 단어가 모임으로써 전해진다는 이론에서 나온 말이다.

가정에서의 독서법

가정에서의 독서 계획은 우선 조용하고 방해하는 사람이 들어오지 않는 방에서 매일 30분씩 독서하는 일부터 시작하는 것이 좋다.

우선 다음 여덟 가지 사항이 가장 중요하다.

① 목적을 정하고 읽도록 한다. 목적이 없는 독서는 가치가 없다. 주제가 무엇이든 그에 관한 책은 모두 읽도록 한다. 읽고 있는 것에 흥미를 갖게 되면 열의도 더해 가고 읽은 것도 머릿속에 잘 남게 되는 것이다.

② 독서할 때 입술은 물론 혀를 움직이고 있는가를 확인한다. 읽고 있는 것을 소리로 내어서는 안 된다. 비록 살짝 속삭이는 정도라도 소리로 내어서는 안 된다.

③ 글자 하나 낱말 하나하나를 좇아 읽는 방법은 피한다. 척 보고 문장 전체를 읽을 수 있도록 눈을 훈련한다. 경험을 쌓으면 자기에게 온 편지처럼 쉽게 읽을 수 있을 것이다. 남이 이야기하는 것을 듣는 경우에는 낱말을 하나씩 끊어서 듣지는 않는다. 같은 이치가 독서에도 적용되는 것이다.

④ 스스로 항상 전보다 조금이라도 빨리 읽을 수 있도록 노력한다. 한 번 읽은 것을 되읽지 않도록 한다.

⑤ 독서할 때 책에 메모 써넣기를 주저해서는 안 된다. 어떤 책에서든지 마찬가지다. 책에 써 넣으면 지저분해질지도 모르지만, 이해를 빨리 할 수 있도록 도와 줄 것이다. 심리적 관점에서 보면 줄을 치거나 여백에 기억할 점을 써넣거나 강조할 점에 표를 하는 일은 전체 내용과 책의 요점을 이해하는 데 도움이 된다.

⑥ 자신감을 가지고 별로 중요하지 않다고 생각되는 부분은 그대로 넘겨 버리도록 한다. 중요치 않은 어귀를 건너뛰어 읽는 방법을 체득하게 되면 소중한 시간을 꽤 많이 절약할 수 있게 된다.

⑦ 뉴욕의 스피드 리딩 연구소장 잭 유아만은 빠른 독서법을 배우는 또 하나의 좋은 방법으로, 긴 문장의 중심이 되는 요점을 자신의 문장으로 고쳐 개념을 파악하는 일이라고 한다. 또 건너뛰어 읽은 부분이나 대강 훑어 읽은 부분을 빨리 추론해서 중요한 부분인가 아닌가를 알아내는 공부를 권하고 있다.

⑧ 하버드대학 독서연구 지도실의 윌리엄 G. 페리는 수천 명 학생의 독서 문제를 연구해 온 사람인데, 중요한 것은 적극적으로 자신에

게 도움이 되는 독서를 하는 일이라고 말하고 있다. 또 독서하면서 그 내용을 분석하고, 비판하고, 예견하고, 선택하고, 비교하고, 다시 읽고 감탄하고 공박하지 않는다면 책을 읽는 일은 다만 시간 낭비에 지나지 않는다고 하였다.

독서 속도는 읽는 책에 따라 자연히 차이가 생긴다. 신문을 읽는 것은 분명히 전문서적을 읽는 것보다 빨리 읽을 수 있다. 따라서 쉬운 것부터 읽어 점차 독서 속도를 빨리하여 1분에 500단어를 읽게 되면, 이에 따라 전문서적의 독서 속도도 빨라질 것이다.

1주일에 합계 20시간씩을 훈련하여 4주일에서 6주일을 규칙적으로 연습하면, 보통 1분간에 1,000단어 또는 그 이상으로 독서 속도의 능력을 올릴 수 있을 것이다. 보다 빨리 읽을 수 있다는 것은 보다 쉽게 보다 즐겁게 읽을 수 있다는 말이다. 이것은 시간을 보다 유효하게 쓰고, 하루하루를 24시간 이상으로 길게 사용하는 결과도 되는 것이다.

다이제스트를 이용하라

만일 좋아하는 책을 다 읽을 시간이 없으면 〈리더스 다이제스트〉 같은 다이제스트를 이용하는 것도 한 방법이다. 이 잡지는 해마다 사회의 주목거리가 되었던 단행본 수십 권을 요약해서 싣고 있다. 이것은 책을 고쳐서 쓴 것이 아니라, 다만 축소했을 따름이다. 쓰고 있는 말은 저자 자신의 말인 것이다. 책을 하나도 사지 않고 견디고자 할 때는 이런 잡지라도 읽도록 하여라.

다이제스트된 음악

음악에도 다이제스트는 이용되고 있다. 〈리스너스 다이제스트〉라고 하는 RCA 빅터 레코드 앨범은 5시간 50분이나 걸리는 12종의 주요한 고전음악을 반 이하의 시간으로 압축하고 있다.

〈리스너스 다이제스트〉는 레코드를 모으고 싶은데, 무엇부터 시작해야 좋을지 모르는 음악 애호가들을 위한 기본적인 라이브러리로 고안되어 있는 것이라고 볼 수 있다. 그것은 당신에게 훨씬 짧은 시간에 좋은 음악을 골라 감상케 해 준다.

기억력을 늘려라

기억력을 늘리는 훈련을 하면 이름이나 장소, 날짜, 사실, 서류 등을 생각해 내는 데 얼마나 많은 시간이 절약되는지 모른다. 무엇을 잊어버린다는 것은 막대한 시간의 낭비다. 약속된 기일이나 숫자를 기억하고 있거나, 메모도 없이 남의 주소를 기억할 수 있거나, 물건값이나 사업상의 세세한 일 등을 자유자재로 인용할 수 있는 비즈니스맨은 항상 성공하고 다른 사람들로부터도 존경을 받고 있다.

물건을 판매할 때도 기억력은 얼마나 많은 도움이 되는지 모른다. 불행한 일은, 많은 비즈니스맨이 자기 기억력에 자신감을 갖지 못하고 있다는 것이다. 자신은 기억하는 능력이 없다고 생각하고 있을 뿐 아니라,

기억력을 늘리는 일은 도저히 불가능한 일이라고 생각하고 있는 것이다.

많은 책도 썼고 그 방면의 권위자로 알려져 있는 부루노 파스트 박사는, 기억술이란 것은 오래 전부터 행하여져 왔다고 말하고 있다. 기억력을 늘리기 위해서는 중요한 통계 숫자를 부호로 외워 가는 방법이라든가, 일련의 연상법이라든가, 그 밖에 수많은 방법이 옛날부터 사용되어 왔다고 한다.

오늘날에는 기억술을 위한 특별한 강좌를 설치하고 있는 학교도 많이 있다. 또 10주일 동안에 일정한 기억술을 가르치는 특별 강습회도 열리고 있다. 이 같은 훈련의 결과를 보면 탁월한 기억력은 극소수 사람에게 주어진 타고난 재능일지도 모르지만, 우리에게 보통 필요로 하는 넓은 뜻의 기억력은 노력 여하로 누구나 습득할 수 있는 것이다.

파스트 박사는 많은 방법을 연구했는데, 그 중에서도 가장 좋은 방법의 하나는 어떤 이름이나 사실을 당신의 주위에 있는 잘 알려진 일과 연관시켜 외우는 방법이다. 그는 이것을 다음과 같이 설명하고 있다.

"만일 내가 아내로부터 화재보험증서의 명의변경을 부탁하는 서류를 보험회사에 내 달라는 부탁을 받았다고 하면, 나는 곧 사무실의 내 책상이 불타고 있는 광경을 상상한다. 사무실의 문을 여는 순간 불타고 있는 책상의 생생한 영상이 서류를 만들어야 한다는 사실을 나에게 일깨워 준다. 무엇을 하려고 했던가 하는 생각으로 시간을 낭비할 필요는 조금도 없다. 그리고 그 서류를 잊지 않고 보내기 위해 나는 우체통 옆에 서 있는 보험회사 사원을 상상한다. 우체통을 보면 그것을 생각해내고 동시에 서류도 생각나는 것이다. 이와 같은 방법은 사람 이름이나 사실이나 숫자에도 활용된다."

파스트 박사는 기억은 일종의 근육과 비슷한 것이라고 말하고 있다. 그것은 사용치 않고 있으면 약해지고 끊임없이 사용함으로써 강해진다는 것이다.

 기억력을 늘리는 방법

도널드 레아드 교수는 다음과 같이 말하고 있다.

> "만일 여러분의 기억력이 원래 약하다면 좋은 기억력을 타고난 사람처럼 되지는 못할 것이라고 생각하는 것도 무리는 아니다. 그러나 자기 기억력에 실망을 느끼기 전에 우선 그것을 적당히 활용하도록 함이 중요한 일이다. 기억력을 잘 사용하고 있는 사람은 많다. 그들도 태어났을 때는 기억력이 약한 사람들이었지만, 기억하는 방법에 의해 차이가 생긴 것이다."

레아드 박사는 기억력을 늘리려는 사람들을 위해 다음과 같은 네 가지 보강책을 제안하고 있다.

① 기억하려는 일에 가능한 한 주의를 집중한다.
② 읽은 것, 들은 것, 본 것을 자기가 이야기해 보거나 다시 생각해 본다. 이것을 꼭 습관화한다.
③ 새로운 일은 무엇이든지 기억 속에 있는 오래 된 일과 관련시켜 생

각한다. 가령 어떤 사람에게 보낼 선물을 사야 할 일을 기억해 두어야 한다면, 지금까지 받은 선물 중에서 가장 기뻤던 선물을 기억해 둔다. 새로운 말이 나오면 그와 비슷한 다른 말을 생각하고, 또 그것을 사용할 장소도 생각해 둔다. 이런 방법으로 기억해 두어야 할 모든 것을 연상케 하는 것이다.

④ 대부분의 사람들에게 기억하기에 가장 좋은 시간은 오전 중이다. 특히 오전 8시부터 10시 사이가 가장 좋다. 그 이유는 그 시간에는 당신의 신경조직이 새로운 것을 아직 조금밖에 받아들이지 않았기 때문이다. 저녁때가 되면 능률과 기억력은 6퍼센트에서 10퍼센트 가량 떨어진다. 당신의 기억력은 잠이 깬 뒤 피로해짐에 따라 차차 그 힘을 잃어 가는 것이다.

공부를 능률적으로 하는 연구

펜실베이니아 주에 있는 국제통신교육학교의 교무주임 존 C. 비로옴도 하루 24시간을 빈틈없이 활용하는 점에 있어서는 남에게 뒤지지 않는 사람이다. 이 학교는 각자 직업을 가지고 있는 사람에게 소위 통신으로 공부를 가르치는 학교로, 이미 6만 명 이상의 졸업생을 냈다. 이 학교에서 학생들을 위해 고안한 아이디어는 당신을 위해서도 도움이 될 것이다.

① 일이 끝난 뒤에 하는 공부는 상을 타는 일이라고 생각하라. 하루

의 일과를 예정보다 빨리 해낸 데 대한 보수로 공부할 기회가 주어진 것이라고 생각하라. 이 일을 빨리 해내면 나중에 상을 타게 된다고 생각하면 그날 하루의 활동은 저절로 마음이 활발해지며 능률도 오르는 법이다.

② 사람에 따라서는 오랜 시간에 걸쳐 공부하기보다 짧은 시간에 집중적으로 하는 편이 능률적인 경우도 있다. 하루에 한 번 한 시간 동안 공부하기보다, 오전 중에 반 시간 오후에 반 시간으로 나누어 공부하는 편이 진보가 빠를 수 있다. 시간의 길이는 사실상 양쪽이 다 같지만 문제는 집중력인 것이다.

잘 보이는 곳에 두어라

노벨 평화상 수상자인 랄프 반치 박사가 생각해 낸 시간 절약법이 있다. 그가 외국을 돌아다니며 일을 하기 위해서는 독일어가 필요했는데 시간이 없었다. 그래서 그가 생각해 낸 방법은 문법책에서 몇 페이지씩 베껴서 그것을 서재 벽에 붙여 놓는 것이었다.

"무슨 일을 할 때나 얼굴만 들면 언제나 벽에 붙은 종이를 볼 수 있었습니다. 이렇게 하면 잊을래야 잊을 수 없는 것입니다."

사무실이나 일하는 방이나, 부엌 메모판에 기억해 두고 싶은 일을 적어 두어라. 기억하고자 하는 일을 작은 탁자나 일할 때 앉는 의자 등 눈에 띄는 장소에 놓아두어라. 또는 학교라든가 직장을 오고가는 전차 안에서 복습할 수 있도록 가로 5센티미터 세로 3센티미터가량의 카드에 써서 가지고 다니는 것도 좋은 방법이다.

좋은 아이디어를 찾아내는 방법

광고업자인 이매뉴얼 A. 코치노이는 결정적인 아이디어를 잘 내기로 유명한 사람이다. 그를 모르는 사람은 그가 그런 아이디어를 생각해 내는 데에는 상당한 시간이 걸릴 것으로 생각할지 모르지만, 사실 그는 그의 귀중한 시간 중 약간을 소비할 뿐이다.

그 비결은 어디에 있는 것일까?

그는 평소에 아이디어를 모아 두고 있는 것이다. 그는 좋은 아이디어를 평소에 많이 수집하여 놓았다가 그 속에서 필요한 아이디어를 찾아내 시간을 절약하고 있다.

① 어떤 필요를 충족시키고, 흥미를 가질 수 있는 것을 독서나 남에게 듣는 이야기에서 수시로 모아 두어라.

② 재미있는 항목을 오려서 거기에 당신의 주의사항을 덧붙여 써서 일정한 종이에 붙여 두어라. 윗부분의 오른쪽 구석에 제목을 써 두면 필요할 때 그 아이디어를 쉽게 찾아볼 수 있게 된다.

③ 눈에 띄기 쉬운 곳에 그 재료를 적당히 철해 두어라. 이것은 서류나 기록을 보존해 두는 데도 더없이 좋은 방법이다.

책은 시간을 절약해준다

책은 지식의 원천이다. 그 편리함을 충분히 활용치 않는 사람이 있다면, 그 사람은 시간 절약 면에서 많은 실수를 하고 있는 셈이 된다.

과자를 만들거나 돌담을 쌓거나, 또는 시를 짓거나 무엇을 하든 간에, 그 문제에 대해 믿을 수 있는 책이나 잡지 기사, 팸플릿이 있으면 대단히 편리하다. 그것은 대단한 시간 절약이 된다. 타인의 경험을 배워 이용하면 많은 시간 절약이 된다는 사실을 잘 모르는 경우가 있다. 책은 필요할 때 언제나 활용할 수 있는 지식의 원천이며, 그것을 꺼내 보고 싶을 때 어디서나 신속하고 효과적으로 꺼낼 수 있는 보물이다.

실제적 현장 경험을 쌓기에 바빠 독서 시간이 없다는 사람이 많이 있는데, 이 같은 사람들은 책을 읽는 일이 얼마나 효과 있는 일인지를 모르는 낙제생에 지나지 않는다. 위대한 지도자나 성공한 대부분의 사람들은 아무리 바쁜 생활 속에서도 지독한 독서가이다. 책에 씌어 있는 다른 사람의 경험을 배우지 않는 사람은 시간의 낭비자라 할 수 있다.

08:00
잡무정리와 여가선용

옛날 인도의 왕처럼 많은 시종을 거느리고 어떤 하찮은 일이라도 바로 그들이 해주는 신분이 아닌 이상, 어떤 사람이나 자기 자신이 처리하지 않으면 안 되는 시간과 정력이 드는 일상생활의 온갖 잡무가 많다. 이들 일상생활의 잡무를 신속하게 능률적으로 처리할 수 있는 능력을 갖추는 일은 각인각색이어서 사람에 따라 다르다. 이를테면 무슨 일이나 똑같이 할 수 있는 사람은 자기밖에 없기 때문이다. 그러나 이 장에서 설명하는 조언은 당신에게도 도움이 될 것이다.

찾기 쉬운 곳에 물건을 두어라

물건을 찾는다는 일은 시간을 낭비하는 일인데, 물건을 알아보기 쉬운 장소에 잘 둔다는 일은 한정된 공간에서는 하기 힘든 일이다. 사람들이 흔히 그렇게 못하는 까닭은 한정된 공간을 제대로 활용할 줄 몰라서 그렇다고 볼 수 있다.

또한 공간이 충분해도 물건을 두는 것에 별 관심을 두지 않기 때문이라고 할 수 있다. 그러나 실제로 물건을 일정한 장소에 둔다는 일은 물건을 어디다 두었는지 몰라 허둥대는 것보다 훨씬 쉬운 일이다. 이런 습관을 붙이면 헛된 시간과 수고를 더는 데도 크게 도움이 된다.

① 여름 물건과 겨울 물건이 필요치 않게 되었을 때, 그것을 보존해 두는 데는 양쪽으로 쓸 수 있는 상자를 쓰는 것이 좋다. 한 쪽에는 겨울 물건의 내용을 쓴 쪽지를 붙이고, 반대쪽에는 여름 물건의 쪽지를 붙인다. 적당한 시기에 바꿔 넣고 상자를 거꾸로 해두면 쪽지는 언제나 그대로 쓸 수 있다.

② 투명한 플라스틱 상자를 쓰면 쪽지를 붙일 필요도 없고 물건을 뒤적거리며 찾을 필요도 없다.

③ 물건을 넣어 둔 벽장 선반에 번호를 붙여 두고 그 번호의 선반에 넣어 둔 물건의 목록을 만들어 둔다. 그러면 물건을 찾느라고 화를 낼 필요도 없고 시간도 절약할 수 있다.

④ 집 안에서 쓰는 열쇠를 두는 장소를 일정하게 정해놓고, 열쇠마다 플라스틱 명찰을 붙여 어디에 쓰는 열쇠인지 표시해둔다. 두는 장

소를 정할 때는 편리하면서도 아이들의 손이 닿지 않는 곳으로 해야 한다.

⑤ 함께 쓰이는 물품은 같은 장소에 둔다. 이를테면 골프용구라든가 등산용구라든가, 어느 회합에 가지고 갈 물품들은 반드시 한군데 모아 두어라. 내가 알고 있는 어느 부인은 테니스용 도구 일체를 반드시 하나의 가방에 넣어 둔다. 그 여자가 테니스를 치러 나갈 때는 언제나 필요한 것이 꼭 그 속에 다 갖추어져 있다.

⑥ 요에 까는 타월 종류를 넣어 둘 때 시트에 따르는 베갯잇을 함께 두고, 목욕 수건, 세수 수건 등도 함께 두면 따로 찾을 필요가 없다.

서류를 정리하는 방법

공과금 등의 납기를 놓쳐 헛된 시간을 버리지 않고 골치를 썩이는 일이 없도록 하여라. 증거 서류, 영수증, 세금에 관한 각종 고지서 등을 분류하여 정리해 두어라.

또 수입증명서, 공제증명서, 경비, 재원, 작년의 지방세, 국세에 관한 서류 등을 일람표에 써서 함께 보존해 두어라. 이렇게 해 두면 연말에 필요한 서류는 다 갖추어지게 되며, 이 서류철은 또 그 다음해에도 활용된다.

여러 가지 문서를 구분하여 묶어 두는 것도 시간 절약이 된다. 작은 서랍이 달린 서류함은 쓸데없는 수고를 더는 동시에 귀중한 서류를 안전하게 보존할 수 있다. 그리고 적절한 제목을 붙여 두면 무엇을 조사하고자 할 때 손쉽게 찾을 수 있다. 보통 정리함은 눈에 잘 띄는 곳에 놓아두는 것이 편리하다.

작가인 도로시 M. 존슨은 어느 가정에서나 정리하는 데 필요로 하는 색인으로 다음 12항목을 들고 있다.

① 기기류. ② 가구류. ③ 자동차 관계. ④ 세금. ⑤ 영수증. ⑥ 의복류. ⑦ 보험. ⑧ 투자. ⑨ 의료. ⑩ 거래처. ⑪ 주고받은 선물. ⑫ 기타.

예를 들어 주고받은 선물 정리함에는 생일날이나 크리스마스에 보낸 물품과 받은 물품을 적어 두면, 집안의 논의거리가 한 가지 주는 셈이다. 또 수집품인 우표, 그림엽서, 모형 등을 교환한 상대방의 명부도 준비해 둔다. 명부에 교환한 물품의 품목도 적어 두면 같은 것을 보내거나 쓸데없는 시간을 낭비할 필요도 없다.

다만 그것을 조사하는 데 애써 절약한 시간 이상으로 시간이 걸리는 복잡한 방법은 피하는 편이 좋다. 오늘날에는 정리, 분류, 기록, 보존에 대해서는 훌륭한 과학적 방법이 나와 있다. 이것은 복잡한 사무조직을 간편화하기 위한 것이지만 그 기본 원리는 가정의 잡무를 능률화하는 일과 조금도 다름이 없는 것이다.

금융 · 보험 관계 서류 목록을 기록해두어라

금융 · 보험 관계의 서류 목록을 기록해서 보존해 두면 단순히 헛된 시간을 없앨 수 있을 뿐 아니라 가족들의 주머니 속에 돈이 들어오게 된다. 이를테면 유나이티드 스테이트 은행은 예금자가 은행통장을 잃어버렸다든가 잊고 있어 청구를 받지 않은 예금이 수백만 달러나 된다고 한다.

귀중품 보관 창고에는 예탁자가 잊어버리고 있는 귀중품이 금액으로 따져도 수백만 달러 이상이 잠자고 있는데, 이 소유주는 아마 영원히 찾아내지 못할 수도 있는 것이다.

미국 경영자협회는 회사에서 역시 주식이나 사채나 배당금의 형태로 된 소유자를 잘 모르는 것이 수백만 달러에 이른다고 보고하고 있다. 또 미국 사회보장성에서는 수많은 가족이 그 증서를 분실했기 때문에 마땅히 받을 수 있는 권리를 받지 못하고 있다고 보고하고 있다.

미국의 3대 보험회사에서는 보험금 수령권리자를 찾아 지불하기 위해 많은 직원을 고용하고 있다. 그러나 수령권리자가 판명되었다 하더라도, 그러기까지는 몇 년이 걸릴 수도 있는 것이다.

신탁회사나 유언 집행자나 판사, 그 밖의 재정적(裁定的) 입장에 있는 사람들은 기재 사항이 불확실한 것이라든가, 기한이 지난 유언장이라든가, 잃었거나 잊어버린 서류 등을 확인하기에 애쓰고 있지만, 이 때문에 재산의 정리가 대단히 곤란하게 되고 때로는 전혀 불가능한 경우도 있다.

유언재산법에 의해 소유주가 없는 보험증서라든가 예금증서는 일정한 시간이 지나면, 각 주에 몰수당하게 되어 있다. 매사추세츠 주만 해도 최근에 이 같은 재원에서 200만 달러의 수입을 보았다.

만일 당신이 서류를 제대로 잘 정리해 두거나, 필요한 사실에 대해 일

일이 기록해 두고 무엇이 자신의 것인지를 곧 알아보고 신속하고 쉽게 청구할 수 있도록 해두면, 그 속에는 당신의 가족이 마땅히 받을 수 있는 재산도 포함되어 있을지 모를 일이다.

만일 당신이 보험 관계의 서류를 분실했다 하더라도 그 회사의 이름과 증서번호를 알고 있으면 다시 조사해 보는 일은 간단히 할 수 있다.

만일 당신이 사회보장이라든가 그 밖의 건강보험, 연금, 재해보상금 등을 받을 필요가 있을 경우, 이 중요한 서류의 번호를 알고 있으면 얼마나 헛된 시간을 없앨 수 있는지 모른다. 당신의 자동차 운전면허증, 원고, 저당 증서, 계약서 등은 귀중한 서류다. 절대로 잃어서는 안 된다. 그러나 만일 그것을 잃었을 경우에는 최초에 그 번호와 자료를 적어 둔 데 대해 고마움을 느낄 것이다.

이것을 가장 효과적으로 행하려면 가족의 협력을 구하여라. 은행의 구좌 번호, 결혼증명서의 날짜와 장소와 번호, 사회보장 번호, 군번, 제대번호, 재향군인회와 그 소재지 등, 이런 것은 꼭 적어 두어라.

그리고 분실된 서류의 증명서를 청구하고 재발행증서라든가 보증서를 보관해두어라. 당신의 보험 대리점이나 은행, 변호사와 의논하여 조사가 끝날 때까지 단념해서는 안 된다. 중요한 원본은 모두 예탁 금고에 넣어두어라. 그 밖의 소소한 서류는 금속으로 만든 불연성 함에 넣어 집에 간직해 두어라. 그리고 그 서류의 부본은 다른 장소에 보관하여라. 그 넣어둔 장소는 가족 중 어른이나 믿을 수 있는 친척이나 동료에게도 알려두어라. 그리고 1년에 한 번은 그것을 확인해 보아라. 그렇게 하면 일단 유사시에 곤란을 겪을 일도 없고 헛된 시간을 보내는 일도 없고 생활에 안정감을 가질 수 있다.

라디오와 텔레비전 프로그램 활용

이것은 가정의 잡무라고는 할 수 없지만, 라디오를 듣거나 텔레비전을 보는 일은 즐거움인 동시에 시간의 낭비이기도 하다. 방송 프로그램을 선택해 보지 않을 경우에 그렇다는 것이다.

텔레비전의 프로듀서인 카미트 세파는 자신의 경험으로 볼 때 보고 싶은 프로그램만을 골라 보는 습관을 들이라고 다음과 같이 말하고 있다.

① 날마다 신문에 나는 라디오나 텔레비전의 방송 프로그램을 보도록 하라. 그렇게 하면 듣고 싶거나 보고 싶은 프로그램만을 듣고 볼 수 있다.

② 좋았다고 생각되는 방송 프로그램을 자신이 판단해서 적어 두어라. 전문 비평가의 의견도 참고는 되지만, 정말 자기 생각에 납득이 가는 비평이란 자기 자신의 평가이어야만 한다.

라디오나 텔레비전을 하루 종일 켜 놓는 습관을 버리도록 하여라. 이런 나쁜 습관 때문에 게을러지며, 보고 듣고 하는 일에 무의식적으로 마음을 빼앗겨 시간을 낭비하게 된다.

여행은 계획을 철저히 세워라

뉴욕의 마블 교회의 목사이고, 《적극적 사고방식의 힘》이라는 유명한 책의 저자 노먼 V. 필 박사는 저술로, 라디오로, 텔레비전으로 누구보다도 바쁘게 활약하는 사람 가운데 하나다. 그리고 늘 여행을 하고 있지만, 결코 무계획적으로 여행을 한 적은 없다고 하였다. 그는 이렇게 말하고 있다.

"여행을 떠나기 전에 미리 여행 계획을 세우느라고 소비한 시간은, 여행지에서 모두 그 이상의 가치가 되어서 돌아옵니다."

처음 가는 곳에 갈 때는 반드시 미리 그 지역 지리를 조사해 두어라. 차 안에 지도를 준비해 두는 일만으로도 지리를 모르는 데 가서 생기는 시간 낭비와 여러 가지 고충을 줄일 수 있다. 또한 기차나 버스 시간표를 조사하여라. 그리고 출발 전에 반드시 자신의 일정표를 만들어라. 시간의 소중함을 알고 있는 여행자는 절대로 대합실에서 시간을 허비하는 일은 하지 않는다. 사람들 중에는 어디를 가나 차 시간에 너무 일찍 가는 사람과 그 반대로 너무 늦게 가는 사람이 있는데, 사실은 그 중간이 이상적이다.

알람을 이용하는 것도 한 가지 방법이다. 이렇게 하면 기차나 비행기나 버스를 탈 때까지의 귀중한 마지막 1분까지도 이용할 수가 있다.

여행가방을 꾸리는 요령

여행가방에 일용품들을 잘 챙기는 요령을 알고 있으면 많은 시간이 절약된다.

① 일박 여행, 주말여행, 또는 좀더 긴 여행에 필요한 물건 목록을 몇 차례든 반복해 쓸 수 있도록 만들어 두어라. 의류, 장식품, 세면도구 등으로 분류해 놓고 짐을 쌀 때 체크할 수 있도록 여백을 남겨 두어라. 그렇게 하면 필요한 것을 잊어버리고 짐을 싸는 일은 없게 된다.

② 로션과 크림처럼 물이 흐를 수도 있는 물건을 위해 별도의 플라스틱 용기를 활용하는 것도 좋은 일이다. 이 같은 특별한 일용품은 쉽게 꺼낼 수 있는 장소에 넣어 두는 게 편리하다.

③ 옷장에서 양복을 꺼낼 때는 거기에 필요한 부속품인 허리띠, 보석류, 장갑, 와이셔츠, 넥타이 등을 함께 정리하여라.

④ 여행하려는 날짜에 필요한 물품만을 가지고 가라.

⑤ 구두나 손가방 같은 무거운 물건은 밑에 넣고 구석이나 공간에는 작은 세면도구를 넣으며, 중간에는 구김살이 가도 괜찮은 잠옷 같은 것을 넣어라. 그리고 가장 위에는 양복 같은 겉옷을 구겨지지 않도록 넣어라.

⑥ 그 밖에 서류용과 여행가방 겸용으로 된 가방을 사용하면 편리한 경우도 있다. 짧은 여행에서는 간단한 여행용품으로 충분히 쓸 수 있을 것이며, 거래처를 방문했을 때는 자기 일용품을 들추어내지 않고도 서류를 꺼낼 수 있다.

대중교통의 시간절약 요령

지하철의 경우 미리 출입구를 조사해 두면 목적지의 출입구나 에스컬레이터에 가장 가까운 승차구를 이용할 수 있기 때문에 시간을 절약할 수 있다.

그러나 날마다 같은 길을 여러 해 동안 규칙적으로 통근하고 있는 사람들 중에는 단순한 습관의 타성으로 가장 먼 길을 걷고 있는 사람도 의외로 많다. 매일 통근하는 길에는 좀더 쉽게 갈 수 있는 가까운 길이 있을지도 모른다. 따라서 한 번쯤은 재점검해 볼 필요가 있다.

버스나 지하철의 교통카드를 사두어라. 러시아워인 경우 표를 사기 위해 길게 줄을 서서 쓸데없는 시간낭비를 할 필요가 없어진다.

이사하는 시간을 절약하는 방법

미국 최대의 운송회사 사장인 루이스 슈람은 지금까지 수많은 가족의 가재도구를 운반해 왔다. 그는 이사하는 가족들이 편안히 이사할 수 있도록 경험을 토대로 여러 가지 연구를 해온 사람이다.

그는 이사하는 요령을 다음과 같이 말하고 있다.

① 이사를 가기 전에 새 집의 가구 배치를 고려해 두어라. 이것을 미

리 운반인에게 알려 주면 가구가 도착하여 들여놓을 때 시간과 노동력을 덜 수 있다.

② 짐을 꾸리는 일은 이삿짐센터 전문가에게 맡겨라. 그들은 컵, 식기 같은 깨어지는 물건을 다루는 데 익숙하므로 물품을 상하지 않게 꾸리는 요령을 알고 있다. 시간이 덜 걸리고 신경을 쓰지 않는 것 이상으로 이삿짐센터 전문가에게 지불하는 비용의 가치는 있다.

③ 이삿짐센터의 특별한 옷장을 이용하라. 양복걸이에 걸린 채 옷을 옮겨 넣은 다음, 그대로 운반하여 새 집 양복장으로 옮긴다. 이렇게 하면 양복이 뒤죽박죽으로 될 염려도 없고 시간도 절약된다.

④ 만일 자기 손으로 이삿짐을 싼다면 반드시 상자 속에 넣은 물건 이름을 써 붙여라. 그 리스트는 손가방에 잘 넣어 두고, 여러 가지 물건의 처리는 모두 운반인에게 지시하도록 하여라. 그렇게 하면 비누와 타월이 필요할 때 산더미 같은 상자들을 뒤적이지 않아도 된다.

예약의 장점

막연하게 약속하지 말고 확실한 예약시간을 정하는 습관을 갖도록 하여라. 그렇게 하면 약속을 해도 시간 낭비가 없다. 신경을 조금만 더 써서 예약만 해 놓으면 무슨 일이건 기다리지 않고 끝낼 수 있는 것을 그렇게 하지 않기 때문에 많은 비즈니스맨이 헛되이 시간을 낭비한다.

이를테면 다음과 같다.

이발관: 당신의 단골 이발관에 이름을 알려 예약해두어라. 그러면 언

제 차례가 돌아올지도 모를 시간을 절약할 수 있다.

레스토랑: 바쁜 비즈니스맨이 왜 레스토랑에서 자리가 없어 돌아서야 하는 수모를 당하는가? 미리 전화를 걸어 예약해 두면, 틀림없이 정중한 대접을 받을 수 있을 것이다.

차표: 차표를 사기 위해 줄지어 기다리는 사람도 많다. 그러나 대부분의 철도회사나 항공회사에서는 전화와 인터넷으로 표를 팔고 있다. 또 자택이나 사무실까지 보내주는 곳도 있다.

기다리는 시간을 헛되이 보내지 말라

경우에 따라서는 반드시 기다려야 될 때도 있는데 그 시간을 헛되이 보내지 말라. 앞에서 이런 시간을 독서에 사용할 수 있다고 한 것을 기억하고 있겠지만, 여기서 5분간 저기서 10분간이란 식으로 독서에 사용하면 하루에 한 시간가량의 독서는 문제없이 할 수 있을 것이다.

기다리고 있는 시간도 목적을 가지고 사용하면 금방 지나가 버린다.

또한 기다리는 동안에 몸과 마음에 휴식을 줄 수도 있다. 기다리는 시간은 마음을 편히 쉬게 하기에 가장 좋은 기회다. 되도록 마음을 편안히 가지고 눈을 감고 앉아라. 그러면 잠을 이룰 수 있을 때도 있다. 만일 앉을 자리가 없으면 기대거나 조용히 몸의 균형을 유지하고 선 채로 마음을 편안히 가질 수도 있다. 사람들 중에 는 이 방법으로 한두 시간 잠잔 것과 같은 효과를 올려, 여기서 얻은 시간을 나중에 생산적 활동에 사용할 수 있는 사람도 있다.

여가를 선용하라

라틴아메리카에서는 건배할 때 하는 재미있는 말이 있다.

"건강과 돈, 그리고 생활을 즐길 시간이 주어지기를!"

생활을 즐기기 위한 시간을 가진다는 것은 인생에서 주요한 목적 가운데 하나다. 내가 이 책을 쓰는 것도 이 목적을 달성하는 데 도움을 주기 위해서다.

"지금 바로 당신이 하고 싶은 일을 쓰고 목적을 정하시오. 되도록 완벽하게 상세히 쓰시오."

이렇게 하면 정말 은퇴하기 전부터 자기 목표를 정하고 당신의 생활을 즐길 수 있을 것이다. 어떻게 하면 시간을 절약하고 자기 여가를 만들 수 있는가를 이해한다면, 그 여가는 곧 당신의 눈앞에 놓여 있음을 알게 될 것이다.

첫째로, 이 책에서 말한 방법을 쓰지 않더라도 해마다 1,930시간은 쉬는 시간을 가진 셈이 된다. 이 숫자는 1년을 365일로 치고 8,760시간, 그 중 매일 평균 8시간을 잔다고 보고, 1주일에 5일을 8시간씩 일하고, 1년에 2주간의 휴가를 가지며 7일간의 휴일을 갖는다고 가정한 경우이다. 앞으로의 사회는 이 쉬는 시간은 점점 더 많아지고, 일하는 시간은 차츰 단축될 것이다.

둘째로, 이 책에서 말한 여러 가지 방법을 사용하여 하루에 가외로 1시간을 번다면 1년에 365시간이 마련되는 것이다. 이런 여가를 당신은 정말 가지고 있는 것이다. 이것을 지금 곧 기뻐하며 즐겨라. 그렇지 않으면 나중에 즐기려 해도 기회는 영원히 오지 않을지도 모른다.

이렇게 함으로써 당신의 생활은 충실해지고 윤택해지며 차츰 완성되어 가는 것이다. 당신이 만든 여가를 유효하게 사용하라.

관심을 넓혀라

당신의 관심을 더욱 넓히면 넓힐수록 생활에서의 수확은 많아진다. 당신이 가지고 있는 온갖 재능과 창조력을 동원해서 발전시켜라. 당신이 하고 싶은 일을 모두 적어 보아라. 그리고 그것을 어떻게 하면 넓혀 갈 수 있는가를 생각해 보아라. 그런 다음에 당신이 새로 발견한 시간 중 약간을 그 일을 위해서 쓰기로 결심하여라. 의식주 때문에 모든 시간을 빼앗기고 심신을 소모시켜 버리는 것은 애석한 일이다.

사회적인 활동을 하라

당신이 어디에서 생활하고 있든, 그곳에는 뭔가 사회적인 연결을 가진 활동의 여지가 있을 것이다. 당신이 거기에 참가하여 활동하면 다른 사람들을 위해 도움이 되며 자기 자신의 관심사를 넓혀 갈 수 있을 것이다. 자기 시간과 노력과 창조력의 일부를 이런 활동을 위해 사용한다면 아마 당신에게는 더 많은 결실을 가져다줄 것이다.

09:00

실전-시간을 낭비하는 함정을 피하라

시간을 현명하게 활용하고 있는 경영간부는 매일 얼마간의 시간을 몸 관리에 사용하고 있다. 경영간부는 경영간부로서의 생활 패턴이 영양부족, 소화불량, 만성병, 육체적 장애, 신경 장애, 심장병, 위궤양, 고혈압 등의 원인 되고 있음을 알고 있다.

건강 유지

건강한 육체는 경영간부에 있어 시간을 효과적으로 활용하기 위한 최대의 무기라고 생각한다.

시간을 현명하게 활용하고 있는 경영간부는 매일 얼마간의 시간을 몸 관리에 사용하고 있다. 경영간부는 경영간부로서의 생활 패턴이 영양부족, 소화불량, 만성병, 육체적 장애, 신경 장애, 심장병, 위궤양, 고혈압 등의 원인 되고 있음을 알고 있다. 건강상 주의해야 할 점을 다음에 열거한다.

① 커피를 마시는 시간을 내서라도 휴식을 취하도록 하라. 가능하면 사무실 밖에 나가 건물 주위를 한 바퀴 돌라. 자기 사무실에서 운동해도 좋다. 근육을 펴기도 하고 느슨하게도 하고, 목과 팔을 구부리기도 하고, 손을 흔들흔들하기도 하며 체조를 한다. 체조를 하면 뇌로 가는 혈행(血行)도 좋아지고 등 근육도 풀린다. 심호흡을 한다. 깊게 숨을 마시고 크게 내쉰다. 머리를 돌려서 목이나 등 근육을 풀어준다.

② 낮 시간의 체조 이외에 정규적인 운동 계획을 갖는다. 자기 자신이 할 수 있으며 제일 즐길 수 있는 것을 한다. 조깅, 수영, 테니스, 골프도 좋다. 매일 아침 일찍 일어나 자기가 좋아하는 운동을 하며 시간을 보내도록 한다. 집에서 잡일을 하는 것은 확실히 좋은 일이기는 하나 운동계획의 대용은 안 된다. 운동이 즐겁지 않을 때에는 우선 1주일 동안 해 보고 어떤 효과가 있는지 확인해 본다.

지금까지 제대로 된 운동을 하지 않았을 때에는 무리한 운동을 급히 시작하지 말고 의사와 상의해 보는 것이 좋다.

③ 영양의 균형이 맞는 식사를 규칙적으로 한다. 편안한 분위기에서 사이좋은 사람들과 여유 있게 식사를 한다. 감정이 악화된 때에는 식사를 피한다. 건강한 식사에 유의하며 가족에게도 그렇게 유도한다.

④ 적당한 수면시간을 취한다. 사람에 따라서는 수면시간이 짧아도 되는 사람이 있지만, 몸이 편안하고 피로가 풀리는 데에 어느 정도의 수면시간이 자기에게 필요한가를 알아 둔다.

긴장감과 스트레스의 차이

긴장감과 스트레스의 차이점을 알아두는 것이 좋다. 《웹스터 사전》에 의하면 긴장은 인간 또는 그룹 사이에 존재하는 억압된 적의(敵意)의 상태라고 되어 있다. 놀만 빈센트 필은 긴장은 미국의 국민병(國民病)이라고 부르고 있다. 경영진의 고위층에 있는 경영간부는 긴장이란 어떤 것인지 실감하고 있을 것이다. 그러나 톱에 있는 사람은 긴장 때문에 하루의 업무시간이 얼마나 박탈당하고 있는지도 모르고 있을 것이다.

여기저기서 불러대면 대체로 사람들은 모든 것에 대해서 더욱더 열심히 노력하려고 한다. 그러나 이렇게 되면 능률이 나지 않는다. 너무나 많은 일을 처리하지 않으면 안 되기 때문에 긴장을 느끼고 있을 때에는 조금은 압력을 방출하는 것이 필요하다. 잠시 머리를 식힌 다음 가장 긴장

도가 높은 것을 하나 둘 선택하여 해결한다. 적의가 원인이 되어 긴장이 존재하고 있는 경우에는 자기와 타인 사이에, 또는 그룹 사이에 존재하는 루트(뿌리)를 찾아내도록 한다. 적의는 인간의 내부 또는 그룹의 내부에 존재하는 것으로서 표면에 나타나지 않는데, 이것을 찾아내어 커지기 전에 처리하지 않으면 안 된다. 이런 종류의 긴장을 모두 제거해 버릴 수는 없으나 적어도 찾아내야 하며, 그렇게 함으로써 긴장과 맞서는 것보다 좋은 입장에 설 수 있게 된다.

스트레스는 육체 또는 정신에 가해진 억압 또는 압력이다. 긴장 상태가 지속되면 스트레스 상태가 생겨난다. 예를 들면 시간에 쫓기고 있다든가, 일의 진척이 안 되고 있다든가, 지겨운 문제에 대한 해결책이 없다고 생각된다든가와 같은 경우이다.

다음은 스트레스 상태와 싸워 이겨내는 방법이다.

① 자신이 어떻게 할 수 없는 것은 인정하는 것을 배운다.
② 싸우는 것만 빼고 뭔가 행동하고 움직여 육체적으로 분노를 방출하라.
③ 친구, 동료, 배우자 또는 목사 등에게 스트레스의 원인이 되고 있는 것에 대해 이야기하라. 문제에 따라서는 전문가와 상담하는 것도 좋다.
④ 일과 레크리에이션의 밸런스를 취한다.
⑤ 가능한 한 약물사용은 피한다. 약은 증세를 완화시킬 뿐 원인을 치료하는 것은 아니다. 의사의 지시에 따르지 않고 진정제를 사용하면 안 된다.
⑥ 남을 위해서 뭔가 하도록 하라. 자기가 지니고 있는 고민 해소에 도움이 된다.

⑦ 자기가 지니고 있는 불행한 문제보다 자기의 행운에 대해 생각해 보도록 한다.

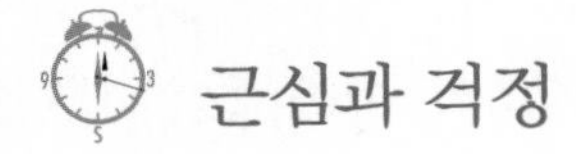

근심과 걱정

걱정은 스트레스를 높이고 시간을 훔쳐간다. 걱정을 해소하는 최선의 방법은 자기가 걱정하고 있는 문제에 대하여 적절한 행동을 취하는 일이다. 근심과 걱정이 습관적인 경우는 다음의 방법을 이용하면 그 습관을 고칠 수 있다.

① 오늘에 산다. 어제 일어난 일은 누구도 변경할 수가 없다. 오늘을 더 잘 사는 것으로써 내일을 더 좋게 할 수가 있다. 따라서 오늘 일에 최선을 다하여 살고 어제 일은 잊어버린다. 내일 일은 일어날 수 있는 최선의 것만을 생각한다.
② 실제 대수롭지 않은 사소한 일에 끙끙 앓지 말라. 심리학 연구결과에 의하면 사람의 근심 걱정의 40%는 실제로는 아무 것도 발생하지 않는 것이고, 35%는 변경할 수도 없는 것이며, 15%는 예기한 것보다 좋은 결과가 되는 것이고, 8%는 사소한 별것 아닌 걱정이었으며, 다만 2%만이 정말로 걱정거리에 해당되는 것이라고 한다.
③ 확률의 법칙을 활용하여 자기의 걱정거리가 기우(杞憂)에 불과했음을 알라. 비행기에 타면 추락하지나 않을까 걱정하는 사람이 있으나 확률에 의하면 추락하는 일은 거의 없다.

④ 필연적인 것은 활용하라. 나쁜 상황은 좋도록 생각해서 이것을 활용하는 것이 걱정을 극복하는 가장 좋은 방법이다. 좋지 않은 것의 대명사인 맛없는 레몬을 누군가가 주거든 그것으로 레모네이드(레몬수)를 만들겠다는 긍정적인 사고가 필요하다.

⑤ 걱정하는 버릇이 있으면 무리해서 걱정과 싸울 필요가 없다. 차라리 걱정하는 습관을 잘 관리할 것을 생각하라. 예를 들면 하루 중에서 20분간만 걱정하는 시간을 할당한다. 이 예정된 시간 외의 다른 시간에 걱정을 시작하면, 걱정하는 시간이 따로 정해졌음을 자기 자신에게 깨닫게 한다. 이렇게 하면 곧 자기의 걱정하는 버릇을 컨트롤할 수 있게 된다. 머지않아 걱정하는 일도 적게 되며 걱정하기 위해 예정된 시간도 점점 단축된다.

⑥ 걱정하는 습관을 없애고 2%의 정말 걱정해야 할 것을 위해 기도하라. 꿈을 그리기만 하는 것보다 기도를 하는 편이 더 많은 것을 이루게 할 수 있다.

사소한 의사결정

사소한 의사결정은 많은 사람들이 망설이다가 시간을 낭비하는 함정 같은 것이다. 사소한 의사결정은 대부분 한 번에 끝내 버릴 수가 있다.

① 어떤 옷을 입을까 하는 결정. 1주일 동안 입을 것을 한 번에 결정해 둔다. 일곱 번 해야 할 결정사항을 한 번에 끝내자는 것이다.

② 무엇을 먹을 것인가? 1주일분의 메뉴를 계획한다. 매일 몇 회나 결정하는 대신 한 번 결정으로 끝내자.
③ 무엇을 믿을 것인가? 교회에 갈 것인가, 안 갈 것인가? 또 어느 교회에 갈 것인가? 이것을 결정하기 위해 가족이 몇 주 동안 모여서 의논해야만 할 때, 이것은 신앙에 관한 기본적인 것이 결정되지 않았기 때문이다. 따라서 신앙을 먼저 결정하면 되는 것이다.

컨디션이 나쁠 때

어딘가 모르게 몸의 컨디션이 좋지 않고, 마음이 불안하며, 기운이 없는 상태는 많은 사람들이 때때로 빠지는 감정적인 시간의 함정이다. 우울한 기분일 때에는 자기 자신이 비참하게 보이기도 하고, 이것저것 잡다한 것을 생각하면서 시간을 보내게 된다. 우울하고 컨디션이 좋지 않은 상태에 빠지는 이유는 여러 가지가 있다.

① 육체적인 이유인 경우. 너무 자주 좋지 않은 컨디션 상태가 계속되어 시간을 헛되게 보내는 경우에는 건강진단을 받아 본다.
② 자기 자신에 대해 조사해 본다. 좋지 않은 몸 컨디션 상태가 주기적으로 일어날 때에는 보통 때와 다른 행동으로 일상을 바꿔 본다. 통근 때에도 전과 다른 방식을 택해 본다.
③ 뭔가 큰 프로젝트를 완성했거나 커다란 목표를 달성했다든가, 또는 큰 성공을 한 뒤에 기운이 빠진 것 같은 허탈감을 느낄 때가 있

다. 이와 같은 때에는 성취한 것에 주의력을 집중한 다음 곧 새로운 목표를 설정하고 이에 힘을 집중케 하라.

④ 휴식을 취하지 못해 컨디션이 나빠질 때가 있다. 일하는 게 즐겁고 재미있기만 한 경우라도 때로는 휴가를 가져야 할 필요가 있다. 휴가로 몸에 충전이 되면 적은 시간에 많은 것을 달성할 수 있는 능률이 생긴다.

⑤ 흥분이나 초조감을 느낄 때가 있다. 잠시 아무 생각도 하지 말고 기분을 가라앉히면 자연히 진정된다.

가정 · 가족 · 친구 관리

지위가 올라가면 올라갈수록 가정 · 가족 · 친구를 위한 시간은 줄어들게 된다. 그러나 자기 인생을 위해 가정 · 가족 · 친구를 위해 자기의 시간을 최대한 활용하는 것은 중요한 일이다.

많은 경영간부는 자기는 가족을 위해 일하고 있다고 생각하며, 가족을 위해 사용할 시간이 적어진 것을 정당화하려고 한다. 어떤 의미에서 이것은 사실이지만 가정이나 가족과 떨어져 있는 시간이 너무 많으면 가족 사이에 불화를 일으킬 수도 있게 된다.

같은 주소에 살고 있으나 전혀 타인과 같은 생활을 하고 있는 경영간부가 상당히 많은 것은 불행한 일이다. 이와 같은 상태를 극복하는 방법은 비즈니스 속에 배우자나 자식들을 관련시키는 일이다. 예를 들어 가정에서 비즈니스 이야기를 하여 자신이 비즈니스에 전심전력하고 있음을 알려준다. 그러면 가족도 그것을 이해하여 남편이나 아버지 일에 관심을 갖게 된다. 무슨 이야기를 하는지 알 수 없다 해도 일에 관한 이야기에 흥미를 갖고 듣게 되면 남편이나 아버지 일에 존경의 마음을 갖게 되며 한편이 되어 준다.

물론 가정에 있는 동안 계속 비즈니스 이야기만 해서는 안 되며, 아내도 아이들도 각기 자기 자신의 생활을 하고 있으므로 자기들의 매일매일의 사건 속에 남편이나 아버지도 가담해주기를 바라고 있다. 서로의 이야기를 듣고 흥미를 표시하는 것은 매우 중요한 일이다.

아이들이 여럿 있으면 아이들 속에 들어가 아이들이 활동한 일들을 함께 이야기한다. 아이들의 생일, 의료기록, 학업성적, 기타 특별정보(예를 들면, 보이스카우트나 걸 스카우트에 관한 것) 같은 것을 기억해둔다.

아이들과 관계가 있는 사람의 이름을 기억하기가 힘든 경우는 기록해둔다. 몇 년 지난 뒤에 아이들의 걸스카우트 리더의 이름을 기억할 수 없게 되는 경우도 있다. 아이들이 받은 상(賞)에 대해서도 마찬가지다. 이런 것을 기록한 파일을 한 아이에 하나씩 만들어 두면 좋다. 이렇게 되면 아이들은 자기가 부모에게 중요한 존재라는 것을 구체적으로 느끼게 된다.

배우자의 활동에도 관심을 표시한다. 배우자가 맞벌이인 경우에는 그 하는 일에 적극적인 관심을 표시하는 것이 좋다. 직장에서 같이 일하는 사람들의 이름이 나오면 곧 기억해 낼 수 있어야 대화가 통하게 된다.

큰 금액의 사용에 대한 결정을 할 때는 배우자와 같이 한다. 지급 방법, 사용처에 대해서 충분히 이야기한다.

아이들의 양육책임은 두 사람이 함께 진다. 교육 책임도 한쪽 부모만 부담해서는 안 된다. 아이들의 행동규범에 대해서는 부부의 의견 일치가 필요하다. 이와 같은 의사결정은 대부분 방치되는 수가 있으며, 어떤 위기에 직면하지 않는 한 그대로 내버려두는 것이 보통인데 이것은 옳지 않다.

아이를 데리고 혼자 사는 경우 아이의 양육을 지나치게 외부에 맡겨서는 안 된다. 보육원, 학교, 주일학교 등과는 항상 연락해야 하며, 맡겨버리고 방치해서는 안 된다.

어떤 가정에서도 가족의 친구가 필요하다. 손님을 초대하는 것은 가족과 같이 의논해서 계획을 세우도록 한다. 손님으로서 초청할 친구들의 그룹이 여럿 있을 때에는 주말을 전부 할당하는 편이 효율적으로 시간을 활용하는 것이다. 즉 금요일 저녁에는 A그룹을, 토요일에는 B그룹을, 일요일에는 친척을 초대하는 식으로 한다. 사전 청소도 한 번만 하면 되고 음식준비도 묶어서 할 수 있기 때문에 음식, 돈, 시간 모두를 절약할 수 있다.

10:00

실전-문서작성 시간관리

알기 쉬운 문장은 쓰는 사람에게도 읽는 사람에게도 시간을 절약시킨다. 알기 쉬운 문장을 쓰는 습관이 생기면 짧은 시간에 보다 많은 문장을 쓸 수 있게 된다. 알기 쉬운 문장이란 문장이 짧고 간결하며 또한 힘이 있는 것이다. 이런 문장을 쓰기 위해서는 문장을 쓰는 목적을 확실히 할 필요가 있다.

문장을 알기 쉽게 써라

알기 쉬운 문장은 쓰는 사람에게도 읽는 사람에게도 시간을 절약시킨다. 알기 쉬운 문장을 쓰는 습관이 생기면 짧은 시간에 보다 많은 문장을 쓸 수 있게 된다. 알기 쉬운 문장이란 문장이 짧고 간결하며 또한 힘이 있는 것이다. 이런 문장을 쓰기 위해서는 문장을 쓰는 목적을 확실히 할 필요가 있다. 플라톤의 말을 인용하면 "현명한 사람은 뭔가 쓸 것이 있어 쓴다. 바보는 뭔가에 관해 써야 하므로 쓴다"라는 것이다.

자신이 직접 쓰거나 구술필기를 할 때에도 전체적인 아우트라인을 잡아보는 것이 중요하다.

① 생각한다.

누가: 읽는 사람을 가상해본다.

무엇을: 전하고 싶은 것을 생각해본다. 편지의 답장을 쓸 경우에는 회답할 편지의 핵심이 무엇인지 찾아낸다. 회답해야 할 중요 부분 또는 질문에 언더라인을 친다.

왜: 왜 쓰는가? 씀으로써 무엇을 달성하고 싶다고 생각하는가? 문장의 각 절이 목표를 달성하는 데 조금이라도 도움이 되도록 한다. 문장을 씀에 있어 자신의 머릿속에서 쓰는 이유를 확실히 이해하여 쓰면서도 그 이유를 머릿속에서 잊지 않도록 한다.

② 리스트로 만든다.

자신이 표현하고 싶은 요점을 종이 또는 소형 카드에 포인트마다 요약해 리스트로 만든다.

③ 배열한다.

자신이 표명하고 싶은 포인트를 논리적인 순서로 배열하고 당돌한 말은 삭제한다. 혼란한 편지가 되는 주된 원인의 하나는 나중에 생각난 점을 논리적이지 않은 장소에 삽입하는 데 있다. 둘 이상의 주제에 관하여 쓸 경우에는 하나의 주제를 완결하고 나서 다음 주제로 옮겨가도록 한다.

주의사항

하나의 편지에서 몇 개의 주제를 거론해서는 안 된다. 읽는 사람은 가장 관심 있는 부분에만 주의를 기울이고 나머지 부분에는 주의를 기울이지 않거나 부담감으로 대충 읽게 된다.

앞에 서술한 3가지를 지키면 문장의 아우트라인이 잡히고 알기 쉽게 기록하게 된다. 즉 짧고 간결하고 힘 있게 쓰게 된다.

짧게 쓰기

주제를 너무 많이 넣어 읽는 사람에게 부담을 느끼게 하지 않도록 하고 전달 내용을 명확히 하기 위한 중요정보를 넣는 것을 잊지 말도록 한다. 문제의 아우트라인을 세심하게 세우면 페이지 수가 줄어들 것이다. 1페이지의 서류는 2페이지, 3페이지, 또는 4페이지의 서류보다 빨리 읽을 수 있으며 이해하기도 쉽다. 두서없는 내용을 잘 편집하면 주제에 알맞은 페이지 수가 된다. 다음 사항에 주의하면 군더더기 문장을 없애고 시간을 절약할 수 있다.

① 불필요한 주제를 반복해 쓰지 않는다.

어떤 편지에 대해 답장을 쓸 경우에 상대가 보내온 편지 속에 이미 써 있는 내용을 반복하지 않는다. 또한 전번에 쓴 편지내용에 관해 반복하지 않는다. 통상 답장을 쓰고 있는 편지에서 편지를 받았다는 언급을 할 필요가 없다. 답장을 쓰는 것 자체가 상대의 편지를 받았다는 것을 확인하고 있는 것이므로 편지의 수령에 관해 확인해 주고 싶을 경우에는 편지에 대한 감사의 인사와 함께 쓴다. 예를 들면 '…보내 준 편지 고맙게 받았습니다' 라든가 '편지 받고 기뻤습니다' 라는 식으로 쓴다. 필요한 참고정보는 본문에서 언급하지 말고 페이지의 상단 참고란에 쓰도록 한다.

② 지나친 수식어나 표현은 피한다.

예를 들면 '절대로 완전' 이라 쓴 경우 '절대로' 라는 말은 필요하지 않다. '완전' 만으로 완전한 뜻이다. 또 하나 예를 들면 '틀려서 잘못 기재했다' 라는 표현에서는 틀리게 했기 때문에 기재의 잘못을 범했다는 뜻이며 '틀린 기재' 로 서술하면 충분하다.

③ 동사와 구의 의미가 같은 경우에는 동사로 표현한다.

가능한 한 직접적으로 말하며 긴 표현은 쓰지 않는다. '의사결정에 도달했습니다' 라는 표현은 '결정했습니다' 로 충분하며 '설명회를 실시했습니다' 는 '설명했습니다' 로 충분하다.

④ 의미가 없는, 말하지 않아도 좋은 말이나 단어의 사용을 피한다.

문장 중의 '합계 600달러를 이 프로그램을 위하여 지출하여야 한다고 믿고 있습니다' 라는 문장에서 밑줄을 친 말은 없어도 되는 군더더기이다. '이 프로그램에 600달러 지출할 것' 이라 표현하면 보다 직접적인 표현이 되며 또한 간결한 문장이 된다.

⑤ 반복을 피한다.

쓰는 사람이 강조해 쓰고 싶은 것도 자꾸 반복하면 읽는 사람에게는 지루하고 그 의도를 상실해 버리고 만다. 우선 서두에 포인트를 명확히 서술하는 것이 중요하다.

⑥ 문장의 뜻을 이해시키는 데 필요하지 않은 형용사와 부사를 피한다. 형용사와 부사는 햄버거 속에 누들을 넣은 것같이 문장을 늘리는 것밖에 되지 않으며 문장의 본뜻을 파악하는 데 더 난해하게 될 경우가 있다.

간결함

읽기 쉬운 문장인가를 테스트하는 방법이 여러가지 개발되어 있는데, 그 중 루돌프 후레슈 씨의 공식과 로버트 카닝 씨의 지표(指標)가 가장 널리 사용되고 있다. 많은 신문사와 잡지사에서 문장을 일반인이 쉽게 읽을 수 있게 이 방법을 쓰고 있다. 문장을 간결하게 써서 시간을 절약하는 방법을 소개한다.

① 애매하게 쓰지 않는다. 예를 들면 '보고서의 제출기한은 3일 지연되었다고 오늘 그는 말했다' 라는 문장의 경우, 이 의미는 오늘 그렇게 말했을 뿐인지 오늘 현재 3일 지연되어 있는 것인지 확실하지 않다. 처음에 쓸 때 의미를 확실히 해서 쓸 필요가 있다.

② 읽는 사람이 틀림없이 이해하리라는 확신이 없는 한 전문적 용어의 사용은 피한다. 또 극단적인 약어도 마찬가지로 피한다.

③ 형식에 너무 치우치지 않는다. 편지의 서두와 말미에 고어(古語) 형식 용어를 쓰는 것은 이미 과거가 되었다.

④ 회화체로 쓴다. 회화체 문장은 보다 빨리 읽을 수 있다. 앞에 서 말했듯이 비즈니스에서는 문장을 간결하게 해도 된다.

⑤ 다음과 같은 지루한 말과 표현은 피한다.

'거절하지 말고 알려 주시옵소서' 는 '알려 주십시오' 로 충분하다.

'배려를 받자와' 는 '부디' 로 한다.

'다음 목적을 위해서' 는 '…위해' 로가 좋다.

'다음과 같은 사정에 비추어' 는 '… 이유에 의해' 라든가 '… 때문에' 로 한다.

⑥ 흔히 쓰이는 말인가 잘 쓰이지 않는 말인가를 선택할 여유가 있을 경우에는 흔히 쓰이는 말을 사용한다. 또 짧은 말과 긴 말 중에서는 짧은 말을 사용한다.

⑦ 긴 문장보다 짧은 문장을 쓴다. 낱말이 21개 이상이 되는 문장은 쓰지 않는다.

⑧ 구절은 짧게, 한 페이지 당 3절 내지 4절로 끝낸다. 구절 속의 포인트를 명확히 하고 문장의 첫머리에 구절 속의 포인트를 먼저 표현한다.

⑨ 구절과 구절을 자연스럽게 연결한다. 전달하려는 내용에 계속적인 흐름이 있도록 노력한다. 계속성은 다음과 같이 연결할 수 있다.

ⓐ 앞의 구절의 마지막 부분에 사용했던 단어, 말 또는 의미를 다음 구절의 첫 줄에 반복한다.

ⓑ ' 따라서' '그럼에도 불구하고' '그래서' '또' 같은 접속사를 사용한다.

⑩ 항목이 7, 8개에 이르는 경우는 정리해서 도표로 하면 읽는 사람의 시간을 절약시킬 수 있고 기억에도 오래 남게 된다.

강한 문장

강한 문장은 사람의 강한 성격과 닮았다. 강한 문장은 사람에게 자극을 준다. 읽는 사람이 쓰는 사람에 대해 믿음을 가지면 보다 좋은 반응을 얻을 수 있다. 강한 문장을 쓰려면 다음 사항을 참고하면 도움이 될 것이다.

① 구체적으로 표현한다. 읽는 사람이 쓰는 사람의 생각을 머릿속에서 그릴 수 있게 쓴다.
예를 들면 단지 '외국 자동차' 라 쓰지 말고 '0000년 형의 푸른색 폭스바겐' 이라는 식으로 표현한다. 자신이 그 말을 쓸 때 머릿속에서 그린 것과 같은 것을 읽는 사람이 묘사할 수 있다면 읽는 사람은 전달되는 내용을 더욱 빨리 이해할 수 있게 된다.

② 적극적인 말을 쓴다.
막힘없는 톤으로 문장이 흐르면 읽는 사람은 그 문장에 신뢰를 갖게 된다. 예를 들면 '오늘 이사회가 개최될 예정입니다' 라고 하는 것과 '오는 오후 1시부터 이사회가 개최됩니다' 라는 것과 어느 쪽 문장이 강하다 할 수 있을까?

③ 사실을 우회해서 암시하는 표현은 피한다.
예를 들면 '…같이 생각된다' 든가 '…을 암시하고 있는 듯이 보인다' 라는 표현이다.

④ 문장의 구성을 나눠 대응시킨다.
다음 두 문장을 비교해 보기 바란다. 문장의 구성을 나눠 하나의 문장 속에서 두 가지 생각을 대응시켜 설명함으로써 문장이 힘을 갖게 된다.

- 우리들이 추구하고 있는 개혁으로 부동산세가 낮아지고, 동시에 학생들에게 교육계획의 실시에 필요한 보다 적정한 예산을 주려

는 것이다. (x)

- 우리가 추구하고 있는 개혁에 의해 부동산세는 낮아지게 된다. 그리고 동시에 학생들에게 교육계획 실시에 필요한 보다 적정한 예산을 주려는 것이다. (o)

⑤ 문장구성에도 적극적인 표현을 쓴다.

다음 ⓐ, ⓑ 두 문장을 비교하고 어느 쪽이 힘이 있는지 비교해 보기 바란다.

ⓐ 그는 위원회에 늦는 일은 거의 없다. (x)

ⓑ 그는 통상 위원회에 시간을 지켜 출석한다. (o)

ⓐ 그는 위원회가 도움이 된다고는 생각하지 않는다. (x)

ⓑ 그는 위원회가 도움이 되지 않는다고 생각한다. (o)

⑥ 문장을 명확하게 하고 동시에 문장에 힘을 강하게 하기 위해 구두점은 충분히 사용할 필요는 있지만 필요이상으로 사용하지 않는다. 구두점의 사용으로 문장이 명확히 된다면 사용하고 그렇지 않을 경우에는 쓰지 않는다.

긍정적인 문장을 써라

분노가 극에 달한 내용의 편지를 쓸 필요가 있다고 느끼는 경우가 있다. 그러면 스포츠클럽에 가서 기진맥진할 때까지 운동을 하거나, 책상을 치거나, 사무실 주위를 몇 번 달리거나 하는 식으로 자신의 분노를 참는 방법을 찾는다. 책상에 앉아 구술기록을 시작할 때에는 감정을 가라앉히고 자신의 분노로 인해 나오는 다음과 같은 표현은 억제하기를 권한다.

① 비난하는 말

예를 들면 '당신은 …라고 주장하고 있다'(읽는 사람 편에서는 부당한 것을 말하고 있으므로 쓰는 사람이 비난하고 있다고 느낄지도 모른다)라는 표현은 피한다.

② 위험신호적 표현

예를 들면 '30일 이내에 나머지 대금을 지불 받는 조건으로 귀하의 주문품을 발송합니다.' 이런 표현은 좀더 우호적인 분위기의 말로 표현할 수 있다. '조건으로' 라든가 '난처합니다', '이미 통지한 것같이' 라는 말은 편지를 받는 사람이 초등학교 수준 정도의 지능밖에 안 된다고 하는 것으로 받아들일 수 있다.

③ 부정적인 표현

'불가능' '할 수 없다' '늦어진다' '거부한다' 는 말은 일반적으로 환영받을 수 없는 말이다. 긍정적인 표현을 사용하면 이런 말은 피할 수 있다. '토요일과 일요일은 공장을 가동하지 않으므로 견학할 수 없습니다' 라는 표현은 좋지 않은 통보가 되지만 '평일 8시부터 5시까지는 어느 요일이나 공장견학을 할 수 있습니다' 라는 표현은 좋은 통지가 될 것이다.

예일대학의 심리학부는 영어 중에서 가장 설득력 있는 12개 어휘로서 다음의 것을 들고 있다.

당신, 돈, 저축하다(절약하다), 새롭다, 용이한, 사랑(좋아하다), 발견(알다), 결과, 건강, 증명되다, 보증하다, 자유. 이런 증명된 말들을 자유롭게 사용할 수 있으면 시간관리에 크게 도움이 될 뿐만 아니라 새로운 고객을 만들게 되고 당신의 건강에도 도움이 된다.

문장의 포인트

편지를 쓰거나 또는 구술필기를 할 때 어떤 포인트를 강조하고 싶은 경우가 있다. 포인트를 강조하고, 읽는 사람이 그 포인트에 주의를 기울이게 하는 방법을 소개한다.

· 간결한 문장으로 쓴다.
· 적극적인 표현을 쓴다.
· 한 구절, 한 문장으로 쓴다.
· 강조하고 싶은 포인트로 시작해 강조하고 싶은 포인트로 문장을 끝낸다.
· 특정한 동시에 구체적인 명사를 사용한다.
· 도표화한다.
· 문장의 주제로 한다.
· 그렇게 하지 않으면 안 될 것 같은 분위기를 문장 속에 만든다.
· 중요하다고 분명히 표명한다.
· 강조하고 싶은 포인트를 반복한다.
· 강조하고 싶은 포인트와 읽는 사람을 연결해서 표현한다.

때에 따라서는 어떤 주제를 가볍게 다루고 싶을 경우가 있다. 읽는 사람에게는 불쾌해질 것 같지만 꼭 전달해야 할 경우도 있다. 이런 좋지 않은 통지를 잘 전달하는 방법을 소개한다.

· '…할 수 있다면 좋을 텐데 유감으로 생각합니다' 라든가 '아마 … 하겠지요' 라는 식으로 가정법으로 표현한다. '그 회의에 참석할 수 없습니다' 라는 표현보다 '그 회의에 출석할 수 있으면 좋을 텐데 유감스럽게 생각합니다' 라고 한다.

'규정상 당신에게 돈을 돌려줄 수 없습니다' 라고 쓰는 것 대신에 '11월 10일까지 규정이 취소된다면 당신에게 돈을 돌려줄 수 있습니다' 라고 쓴다.

· 수동형으로 표현한다.

'계산서에서 3개의 오류를 범하였다' 라고 하기보다 '계산서에 3개의 오류가 발견되었다' 라는 식으로 표현한다.

· 두 문장을 서로 종속시켜 표현한다. '다음 일요일에는 재고조사가 있으므로 출근해야 한다. 일요일 근무의 초과시간 근무수당은 평일의 3배가 된다' 라는 표현 대신에 '전종업원은, 재고조사가 있으므로 다음 일요일은 근무하게 되는데 일요일 근무의 초과수당은 평일의 3배가 지불됩니다' 라는 식으로 표현한다.

· 주어로 시작하는 문장으로 표현한다.

'신체검사를 채용에 앞서 취업신청자는 받게 되어 있습니다' 라고 쓰는 대신에 '취업신청자는 채용에 앞서 신체검사를 받게 되어 있습니다' 라고 표현한다.

편지 쓰기의 기본원칙

편지를 크게 나누면 다음의 어느 것인가에 해당된다. 즉 수락편지, 독촉편지, 거절편지의 세 종류로 나눠진다.

수락편지

수락편지는 읽는 사람이 듣고 싶어하는 것을 전달하는 것이며, 읽는 사람에게는 반가운 통지이다. 읽는 사람이 희망한 것에 대한 긍정적 정보가 될지도 모른다.

첫째, 읽는 사람을 즉석에서 기쁘게 해 준다.

둘째, 읽는 사람이 좋은 소식에 관해 품을지 모르는 의심을 제거한다.

셋째, 기쁜 문장으로 매듭짓는다. 읽는 사람에게 자신도 이 기쁨을 함께 하고 있다는 것을 알린다.

독촉편지

독촉 편지는 뭔가 행동을 일으키도록 읽는 사람을 설득한다. 청구서의 지불을 요구한다든가 앙케이트에 회답해달라든가 물건을 사달라든가 자신과 똑같이 생각해달라든가 하는 내용의 편지이다. 판촉용 편지라든가 캠페인용 편지는 독촉편지의 좋은 예이다. 이 경우에는 다음 사항에 주의한다.

첫째, 읽는 사람의 주의를 끌어 계속 읽도록 한다.

그러기 위해서는 읽는 사람의 관심에 직접적인 질문을 우선 던진다. 편지의 주제 및 목적을 잘 생각해본다. 읽는 사람에게 설득시킬 요점을 먼저 앞쪽에 작성하고 나서 읽는 사람의 관심사를 쓴다. 또 읽는 사람에게 자신과 함께 생각해 봐 주기 바란다는 내용을 넣는다.

예를 들면 자신이 어떤 지역의 사교클럽의 회장직을 맡고 있는데 어느 회의를 하는 날에 주지사가 그 지역을 방문하리라는 것을 알았다 하자. 그래서 그 주지사를 출석시켜 클럽 회원에게 비공식으로 뭔가 이야기를 해주었으면 하고 생각했다 하자. 이 경우 주지사에 대한 질문내용은 이렇게 된다.

"시간을 한 시간만 내어 ○○지구(예를 들면 사교클럽이 있는 지역)의 유력자 여러분들과 비공식으로 이야기를 나누시는 것은 의의가 있다고 생각지 않습니까?"

이런 질문이라면 한 시간의 여유가 없더라도 정치가는 적극적으로 반응하게 될 것이다.

직접적인 표현으로 주의를 환기시킬 수도 있다.

예를 들면 "우리들이 행하고 있는 정례 오찬회에는 최소 천 명의 유권자를 대표하는 사람들이 출석하고 있습니다."

때에 따라서는 명령조의 문장이 주의를 환기시킬 수도 있다.

예를 들면 "오찬회에 참가하여 11월에 투표 의결될 당신의 제출안에 관해 우리들에게 설명해주시기 바랍니다라"는 투이다.

설득에 사용하는 명령조의 문장에는 부정적이 아닌, 긍정적인 표현을 사용하는 것이 중요하다.

둘째, 사실을 서술한다.

앞의 예에서는 사교클럽 이름, 회합 장소, 일시, 출석자 수(회원 및 타

출석자) 등을 서술하여야 한다.

셋째, 읽는 사람이 받을 이익에 대해서도 서술한다.

예를 들면 "출석해주시면 우리들에게 영광이고, 당신이 준비하고 있는 중요 법안을 우리들에게 설명해주시면 우리들이 품고 있는 의문점을 해명할 절호의 찬스가 되리라고 생각됩니다"라고 쓴다.

넷째, 이쪽의 요망에 대해 신속하게 회답을 받을 수 있는 문장으로 끝맺는다.

예를 들면 "당신의 회답의 결과를 멤버들에게 전달하겠습니다. 이번 회합에는 다수의 출석자가 있으리라 기대됩니다"라는 식이다.

거절편지

거절 편지에는 좋지 않은 통지가 씌어 있다. 즉 읽는 사람이 듣고 싶지 않은 정보가 들어있는 것이다. 이런 경우에는 다음 사항에 유의한다.

첫째, 쓰는 사람도 읽는 사람도 함께 동의할 수 있는 중립적인 내용으로 문장을 시작한다.

앞에 든 예에서 자신이 주지사였다 하자. 회합에 초대해 준 클럽의 요망에 응할 수가 없게 되었다고 하자. 이럴 경우 문장을 다음과 같이 시작한다.

"00클럽 여러분과 만날 수 있게 초대해 주셔서 감사합니다. 확실히 00시(市)의 유지 여러분들과 저의 생각에 관해 이야기할 수 있는 대단히 좋은 기회라 생각합니다"라고 쓴다.

둘째, 좋지 않은 소식을 알리게 된 이유를 가능한 한 충분히 설명한다.

주지사의 입장에서 다음과 같이 서술하는 것도 가능하리라 생각한다. "저의 00시 방문 일정은 극히 한정되어 있습니다. 월요일 아침 늦게 도착해서 화요일 저녁시간까지는 수도로 돌아와야 합니다. 월요일, 화요일 양일간은 종일 위원회의 공청회에 출석해야 합니다. 점심 휴식시간도 없어서 도시락을 지참하게 되어 있습니다."

셋째, 좋지 않은 소식을 알린다.

앞의 예에서 표현하면, "따라서 대단히 유감이지만 00시 출장 때에는 00클럽 여러분과 만날 수가 없겠습니다"라고 서술한다.

넷째, 만일 가능하다면 대체안을 서술한다.

"가을에는 00시를 다시 방문할 예정이므로 그때 초대해주신다면 대단한 영광이겠습니다. 일단 가을에 만날 것을 예정해두고 귀지 방문일시가 결정되면 통지해 드리겠습니다"라고 쓴다.

다섯째, 끝맺음 인사를 한다.

"00클럽 여러분에게 안부 전해주시기 바랍니다. 귀 클럽의 활동목적에 관해 잘 알고 있으며 또한 경의를 표합니다"라는 식이다.

문서작성 시간을 줄이는 방법

손으로 쓰는 것과 속기

경영간부 중에는 손수 써서 비서나 오퍼레이터에게 입력시키는 방법을 좋아하는 사람이 있다. 정부에서 사용하고 있는 서류작성 요령에 의하면 속기가 생산적이라고 한다. 연구결과에 의하면 속기로 서류를 작성하는 것이 손으로 쓰는 것에 비해 4배의 스피드가 있다고 한다. 손으로 쓰고 그것을 오퍼레이터에게 입력하도록 하는 경우에는 구술필기를 시험해보도록 권하고 싶다. 훈련을 쌓으면 시간이 절약되는 것을 알게 될 것이다.

녹음기와 구술필기 이용

녹음기를 향하여 구술하기를 좋아하는 경영간부가 많다. 누군가가 자신의 앞에 앉아 있지 않는 편이 자신의 생각을 종합하여 잘 표현할 수 있다는 것이다. 녹음기를 사용하면 다음과 같은 점에서 시간이 절약된다.

① 자신도 어시스턴트도 따로따로 활동할 수 있다.
② 양자 다 독립하여 가장 생산적인 시간을 낼 수 있다.
③ 녹음기를 멈추고 뭔가 생각이 떠오를 때 구술할 수 있다.

한편 전문적인 비서를 써서 구술필기를 하는 것을 좋아하는 경영간부도 있다.

시간을 잘 활용하려는 생각을 가진 비서가 있을 때는 구술필기가 유용하다고 생각한다. 게다가 비서를 반향판으로 활용할 수도 있다. 비서에게 자신이 구술한 문장표현에 관해서 의견을 들어볼 수도 있다. 비서와의 팀워크가 잘 되고 있다면 비서는 구술한 문서의 표현에 관해 솔직한 의견을 말해 줄 것이다. 유능한 비서라면 구술자가 생각을 서술하는 데 적절한 말이 생각나지 않을 때는 도와주며 그 문서의 사본을 누구에게 보내 도움을 받으면 좋을지도 제안해 줄 것이다.

비서의 활용법

녹음기를 향해 구술하든가 사람을 향해 구술하든가 어느 쪽을 선택하든지 비서는 구술필기에 필요한 시간을 절약하는 데 도움이 된다. 비서를 다음과 같이 활용한다.

① 정례(定例)적 문서수발은 비서의 책임으로 한다.
② 수취한 문서 끝에 메모를 해 이 메모를 보고 비서가 답장을 쓰도록 한다.
③ 까다로운 문서는 비서에게 초안을 작성시키게 한 뒤 이것을 검토하고 수정하도록 한다.
④ 수신서류를 누군가 다른 사람이 회답할 수 있는 것, 자신이 회답해야 되는 것 등으로 분류하도록 한다.
⑤ 비서에게 수신서류에 필요한 정보를 첨부하도록 한다. 이렇게 해 두면 구술필기를 할 경우에 필요한 것이 함께 있어 전에 수취한 문서와 리포트를 가져오게 하는 시간을 절약할 수 있다.
⑥ 수신서류를 읽는 시간을 절약할 수 있게 관련 있는 부분에 언더라인을 긋도록 비서에게 시킨다.
⑦ 특히 의미를 확실히 구분할 필요가 있는 경우를 제외하고 구술필기를 할 때에는 구두점을 찍을 장소를 자신이 지적하지 말고 비서

에게 구두점을 정확히 찍도록 시킨다.

⑧ 비서에게 문서의 서명을 대행시킨다. 자필서명이 필요한 극비서류 또는 법률적 서류에만 자필로 한다.

⑨ 잘못된 곳을 찾을 목적으로 구술한 문서를 다시 읽어보지 않는다. 비서를 잘 교육시켜 잘못된 곳을 고치는 책임지도록 한다.

⑩ 자신의 서류에 대해 급히 회답을 받을 필요가 있을 때에는 서류 하단에 다음과 같은 내용의 고무인을 만들어 도장을 찍는다.
"시간을 절약하기 위해 이 서류의 사본을 동봉합니다. 사본 뒤에 간단히 답장을 써 주시면 됩니다."
그리고 발신에 앞서 비서에게 카피를 시킨다.

비서의 시간절약을 돕는 방법

① 구술속기를 할 경우 어느 문서에 우선적으로 회답할 것인지 구술을 시작함에 있어 우선순위를 정한다. 우선순위가 높은 순으로 분리한다.

② 구술필기가 끝나면 구술에 관련했던 서류는 비서에게 건넨다. 비서가 수신인과 수신인 주소를 찾는 시간을 절약할 수 있으며 수신인과 수신인 주소를 구술하는 시간도 절약할 수 있다. 비서는 관련서류 파일이 곁에 있으면 속기록 속에서 모르는 말과 녹음기에서 알아듣기 힘든 말을 이해하는 데 도움이 된다. 또 구술한 숫자를 다시 한 번 확인할 수도 있다.

③ 구술기록을 시작하기 전에 관련서류, 사본 수, 우편물의 종류에 관해 확인한다.

④ 녹음기를 사용할 경우에는 구술한 서류에 관해 녹음된 시간을 기록해 둔다.

구술필기의 요령

① 구술하기 전에 자신이 말하고 싶은 것을 머릿속으로 정리한다. 구술필기에 익숙해 있지 않을 경우에는 미리 아우트라인을 간단히 메모해 둔다.

② 천천히 구술하고 정확히 발음한다.

③ 속기자와 속도를 조절한다. 속기자의 스피드가 너무 늦어 사고(思考)가 이어지지 않는다고 판단될 때에는 속기의 속도를 개선하도록 시키거나 또는 더 능력 있는 속기자로 바꾼다.

문서 수를 줄이는 방법

비즈니스 문서는 기록해 두지 않고도 끝나는 것들이 많다. 문서는 작성하거나, 배포하거나, 읽거나, 처리하는 목록을 만들어 묶는 데에도 시간이 걸린다. 파일을 하면 몇 년 사이에 파일한 서류를 처리하는 데 또 누군가의 시간을 빼앗게 된다. 다음 문서는 실제로는 파일해 두지 않아도 좋은 것들이다.

① 중요한 목적이 없는 문서. 예를 들면 문서의 수령을 확인하고 '나중에 답장 드리겠습니다' 라는 취지의 편지는 쓰지 않는다. 단지 수령을 확인하는 데 그치지 말고 즉각 답장을 쓰는 편이 좋다.

② 한 번 문서로 보내면 끝날 정보를 적은 문서.

③ 명함을 넣어두면 끝나는데 일부러 작성한 커버링 레터를 사용한

문서.

④ 전화로 끝낼 문서.

⑤ 메모를 쓴 것으로 끝나는 것을 워드로 입력한 문서. 수취한 문서에 메모를 써서 돌려보내면 그것으로 충분한 경우가 있다. 파일용으로 카피가 필요하면 카피를 복사기에 넣으면 된다.

⑥ 우편엽서로 끝날 것을 일부러 편지로 한 것.

⑦ 회람용 메모를 붙여 회람하면 끝나는 것을 일부러 그것 때문에 작성한 서류.

⑧ 메모를 별첨하면 좋을 텐데 일부러 작성한 문서.

⑨ 같은 정보를 내용으로 하는 정례적인 서류로 중복해서 몇 번이나 쓴 것. 양식화한 안내장은 시간을 절약시킨다.

메시지의 정형화

내용이 같은 편지를 많이 작성해야 할 경우에는 메시지를 정형화하면 좋다. 이 정형화란 양식화시켜 두는 것, 문례(文例)를 준비해 두는 것, 문장 예(例)를 준비해 두는 것으로 다음과 같이 된다.

형식화

형식화된 문서를 미리 인쇄해둔다. 담당자는 날짜, 이름, 주소를 기입할 뿐이며 필요할 때 인사말을 입력한다. 양식화해서 인쇄한 글 중에 여분을 한 두 줄 가량 비워두고 필요할 때 사용하면 구술필기, 다시 쓰는 것, 입력시간을 절약할 수 있다.

문장 예를 준비해 둔다

문장 예를 잘 조합하면 문서를 작성할 수 있다. 몇 개의 문장 예를 편집하면 완결된 문서가 된다는 뜻이다. 어떤 포인트만 구술필기하고 이곳 전후에 문장 예 6번을 삽입하라는 식으로 비서에게 지시할 수 있다. 문장 예는 법률적인 서류와 보고서에 사용되고 있다.

메시지를 정형화할 때의 장점

어떤 조직에도 양식(樣式)과 문례집(文例集)을 활용할 수 있는 경우가 있다. 대량의 문서를 발신해야 하는 경우에는 사전에 승인해 둔 메시지와 문례를 이용하면 일일이 쓰고 있는 문서의 80~90%를 없앨 수 있다. 양식과 문서 예를 이용하면 다음과 같이 시간을 절약시키는 장점이 있다.

① 좋은 문장의 문서. 좋은 문장을 하나 작성하는 데 충분한 시간을 들이게 되면 같은 안건에 관해 많은 문서를 언제나 신속히 작성할 수 있으며 조잡한 문장의 문서가 되지 않을 것이다.

② 회답을 신속히 할 수 있다. 질문에 대한 회답문안이 이미 작성되어 있으면 하나하나 회답문안을 작성하기보다 신속하게 회답할 수 있다.

③ 문서의 재작성을 피할 수 있다. 부하직원이 대신 문서를 작성하고 서명도 대행해주게 되어 있는 경우에는 문서를 다시 작성할 필요가 거의 없어진다.

④ 결정을 분명하게 표명할 수 있다. 부하직원이 문장 예를 사용할 경우에는 부하직원이 결정을 틀림없이 정확하게 해석하게 된다.

⑤ 구술필기와 옮겨 쓰는 데 드는 시간이 절약된다.

⑥ 카피 양이 준다. 문례로 문서를 작성하는 경우에는 카피를 할 필요가 없다. 발신번호, 발신일만 기록해 두면 충분하다.

⑦ 저(低) 코스트. 시간 절약은 돈의 절약이다.

이 같은 레디메이드(ready made) 문서에 불신을 품고 있는 사람도 있다. 문서가 기계적이면 관심을 끌지 못한다고 한다. 이 논리가 맞는 경우도 있지만 그것은 문서의 성질에 좌우된다. 양식과 문장 예를 사용해서 작성된 문서가 어울리지 않을 경우도 있다. 그러나 같은 정보를 대량으로 송부할 때에는 일일이 새로운 문서를 작성해서는 시간과 돈의 낭비가 된다.

문장 예를 사용해 작성한 문서라도 수취인의 이름을 기입함으로써 정형화된 문서에 개인적 감촉을 곁들일 수 있다.

11:00

실전-의사전달 시간관리

경영간부들을 조사했을 때 공통적인 시간낭비의 최대 원인은 전화, 잠깐 들르는 방문객, 그리고 회의에 있다고 한다. 이런 것들이 시간을 허비하게 한다는 것은 누구도 부정하지 않으리라 생각한다.

그러나 이런 것들은 부당하게 시간을 썼을 때만 시간을 허비한 것이 된다. 어떤 상황에서 가치 이상의 시간을 소비하고 있다면 시간을 유효하게 활용하지 못하고 있는 것이다. 이 장에서는 매일의 시간 중에서 대화하는 데 쓰고 있는 시간을 줄이는 방법을 구체적으로 서술한다.

대화는 두 가지 요소에서 성립한다. 즉 이야기하기와 듣기이다. 이야기하기보다 듣기가 훨씬 중요하다. 미네소타대학의 연구에 의하면 일하고 있는 하루 시간 중 약 70%는 의사전달에 사용하고 있다는 것인데 그 중 45%는 듣기에 사용하고 있다고 한다. 플라톤은 "들을 줄을 알라. 그렇게 하면 욕을 하는 사람에게조차 배울 수가 있다"고 서술하고 있다. 현명하게 듣는 법을 아는 사람은 시간을 현명하게 이용하는 사람이다.

말하는 것과 지각(知覺)하는 것

듣는다는 것은 단지 귀에만 들린다는 것이 아니다. 이것은 지각한다는 것이다. 듣기만 위해서는 두 귀만 있으면 되겠지만 지각하는 데는 귀만으로는 불충분하여 귀도 마음도 머리도 필요하다.《웹스터 사전》에 '지각하다' 는 '감각을 통해 얻는 지식을 깨닫다' 라고 설명되어 있다.

지각은 그 방법도 내용도 지각의 대상이 되는 상대에 따라 달라지는 경향이 있다. 예를 들면 실업가와 전문가에게 귀를 기울이는 법과 배우자에게 귀 기울이는 법은 다르다. 또 고객과 환자에게 귀 기울이는 것과 동료에게 귀 기울이는 법도 다르다. 그것은 듣는 동기가 각각의 경우 다르기 때문이다.

무엇을 말하고 있는 것인가는 단지 듣는 것만으로 지각이 되는 것은 아니다. 어떻게 말했는가, 화제가 되지 않고 끝난 것은 무엇인가, 그 밖에 말로 표현되지 않은 여러가지 사항은 무엇인가, 이런 것들이 전부 자신이 받는 메시지와 관계한다.

지각(知覺)하기 위한 10 가지 조건

지각하려는 사람은 누구라도 다음의 사항을 지키면 지각이 촉진되어 시간이 절약될 것이다.

① 주의를 집중해서 잘 읽는다. 누군가가 말을 걸면 다른 일을 생각하지 않는다.

② 귀찮은 듯한 표정을 보이거나 시계를 보거나 책상 위의 서류를 만

지작거려 말하는 사람을 초조하게 하지 않는다.

③ 듣고 싶지 않은 이야기라도 거부반응을 나타내지 않는다.
거부반응을 보이면 듣는 사람이 듣고 싶지 않을 것 같은 이야기는 말하는 사람에게는 극히 말하기 힘들게 된다. 듣고 싶지 않은 이야기라도 듣는 사람에게 필요한 경우가 있다.

④ 실제가 아닌 메시지에는 신경쓰지 않는다.
어느 경영간부가 자신의 회사 일에 관해 뭐든지 제안하도록 부하직원에게 다음과 같이 말했다고 하자. "우리들은 한 팀에서 일하고 있다. 함께 협력해서 일하자. 회사에서 일하는 방법에 뭔가 제안할 것이 있으면 전부 함께 토의하자." 그러나 누군가가 제안하면 그 경영간부는 매우 방어적이 되고 그 제안은 자신과 자신의 비서에 관한 비판으로 받아들이는 것이다. 결국 제안은 아무것도 나오지 않게 되고 이 경영간부와 부하직원과의 사이에 커뮤니케이션은 단절되는 것이다.

⑤ 천천히 말하는 상대에게는 인내심을 갖고 들어라.
말하는 사람이 말을 끝낼 때까지 시간을 준다. 관심과 이해를 나타내거나 이야기한 것을 자신의 말로 고쳐 말하거나 그 사람이 갖고 있는 감정에 이해를 표시하거나 또는 이야기를 계속하도록 용기를 불어 넣거나 하는 등 말하는 사람을 도와준다.

⑥ 말하는 사람이 주제에서 빗나가지 않게 한다.
상냥하고 그러나 분명한 태도로 주제를 원상태로 돌아오게 한다.

⑦ 작은 일에 과장되게 반응하지 말라. 대화의 요점에 초점을 맞춘다.

⑧ 중요한 포인트(일시 · 숫자 등)는 메모한다.

⑨ 말하는 사람이 구체적 사항에 관해 지시하고 있을 때에는 메모하라. 주의깊게 듣고 있더라도 기억에 의존하지 말라.

⑩ 말하는 사람이 말을 끝낸 경우 자신이 무엇을 말할 것인지 주저하지 말고 바로 말하라.

강연을 잘 듣기 위한 원칙

① 강연자에게 주의를 집중시킨다.
강연자가 어떻게 생각을 종합했는가에 신경을 집중한다. 만일 내용을 종합하지 않았을 경우에는 자신이 만들어본다. 노트하면서 자신이 적절하다고 생각하는 표제를 달아 본다.

② 아우트라인을 잡도록 노트한다.
사소한 것을 모두 기록하지는 말라. 많이 듣고 조금 적는 방법으로 한다. 키포인트를 들으면 적는다. 여백을 두고 적어 키포인트에 관해서 강연자가 나중에 생각이 떠올라 다시 한번 언급하는 점을 논리적으로 기입할 수 있도록 해 둔다.

③ 멍하니 다른 생각에 빠져들지 않도록 한다.
자신의 주의집중이 떨어지기 시작하면 적극적으로 듣도록 자신을 채찍질한다. 이 방법으로는 강연자가 다음에 언급하리라 생각되는 점이 무엇인가를 예상해보거나 강연자가 언급하고 있는 점에 관해 실례(實例)를 생각해보도록 한다. 그리고 주장하고 있는 점에 자신이 동의하는지 자문자답해본다. 강연 후에 질의응답 시간이 있으면 질의 내용을 생각해 본다.

④ 주의를 딴 데로 돌리지 않도록 한다. 소음, 지각자, 장내에서 소곤

대는 소리, 강연자의 외관, 동작, 목소리 등에 의해 자신의 관심이 흐트러지지 않도록 한다. 강연내용에 주의를 집중시킨다.

대화 내용의 가치를 따져라

"현명한 사람은 뭔가 할 이야기가 있어 말한다. 바보는 뭔가 말하지 않으면 안 되기 때문에 말한다." - 플라톤

대화에는 두 가지 점, 즉 말을 하는 것과 지각하는 것 두 가지가 있다는 것은 앞에서 말했다. 이야기하는 방법에 의해 하루 업무시간의 1분 혹은 1초만으로 성과를 얻을 수 있다. 그러기 위해서는 자신의 이야기 내용과 말 수에 관해 분석할 필요가 있다. 업무시간 중 매일 꽤 많은 시간이 '인간관계' 와 관련이 있다. 사소한 희생이 따르더라도 좋은 인간관계를 유지하는 것은 중요하다고 생각해 많은 시간을 소비한다. 한번에 5분, 10분 또는 15분이란 시간을 우호적으로 행동한다든가, 상대를 불쾌하지 않게 하기 위해서라든가, 좋은 인간관계를 만들기 위해서라든가, 죠와 함께 커피를 마실 때는 메리도 부른다든가, 조언을 주고받는다든가, 행동에 관해 설명한다든가, 일기예보에 관해 이야기하거나 스포츠 이야기를 한다든가 등 여러가지 이야기로 시간을 사용해버린다.

좋은 관계를 만드는 것은 비즈니스에서도 직장생활에서도 중요하지만 좋은 관계를 형성하거나 유지하는 데에 좀더 적은 시간을 들여야 한다.

일주일 동안 예정되어 있는 약속과 회의를 제외하고 대화에 어느 정도의 시간을 쓰고 있는지 기록해보면 좋다. 일주일이 지나서 보면 그다지 가치 있지도 않을 일 때문에 하루의 업무시간 중에서 상당한 시간을 쓰고 있는 데 놀랄 것이다. 문제는 말의 양이 아니라 대화 속에 어느 정도의 가치가 있는가 하는 것이다.

대화를 이끌어가는 10가지 원칙

B. J 씨는 복도에서 리리폰 씨와 서서 이야기를 나누고 사무실로 돌아왔을 때 그날 리리폰 씨와 중요한 이야기를 하기로 되어 있었던 것이 생각났다.

"리리폰과 할 이야기를 캘린더에 적어 둘 걸 그랬어. 리리폰과 이야기를 시작하면 언제나 그에게 빠져든다 말야…."

B. J 씨에게 필요한 것은 대화를 잘 이끌어가기 위해 10원칙을 지켜야 하는데 그 원칙을 지키고 있지 않은 것이 우선 문제가 된다. 이 10원칙을 소개한다.

원칙 1. 언제나 작은 수첩을 휴대한다.

이 수첩에는 중요한 인물마다 표시를 해 두는 것도 좋다. 그 사람들과 이야기하고 싶은 문제를 써 둔다. 하루 중 몇 번은 이 수첩을 본다. 사무실을 떠나서도 보도록 한다. 그러면 그 사람들을 우연히 만났을 경우에라도 가치 있는 목적을 달성할 수 있게 될 것이다. 한 가지 업무를 끝마칠 수 없더라도 적어도 그 업무를 위한 시간을 절약할 수 있다. 수첩에 대화와 약속의 결과에 관해 메모해 두면 사무실에 돌아왔을 때 기억을 되살리는 역할을 해 주게 된다.

원칙 2. 불평을 늘어놓거나 잔소리를 해야 할 경우에는 그것을 처리할 수 있는 사람에게 하라.

정확히 전기요금을 지불했는데 전력회사가 전기를 끊어버린 경우, 우유배달원에게 잔소리를 늘어놓는다면 아무 소용이 없다. 이런 것은 누구나 알고 있는 일인데도 비즈니스와 직장생활에서는 모두 이런 바보 같은 짓을 하는 경우가 있다. 전화 교환수는 교환수와 아무런 상관도 없는 일로 또는 아무것도 알지 못하는 일로 항상 괴로움을 당하고 있다. 누구와 상관없이 자신의 욕구불만을 해소하기 위해 부딪치는 것은 비생산적이며 자신의 업무시간과 타인의 시간을 허비하게 된다. 일에 관해 사소한 것을 불평하는 것도 시간낭비가 된다.

원칙 3. 자신이 이야기하고 싶은 것을 알고 말하라. 그 외의 것에 관해서는 언급하지 않는다.

사전에 잘 정리해두지 않은 대화는 순조롭게 말을 끌어갈 수 없는 원인이 되며 포인트를 언급할 것을 잊어버리기도 한다. 그리고 몇 번이나 같은 말을 반복해서 말하는 원인도 된다. 아브라함 링컨은 지인(知人)에 관해 다음과 같이 말하고 있다. "그는 많은 말을 몇 마디로 함축시켜 버릴 수 있는 인간이다." 대화내용을 지루하게 되풀이하지 않도록 주의하라는 것이다. 중요한 요점에만 초점을 맞추며 필요한 사항을 상세하게 설명해서 요점을 이해하도록 하라.

원칙 4. 자신의 생각을 정리하라.

예정된 대화를 할 경우에는 포인트를 놓치지 않도록 소형 카드에 논리적인 순서로 자신의 생각을 정리해 둔다. 누군가와 이야기를 하게 되어 있는 경우에 이 같은 준비를 해 두는 것이 습관화되면 예정되어 있지 않은 대화를 할 경우에도 자신의 생각을 머릿속에서 잘 정리할 수 있게 된다.

원칙 5. 자신의 아이디어를 도표화하라.

추상적인 아이디어가 눈으로 볼 수 있게 되면 그 아이디어를 빨리 이해하는 사람이 많게 된다. 원형 그래프로 하거나 막대그래프로 하거나 화살표 등을 사용해 행동을 표시해본다. 구체적인 말을 사용하며, 예를 들면 '제인은 좋은 종업원이다' 라는 표현은 쓰지 않는다. '좋다' 라는 말은 너무나 추상적이고 막연하다. 어느 정도 좋은가? 듣는 사람에게는 '좋다' 라는 말이 말하는 사람의 의도와는 전혀 다른 것일지도 모른다.

원칙 6. 토의는 하지만 말다툼은 하지 말라.

대화의 목적이 자신의 견해를 타인에게 설득시키는 데 있을 경우, 주제가 사실에 기초를 둔 것이며 객관적이며 개인적인 요소가 없는 것이면 목적을 빨리 달성할 수 있게 된다. 어떤 경우고 문제를 공격하되 인간을 공격하지는 말라.

원칙 7. 말투에 유의하라.

대화의 결과를 결정하는 것은 무엇을 말했는가가 아니고 어떻게 말했는가 하는 데 있다. 오해를 일으켜 몇 시간이나 허비하게 되는 것은 이야기 자체에 원인이 있는 것이 아니라, 이야기할 때의 말투와 말하는 방법에 있다. 대화에서는 글로 쓰여지는 말이 실제로 말해지는 말보다 빨리 이해된다.

원칙 8. 듣는 사람의 입장에서 그 상태를 유지하라.

자신이 말하고 있는 상대에 대해 감정을 주입하도록 자신을 훈련한다. 사람을 어느 조직의 일원이라거나 소수 인종이라거나 종교적이라는 그룹의 일원으로서 파악하지 말고 한 개인으로서 생각하라. 특정 그룹 사람에 관한 자신의 편견으로 한 인간을 이해해서는 안 된다. 제임스 T. 맥케이는 "이야기할 때에는 그 상대방에게 친밀감을 가지고 그것을 유지하라. 그렇게 하면 시간이 경과할수록 만족한 결과를 얻게 될 것이다"라고 서술하고 있다.

원칙 9. 교제는 적당히 하라.

동료들과의 가벼운 교제는 신선한 기분이 되기도 하고 직장에서 에너지가 솟는 듯한 느낌을 줄 때가 있다. 그러나 이것도 도가 지나치면 역효과가 일어나기도 한다. 직장에서 돌아와 보면 시간을 너무 허비했다는 것을 알게 된다. 그렇게 되면 스트레스가 축적되기 시작한다. 실수가 잦아지고 판단에 착오가 생긴다.

원칙 10. 가능하면 자신의 대화 상대에 관해 파악해둔다.

듣는 사람에게는 두 타입이 있다. 하나는 읽는 타입과 또 하나는 열심히 듣는 타입이다. 읽는 타입은 말로 자세히 설명해도 그것을 이해할 수 없다. 이런 사람들은 문자로 써 있는 것을 좋아한다. 열심히 듣는 타입은 상세하게 적은 긴 문장의 편지를 읽지 않는다. 오히려 필요에 따라서 메모를 기억용으로 적거나 이야기로 듣기를 좋아한다. 따라서 대화 상대가 읽는 타입인 경우는 간단히 사실만을 말하고 상세한 것은 문서화해서 나중에 차분히 읽어보도록 한다. 대화 상대가 집중해 듣는 타입이면 자세하게 말로 표현하는 편이 좋다. 그리고 대화내용을 나중에 떠올릴 간단한 메모를 남기는 것만으로 된다.

방문객 시간관리

대부분의 경영간부에게 따르는 고민 중 하나가 예고 없이 잠깐 들르는 방문객이다. 조직 내외와 좋은 관계를 유지하는 것은 필요하지만 자신에게 주어진 책임을 다하는 것도 매우 중요하다. 예고 없이 찾는 방문객이 너무 많아 곤란한 상태가 된다면 어떻게 하면 좋을까? 이런 일로 하루의 업무시간을 낭비하지 않게 하는 방법을 소개한다.

① 비서에게 갑자기 찾는 방문객을 선별하게 한다. 방문객이 비서에게 "만나 뵐 수 있습니까?"라고 질문하면 "지금은 바빠서 시간이 나는 대로 전화 드릴까요?"라는 식으로 대답하도록 시킨다.

② 갑작스런 방문객은 사무실 밖에서 만나라. 방문객을 사무실 안으로 들어오게 하기보다 자신이 사무실 밖에서 만나는 것이 시간을 절약할 수 있다.

③ 방문객이 사무실 안으로 들어와 책상 곁에 서서 인사를 할 경우 앉으라고 권하지 말라. 앉는 일이 없으면 방문객은 그 상태에서 용건을 해결할 수 있게 된다. 면담이 끝나면 사무실 문 쪽으로 걸어간다.

④ 회의장소나 다른 사무실로 방문객과 함께 걸어가도록 한다. 다음 목적지에 도착하기 전에 대화를 끝마쳐야 하므로 이야기는 간단하게 된다. 그렇지 않을 경우에는 나중에 이야기를 하도록 약속을 정해 둔다.

⑤ 갑작스런 방문자가 거래처 사람일 경우에는 자신에게 있어 우선도가 높은 용무에 관해 양해를 구하는 것도 한 수단이며, 이때 상대방 캘린더에 자신과의 약속을 기입하도록 할 수도 있다.

⑥ 자신과 면담하는 경영간부가 자주 사용하는 테크닉을 관찰해둔다. 그 간부와 비서가 어떻게 스케줄을 잘 관리하고 있는지 관찰해 그 테크닉을 전부 채용하는 것이 아니라 선별해 취하라. 어떤 사람에게는 좋은 테크닉일지라도 사정이 다른 사람에게는 맞지 않을 경우가 있다.

⑦ 문호개방주의가 반드시 좋은 방법은 아니다. 항상 방문자가 들어올 수 있는 시간을 하루의 어느 시간, 또는 일주일 중 어느 날로 시간과 날을 정해 실시할 뜻을 공표하고 실행한다. 어떤 경영간부는 화요일 아침 두 시간을 비워놓고 직원들이 뭔가 이야기할 것이 있으면 자유롭게 방문하도록 하고 있다. 그리고 아무도 들어오지 않으면 밀려 있는 서류 처리에 이 시간을 사용한다.

⑧ 직접 만날 필요가 없는 경우에는 전화와 메모를 사용하도록 한다.

⑨ 직원들에게 사무실로 방문할 경우에는 이야기하고 싶은 문제에 관해 간단히 메모해 오도록 지시해 둔다.

⑩ 직원들이 문제를 가지고 올 때에는 간단히 그것을 요약하고 동시에 적어도 해결책 두 가지는 준비해 오도록 정해둔다. 그러면 문제의 대부분은 자연히 해결될 것이다.

⑪ 자신과 방문자에게 잘 보이는 곳에 시계를 놓아둔다.

⑫ 직원들이 사무실로 오겠다고 하면 자신이 나가도록 한다. 상대편 사무실을 방문해서 일을 끝내고 자신이 돌아오는 편이 시간을 절약할 수도 있다.

⑬ 예고 없이 방문하는 사람과 관련 있는 파일을 준비해 둔다.

⑭ 예고 없는 방문객에게는 면담시간을 제한하라. 누군가 예고 없이 찾아오면 몇 분밖에 시간이 없다고 하고 그것으로 괜찮은지를 물어본다. 불충분한 경우에는 약속을 정해 다시 한 번 오도록 한다.

⑮ 방문자와의 대화가 길어져 논점에서 벗어나는 듯이 생각되는 경우에는 자신의 생각을 제안하라. 자신의 생각이 옳다면 그 면담에서 목적을 달성하게 된다. 틀렸다면 방문자는 필시 그 논점을 말하게 되므로 역시 목적을 달성하게 될 것이다.

⑯ 방문자가 이야기 내용을 준비하고 있지 않은 경우에는 필요한 사실과 숫자에 관해 질문한다. 방문자 대신 자신이 먼저 뭔가 준비할 필요는 없다.

⑰ 사무실 안의 레이아웃 때문에 갑작스런 방문객이 나타날 수도 있다. 의자가 무척 쾌적하다든가, 가구가 매력적인 경우에 그럴 수가 있다.

⑱ 갑작스럽게 방문자가 빨리 이야기를 끝맺고 싶어지는 말을 사용한다. 예를 들면 '이 이야기가 끝나기 전에…' 라든가 '이 이야기를 정리하기 전에…' 또는 '돌아가시기 전에…' 라는 말을 쓴다.

⑲ 시간이 되면 분명하게 그러나 기분 나쁘지 않게 끝맺는 테크닉을 사용한다. 예를 들면 '바쁘시니 다음 일정이 있으시겠죠? 저도 다음 일정이 밀려 있으니까 다음에 또…' 라는 식으로 암시한다.

⑳ 누가 언제 방문해도 괜찮다고 하는 불문율이 모르는 사이에 만들어지는 경우가 있다. 이것은 한두 사람일 때는 괜찮겠지만, 상황

의 변화로 시간을 너무나 허비하게 될 것 같은 때가 있다. 이런 경우에는 솔직히 말하고 협조를 구하도록 한다. 대부분의 사람은 이 솔직함을 받아들여 협조해 줄 것이다.

시간관념이 희박한 상사와의 시간관리

상사 때문에 자신의 시간을 효과적으로 사용할 수 없어 곤란을 겪고 있는 사람이 있다. 이런 상황에서는 어떻게 하면 좋을까? 이것을 잘 처리하는 예와 테크닉을 몇 가지 소개한다.

말을 귀담아 듣지 않는 상사

상사에게 분명히 설명해 주었는데도 나중에 상사는 그런 말을 들은 적이 없다고 하는 말을 들은 경험은 없는가? 어떤 경영간부가 상사에게 자비로 2개월 후에 개최될 전문가회의에 참석하고 싶다고 말했을 때 이 상사는 그것에 동의해주었다. 그래서 반환이 안 되는 수강료 150달러를 지불하고 교통편과 호텔 예약도 끝냈다. 회의 일주일 전이 되어 상사에게 일의 진행상황을 설명하고 회의 참석 중에 자신의 업무분담에 관해서 이야기를 했다. 그러자 놀랍게도 이 상사는 이 경영간부가 자리를 비운다는 것을 까맣게 잊어버리고 있었고, 게다가 그 기간 중 이 경영간부가 다른 회의에 참석해야 하는 약속까지 해 놓고 있었다.

상사가 이야기를 잘 들어주도록 하려면 다음과 같이 한다.

① 상사가 무엇인가 생각하고 있는 시간은 피한다.

② 상사가 뭔가 서두르고 있을 때 결재를 받지 않는다.

③ 장황하게 이야기하지 말라. 부차적인 이야기는 언급하지 말며 바로 요점을 말한다.

④ 이야기의 내용이 상사에게도 득이 될 거라고 말하는 것을 잊지 말라.

⑤ 도입단계를 알기 쉽게 말하여 관심을 환기시킨다. 상사가 관심 있어 하는 것에 관해 미리 준비해 두었다가 이야기한다. 관심을 끌었다고 느껴지고 또한 열중해 듣고 있다고 생각되면 자신이 이야기하고 싶은 안건으로 들어간다,

⑥ 타이밍이 좋지 않다고 느껴지면 좋은 타이밍까지 이야기를 연장한다.

⑦ 대화 도중 반응을 몇 번 살펴본다. "이것에 관해 어떻게 생각하십니까?"라든가 "이것에 관해 의견이 있으십니까?"라는 식으로 질문해본다. 예스, 노의 간단한 대답으로 끝나는 질문은 하지 않도록 한다. 자신의 말에 상사가 어떻게 생각하고 있는지 말하도록 이야기를 이끌어간다.

⑧ 협의가 끝나기 전에 행동을 취한다. 상사가 그 건에 관해서는 재고하고 싶다든가 나중에 대답하겠다고 할 경우에는 자신의 제안을 종합해서 제출해 두겠다고 말한다. 그리고 다시 한번 언제 본 건에 관해 이야기를 할 수 있는지 물어 확인한다.

⑨ 상사가 통상 안경을 끼는 경우에는 안경을 끼도록 도와준다. 조사에 따르면 안경을 통상 끼고 있는 사람이 안경을 벗고 있으면 잘 들리지 않게 된다고 한다. 우리들은 무의식중에 상대의 입술을 읽고 있기 때문이다.

갈팡질팡형 상사

C. W 씨는 의사결정을 하는 데 막힘이 없다. 어떤 문제라도 직접 부딪쳐 즉석에서 판단을 내리고 바로 의사결정을 했다. 그는 능동적인 남자로서 자신의 결정을 바로 행동에 옮겼다. 최대한의 스피드로 프로젝트를 실시하도록 자신의 부하에게 업무를 맡겼다. 그리고 그 후 다시 멈춰서 문제의 전모를 둘러본다. 그리고는 열 번 중 아홉 번은 결정을 뒤엎는다.

만일 상사가 어느 프로젝트 때문에 몇 시간이나 때로는 며칠이나 소비하도록 한 다음 "그 일은 하지 않는 것이 좋겠는데"라고 말했다면 어떻게 할 것인가? 아마 아무것도 할 수 없으리라 생각된다.

그러나 상사와의 관계에 따라 다르겠지만 뭔가 할 수 있을지도 모른다. 가령 다음과 같이 해 본다.

① 상사가 일을 맡기면 질문을 해본다. 신문기자같이 무엇이, 언제, 어떻게, 왜, 어디서라는 질문을 한다. 이런 질문에 대답하려고 할 때 상사는 자신이 생각하지 않았던 문제를 알게 되어 한동안 그 업무를 보류하도록 지시할 수도 있다.

② 상사가 바로 하라고 재촉해야 할 일은 다른 것이라고 알려, 일의 우선순위를 결정하게 한다.

③ 명령받은 업무의 일부를 자신의 부하에게 위양해도 좋은지 물어본다.

④ 업무를 완료하는 시간적 제약, 또는 마감시간을 물어 확인한다. 가능한 한 그 일은 마감시간까지 늦춘다. 프로젝트에 착수하기 전에 상사의 기분이 변할지도 모르기 때문이다.

바쁘게 몰아치는 상사

이유 없이 바쁘게 몰아치는 상사를 말한다. 필요도 없는, 아무도 읽지 않는 서류를 작성하고 있는 경우가 있다. 장황한 주간보고 서류의 작성을 끝내면 그것은 단지 파일될 뿐 아무도 두 번 다시 참고하는 일이 없는데도 그 보고서를 작성시키는 상사가 있다. 보고서의 작성을 계속해가는 데 의미가 있는 것으로, 처음 시작할 때는 그 나름대로의 의미가 있었는데 현재는 무의미하게 된 것도 있다. 이것은 관리의 부실함에 원인이 있는지, 혹은 업무를 위양하고 있지 않은 데 원인이 있는지도 모른다. 또는 인력이 남아도는 것이 원인인지도 모른다.

상사가 필요도 없는 일을 바쁘게 몰아칠 때는 다음과 같이 해 본다.

① 자신이 맡게 되어 있지만 스케줄 형편상 맞지 않는 프로젝트나 일의 리스트를 작성해둔다. 상사가 뭔가 가치 없는 일을 시키려고 할 때 이 리스트에 올라 있는 프로젝트 하나를 선택해서 상사에게 접근해본다. 이 프로젝트가 상사와 조직에 얼마나 중요한지를 인식시킨다. 상사가 이 아이디어로 점수를 따게 되면 그것으로 좋은 것이다. 실은 상사에게 점수를 따게 체면을 세워 준다는 것이 중요한 것이다. 부하의 지원 없이 출세한 사람은 거의 없다. 대부분의 사람은 부하 덕분에 출세의 자리에 오른다. 상사가 잘해주면 자신의 능력도 인정받아 기회가 오면 승진도 하게 된다.

② 상사를 대신해서 자신이 처리할 수 있다고 생각되는 일을 상사에

게 맡겨 달라고 한다. 이로써 상사에게 시간이 생기고, 상사는 더 힘든 책임 있는 일을 맡게 된다고 상사에게 제안한다.

③ 상사가 조직의 목적에 공헌하고 또는 목표달성을 촉진할 수 있는 새로운 책임 있는 일과 프로젝트를 생각하도록 아이디어를 내어 상사를 돕는다. 새로운 일과 씨름하기 위해서 상사는 현재 일을 부하에게 맡긴다.

부하를 듣기 상대로 삼는 상사

신뢰할 수 있는 부하를 자신의 이야기를 들어주는 상대로 삼는 상사는 많이 있다. 상사로서 안고 있는 문제에 관해서 이야기하는 것은 필요하다. 특히 뭔가 어드바이스를 구하고 있는 것이 아니라 단지 누군가가 들어주었으면 하는 것으로, 성공한 많은 최고 경영자가 이 멋진 테크닉을 사용하고 있다. 따라서 부하가 상사의 듣기 상대가 된다면 그것은 멋진 일로 칭찬 받을 만한 일이다.

그러나 이것이 지나치게 되면 상사에게도 부하직원에게도 상당한 시간 낭비이다. 어느 교육감이, 교육감이란 대부분 그렇지만, 인사에 관한 문제로 많은 고민을 하고 있었다. 이 교육감은 하루에도 몇 번이고 누군가 자신의 이야기를 들어줄 사람이 필요했다. 교육위원과 이야기를 끝낸 후에 자신의 비서에게 반복해서 이야기를 들려주는 것이다. 누구누구는 이런 성격이라든가, 누가 이렇게 말했다든가, 저렇게 말했다든가 등 몇 시간이나 쓸데없는 이야기를 하면 대화는 어느 샌가 객관성을 상실하고 소문으로 발전하게 된다.

자신의 상사가 이런 대화로 하루의 업무시간의 중요한 부분을 낭비해 버릴 것 같은 경우에는 어떻게 하면 좋을까? 그럴 때는 다음과 같은 점에 유의한다.

① 잘 들어준다. 어쨌든 상사이므로.
② 질문을 가급적 피한다. 또는 이야기를 계속시킬 것 같은 발언은 삼간다.
③ 반응은 가능한 한 소극적으로 한다. "그렇군요"라든가 "아니오" 또는 "예"라는 정도로 끝낼 수 있다면 그것으로 된 것이다.
④ 이야기를 들으면서 일을 계속할 수 있는 경우에는 그렇게 한다.
⑤ 자신의 일에 관해 뭔가 질문해 본다.
⑥ 뭔가에 마음을 빼앗기고 있는 체한다.
⑦ 그래도 안 될 경우에는 잘 들어준다.

의사전달이 잘 되지 않을 때

의사전달이 잘 되지 않는 이유에는 여러 가지가 있는데 예를 들면 다음과 같은 것이 있을 수 있다.

① 자신을 비하하고 있는 사람에게는 의사전달이 어렵다. 진심으로 칭찬해 주면 열등의식이 감소될 것이다.

② 책상과 의자의 위치는 의사전달을 곤란하게 하는 경우가 있다. 책상을 사이에 두고 이야기하기보다 옆에 앉아 이야기하는 편이 대화를 용이하게 한다.

③ 직장의 침체된 분위기는 좋은 의사전달을 저해한다. 부드럽고 적극적이며 우호적인 분위기를 조성하라. 꽃을 놓아두거나 사탕을 담은 접시를 놓아두는 것도 우호적인 분위기를 만드는 데 도움이 된다.

④ 남을 절대로 믿지 않는 사람도 그 중에는 있을 것이다. 이런 사람은 남이 어떻게 해서라도 자신을 이용하려 하고 있다고 믿는 경우가 많다. 흉금을 털어놓고 성실하게 대하라.

⑤ 독선적 성격의 소유자와 의사소통을 하기는 어렵다. 어떻게 하면 자신을 상대방에게 알릴 수 있을지 상대방의 이야기에 귀를 기울여라. 상대가 독선적인 사람이라면 좀더 부드러운 태도를 보인다.

⑥ 의사소통을 하려고 하는 상대와 자신의 역할이 서로 용납되지 않는 경우가 있다. 가능하면 공통적인 부분, 또는 공통의 목표를 만든다.

⑦ 성격의 원인으로 의사전달이 잘 안 되는 경우가 있다. 이런 경우에는 충돌이 따르는 것에 유의하고 감정을 잘 다스린다. 이것은 상대에게 굴복하라는 것이 아니고 상대의 견해에 기꺼이 귀를 기울이는 것이다.

⑧ 의사전달에 관한 법칙을 무시하는 사람과 의사소통을 하기는 어렵다. 예를 들면, 말을 중단시키는 사람과 대화하기는 어렵다. 예의바른 태도를 취하고 말이 중단되면 중단된 내용에 아무런 코멘트도 하지 말고, 중단되기 전의 내용으로 돌아가도록 한다.

⑨ 대화를 논쟁으로 전환해버리는 사람이 있다. 불쾌한 방법을 취하지 않더라도 반대의사를 나타낼 수 있다는 것을 명심한다.

의사소통을 하는 데 있어서 어려운 상황을 재치 있게 수습하는 확실한 방법이란 없다. 중요한 것은 곤란한 상황을 인식하는 것이다. 그리고 그 어려움이 어떤 성질의 것인지를 평가하는 것이다. 어느 특정상황에 놓여 있는 사람과 의사소통을 하기가 어렵다는 것을 사전에 알고 있으면 거기에 대한 어떤 방법을 세울 수 있다. 의사전달이 잘 안 될 때는 적극적인 감정이입(感情移入)을 하면 좋은 효과를 거둘 수 있다.

'노'를 잘 표현하는 방법

부탁받은 일에 뭐든지 언제나 좋은 대답만을 하게 되면 경영간부는 자신의 업무시간은 없어진다. 그러나 언제 '예스'라고 대답하며 언제 '노'라고 말할 것인지는 매우 어려운 선택이다. 자신의 시간을 빼앗는 일로 누군가에게 부탁받으면 다음과 같은 세 가지 태도를 생각해 본다.

① 이기적으로 생각하라.

부탁받은 일을 하는 데 시간을 소비함으로써 자신의 목표 달성에 방해를 받지는 않는가? 그 의뢰, 일, 회의, 역할, 프로젝트는 자신에게 있어 중요한가?

의뢰자가 자신의 출세만을 생각하는 사람이거나 자신이 할 수 있는데도 타인에게 부탁하는 경우에는 자기본위로 생각해도 좋다. 의뢰받은 일에 자신이 진정으로 동의하고 있는가 자문자답해본다.

의뢰받은 일의 가치에 동의하는가? 그것은 시간과 코스트에 합당한 것인가?

자신이 '예스' 라는 대답을 하면 이 의뢰를 처리하기 위해 자신의 계획에서 뭔가 뺄 수 있는지, 자신의 일을 누군가에게 위양할 수 없는지 자문자답해본다. 또 '노' 라 대답한다면 앞으로 어떤 문제가 생길 것인지를 생각해본다. 그리고 '예스' 라는 대답이 장래에 어떤 문제를 일으키고, 대답 여하가 어떤 결과를 초래할 것인지 확신이 없는 경우에는 시간을 번다. 그리고 의뢰자에게 언제까지 생각해보고 대답하겠다고 시간을 말해 준다.

② 단호한 태도를 취하라.

한번 '노' 라 결정하면 단호한 태도를 보인다. 태도를 분명히 하고 결정이 뒤바뀌지 않도록 설득당하지 않는다. 자신의 결정에 관해 이유를 말할 필요는 없지만, 이유를 말하고 예의 바르게 하면 우호적인 관계를 유지하는 데 도움이 된다. 이유를 말할 때는 그 이유는 진실하며 또한 논리적인 것이어야 한다. 그리고 이유에 관해서는 논의하지 않는다. 의뢰자가 이유에 관해 트집을 잡을 경우에는 '노' 를 반복하며 그 이상 논의하지 않는다.

③ 상대방이 기분 상하지 않게 행동하라.

가능한 한 기분 나쁘지 않게 '노' 라고 말한다. 누군가 다른 사람을 소개해도 좋고 배려해주어서 고맙다는 말을 해도 좋다. 그러나 도가 지나치게 사과의 뜻을 나타내면 오히려 진실성을 의심받게 된다. 진심으로 죄송하게 생각한다면 그 의뢰를 어떻게 해서든지 받아들여야 하는 것이다.

적절한 어휘를 구사하라

경영간부로서 적절한 말을 유창하게 구사해서 대화를 이끌어가는 것은 중요하다. 또 대화 상대에게 적합한 말을 사용하는 것도 중요하다. 오늘날과 같이 고도로 기술적 · 과학적 또한 컴퓨터화된 사회에서는 새로운 용어는 수없이 만들어지고 있다. 자신의 말을 참신하고 첨단적 용어로 구사하는 방법을 소개한다.

① 정기적으로 비즈니스 관계의 간행물과 신문의 경제면을 읽어라. 판매관계 일을 하고 있는 경우에는 거래처가 사용하는 비즈니스 용어를 알아둘 필요가 있다. 따라서 그 분야의 간행물을 읽는다.

② 대화 상대의 반응에 주의를 기울여라. 뭔가 곤란해 하는 듯이 생각되거나 혹은 몇 번이나 설명을 반복해야 하는 일이 빈번하다면 상대에게는 익숙하지 않은 전문용어를 사용하고 있기 때문이다.

③ 자신의 이야기가 단조롭지 않은가 생각해본다. 같은 말, 같은 표현을 몇 번이나 반복해 사용하고 있지 않은가? 포켓용 용어집을 휴대하고 엘리베이터를 기다리는 시간에 자신이 너무 자주 사용하는 듯한 용어 숫자를 조사해 본다.

④ 기사를 읽다가 자신이 잘 모르는 용어가 나오면 그 용어를 찾아본다. 사전은 최신형을 이용한다.

⑤ 새로운 단어를 기록한 노트를 준비하고 대화중에 사용해 본다.

⑥ 말뜻과 사용법에 유의하라. 대화에서는 사전에 있지 않은 의미로 사용되는 말도 있다.

⑦ 다른 직능(職能)에 종사하는 사람들이 사용하는 말에 익숙해져라. 사무원, 청소부, 기능공, 조립계 직원 등 여러 직능의 사람들과 때때로 대화를 해서 익숙해지도록 한다.

⑧ 언어구조에 관해 알고 있으면 모르는 말에 부딪혀도 그다지 놀라지 않을 것이다. 어간, 접두어, 접미어에 관해 공부해 두면 새로운 언어를 빠르게 배울 수 있게 될 것이다.

전화로 시간을 절약하는 방법

사회학자 중에는 전화는 "대화를 방해하는 최대의 장애이며, 또 장애 중에서 가장 편리한 것"이라고 하는 사람도 있다.

전화에 자신이 어느 정도의 시간을 사용하고 있는지 분석해 보라. 1주일 또는 2주일간에 걸쳐 전화에 사용하는 자신의 대화시간을 기록해 본다. 전화에 너무 많은 시간을 쓰고 있다든가, 왜 전화를 지나치게 많이 사용하고 있는지를 알게 될 것이다. 누군가 다른 사람이 걸면 될 전화를 자신이 걸고 있거나, 어떤 종류의 전화에 그 가치 이상의 시간을 낭비하고 있는 것을 알게 될 것이다. 간단한 메모로 충분할 문제에 전화로 장시간 이야기하는 경우도 있다. 평균적인 비즈니스의 전화는 5분 내지 6분으로 끝내야 한다. 6분간의 대화는 대개 150 단어의 문서와 거의 맞먹는다.

전화로 대화를 능숙하게 끝맺는 방법

대화를 능숙하게 끌어가기 위한 10원칙은 전화상의 대화에도 적용할 수 있는데 전화를 시간절약의 도구로써 활용하기 위한 아이디어를 소개한다.

① '외출 중에 전화가 왔습니다' 라는 유의 낱장으로 인쇄된 메모 양식을 사용하는 대신에, 몇 개 같은 내용이 한 페이지에 인쇄되어 있는 복사용지로 된 A4 전화수신용지를 사용한다. 오리지널에는 절취선을 넣어두어 즉시 절취해서 수신자에게 건넬 수 있게 해 둔다. 복사된 카피는 전화 수신기록이 된다. 한 장씩 되어 있는 것과 비교하면 다음과 같은 장점이 있다.

ⓐ 한 장 한 장 카피를 할 경우에는 분실 가능성이 있다. 기록하고 사용하기 위해서는 발생순으로 파일한다든가 특수 파일을 사용할 필요가 있는데 이 방법은 번거롭다. 패드(종이철)를 사용하면 발생순으로 기록하게 되며, 파일할 필요도 없고 필요한 전언(傳言)도 금방 알 수 있다.

ⓑ 전화를 걸어온 사람의 이름과 전화번호가 며칠, 또는 일주일이 경과한 후 필요하게 되었을 경우에도 기록이 남아 있으므로 비서가 바로 찾아 낼 수 있다.

ⓒ 동일인의 전화 빈도를 알 수 있다.

ⓓ 같은 문제에 관한 전화 빈도 수를 알 수 있다.

ⓔ 자신의 사무실에 전체 어느 정도의 전화가 걸려오는지, 또 각 직원에게는 어느 정도 걸려오는지 알 수 있다.

ⓕ 기록이 남아 있으므로 정보가 필요할 때에는 바로 이용할 수 있다.

② 자신이 외부로 거는 전화에 대해서도 같은 기록을 작성한다. 전화로 이야기한 상대의 이름, 전화번호, 일시, 대화의 요점 등을 메모한다. 수신용으로 사용하도록 소개한 앞에 나온 패드와 같은 것을 활용할 수도 있다. 발신용과 수신용을 구별하기 위해 패드의 전면을 채색해둔다. 이 패드를 책상 위 전화 옆에 놓아둔다. 오리지널을 분리하고 동일인으로부터의 메모, 또는 같은 주제의 서류에 호치키스로 찍어두어 나중에 참고할 수 있도록 파일에 넣어둔다. 자신의 부하들도 같은 방법을 사용하면 좋으리라 생각된다.

③ 전화 메시지 내용은 간단하게 기록하도록 한다. 이를 위해 다음의 요령을 지키도록 한다.

ⓐ 가능하면 전화의 취지를 한 줄로 전달한다.

ⓑ 간단히 설명한다.

ⓒ 요구사항을 기록한다.

④ 전화를 거는 사람에게 자신에게 직접 전화를 걸지 말고 자신의 보좌관에게 전화를 하도록 평소에 알려둔다. 자신의 어시스턴트가 처리할 수 있는 내용의 전화가 걸려왔을 때에는 "담당자 000가 그 일에 전담입니다. 삼십 분 이내에 그가 전화를 하도록 할까요?"라고 대답한다. 이 경우 000에게 사정을 설명하고 전화를 걸어온 상대에게 용건에 관해 특정 시간에 전화를 걸어 뭔가 그 외에도 유용한 정보가 있으면 제공하도록 한다. 이렇게 되면 전화를 걸어온 상대의 대부분은 직접 담당자에게 전화를 거는 편이 낫겠다는 것을 곧 알게 될 것이다.

⑤ 자신의 비서를 훈련시켜 걸려온 전화를 선별하도록 한다. 비서는 회사조직에 능통해서 전화응대에 누가 적합한지 알고 있어야 하

며 전화를 걸어온 사람에게 어떻게 하면 시간을 절약하게 될 것인지 잘 알려줄 수 있어야 한다. 그러나 비서가 그 전화에 누가 응대해야 좋을지 잘 모를 경우에는 전화를 건 사람의 이름과 전화번호를 기록해두고, 적절한 담당자에게 다시 전화를 걸도록 한다. 비서에게 전화를 걸어온 사람의 시간도 배려하도록 주의시켜둔다. 전화를 걸어온 사람을 오래 기다리게 해서는 안 된다. 오래 기다려야 할 것 같은 때에는 다시 한번 걸어 주도록 부탁한다. 그러나 아무래도 조금 더 기다려야 할 필요가 있을 경우에는 1분마다, 적어도 2분마다 현재 노력중이란 것을 상대방에게 알리도록 한다. 비서는 아직 "통화중입니다."라든가 "아직 끝나지 않았습니다."라는 식의 무뚝뚝한 말은 쓰지 말고 반드시 "스미스 씨. 정말 죄송합니다만 좀더 기다려주셔야겠습니다."라고 정확하게 말하며 또한 1, 2초의 여유를 주어 상대방이 뭔가 말하고 싶은 것이 있으면 말하도록 한다.

⑥ 사무실을 떠날 경우에는 반드시 행선지와 연락방법, 체재시간을 비서에게 알려두면 시간이 절약된다.

⑦ 전화를 걸어온 사람에게 시간이 없다는 것을 알린다. 3분밖에 없을 경우에는 처음에 그 사실을 먼저 알린다. 이렇게 하면 3분이 지났을 때 쉽게 말을 끝맺을 수 있다.

⑧ 전화 옆에 초시계인 3분계(計)를 놓아둔다. 대화가 시작되면 이 3분계를 사용하기 시작한다. 이 3분계를 2번 사용한다면 대화는 조금 긴 편이다.

⑨ 외부에 거는 전화는 우선순위를 정한다.

⑩ 자신이 전화를 거는 빈도수가 높은 리스트를 작성해둔다. 여기에는 긴급용 전화번호도 기입해둔다. 비서에게도 이 리스트를 가지

고 있도록 한다.

⑪ 전화를 걸었을 때 기다리게 된 경우 자신의 통화상대와 내선 번호를 알아두어 전화가 끊겨도 바로 연결되도록 해 둔다.

⑫ 전화로 '핑퐁'을 하는 일이 없도록 한다. 자신이 부재중에 전화를 걸어온 사람에게 이쪽에서 다시 전화를 했을 때 이번에는 상대가 없는 일이 없도록 자신이 언제 사무실에 있는지 상대에게 알려둔다. 또 상대에게 전화를 거는 데 가장 좋은 시간은 언제인지 알아둔다든가 특정시간에 통화할 수 있도록 상대방과 약속시간을 비서에게 정하도록 한다.

⑬ 전화를 걸 때, 또는 전화를 받을 때는 자신의 이름을 먼저 밝힌다. 서로 전화 상대가 누구인지 묻는 것은 시간낭비이다.

⑭ 통화하고 싶은 상대가 부재중인 경우에는 비서를 통해 특정 시간에 통화하도록 약속을 정해둔다. 이렇게 함으로써 상대와 통화할 수 없어서 낭비되는 시간을 절약할 수 있다.

⑮ 자신의 입장에서 판단해 실행 가능하다면 전화를 받는 시간을 제한한다. 예를 들면 오후 1시에서 3시까지의 시간에 한한다는 식으로 한다. 아침 몇 시간은 자신이 외부에 전화를 거는 시간으로 해둔다.

⑯ 정보 부족 때문에 전화가 계속 걸려오는 경우가 있다. 비즈니스 레터에 충분한 정보가 담겨 있지 않기 때문에 그 상세한 내용을 들으려고 전화가 걸려오는 일도 있다. 회사에서 결정한 가격표와 스케줄은 최신의 것으로 해 둘 필요가 있다.

⑰ 직함과 조직의 이름이 그 직능을 적절히 반영하도록 되어 있는가? 누구에게 전화를 해야 좋을지 모를 정도로 애매하면 가능한 한 상위직에게 전화를 걸려는 경향이 있다.

⑱ 전화 옆에 메모지와 연필을 항상 준비해 둔다.

⑲ 외부에 전화를 걸 때에는 옆에 참고자료를 준비해두어 바로 참조할 수 있도록 한다.

⑳ 외부에 거는 전화번호는 함께 모아 둔다.

㉑ 상대와 통화될 가능성이 높은 시간에 전화를 한다. 비서가 대신 전화를 걸어 줄 경우, 상대가 나오면 금방 전화를 받아 시간의 낭비를 막도록 한다.

㉒ 전화를 사용해서 회의를 할 수도 있다. 이 방법을 사용하면 몇 명이 한 곳에 모여 회의하는 시간을 절약할 수 있게 된다. 회의 멤버의 소재지가 각각 멀리 떨어져 있을 경우에는 출장비의 절약도 된다.

㉓ 상대방이 괜찮다면 전화에 증폭기를 설치한다. 이렇게 하면 직장 동료들도 함께 전화내용을 들을 수 있어서 나중에 동료에게 전화 내용을 설명하는 시간을 절약할 수 있다.

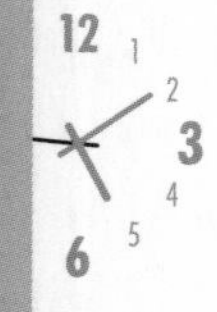

㉔ 통화중에 일어나는 것도 좋다. 긴장감에서 해방되어 상대에게 집중할 수가 있다.

㉕ 하루 중 특정시간에 전화가 걸려오면 전화를 연결시키지 않도록 비서에게 지시해둔다. 이렇게 하면 전화 때문에 업무가 중단되지 않는다.

㉖ 전화상의 대화도 몸짓, 손짓을 사용한다. 상대가 이쪽을 볼 수 없어도 이쪽의 상황을 목소리로 안다. 목소리가 자신의 상태와 반응을 반영해서 상대방에게 보다 더 잘 이해시킬 수 있다.

스피치를 잘하는 방법

스피치를 잘 하는 방법을 다음과 같이 소개한다.

① 중간형 카드에 이야기의 주된 내용을 한 줄씩 써둔다. 즉 스피치의 엣센스(essence)를 한 줄로 해두는 것이다. 이것을 스피치의 도입에 사용한다.

② 스피치의 키포인트가 되는 아이디어, 또는 자기의 논점을 증명하는 아이디어에 관해 써둔다. 각각의 아이디어를 각각 카드에 기재해 둔다.

③ 각각의 아이디어를 설명하기 위한 예를 찾아서 역시 이것을 카드에 기재해둔다. 이 카드는 각각의 아이디어를 기재하고 있는 카드에 호치키스로 찍어 둔다.

④ 아이디어를 정리하고 4, 5개 정도 가장 좋다고 생각되는 것을 선택한다.

⑤ 자신이 선택한 아이디어를 논리적인 순서로 배열한다.

⑥ 또 한 장의 같은 크기의 카드에 아이디어의 개요를 적고 스피치의 목적에 관해서도 다시 한번 적는다. 이것을 결론으로 사용한다.

스피치를 연습하는 간단한 방법

① 스피치의 내용을 모두 적으려 하지 말라. 중간형 카드를 사용하고 스피치 예정일 전에 몇 번 연습해본다. 만일 시간이 있으면 한 번에 스피치를 몇 개로 구분하여 조금씩 연습해본다. 맨 처음에는

몇 초 동안 행하면 좋다. 리허설마다 처음부터 연습하며 전번에 끝난 부분에 거듭 첨가하여 연습한다.

예를 들면 알파벳이 스피치 중 포인트라 하면 연습은 다음과 같이 된다.

첫 번째 리허설 A, B
두 번째 리허설 A, B, C, D
세 번째 리허설 A, B, C, D, E

이것을 반복한다. 이 방법을 사용하면 스피치 자료를 머릿속에 간단히 넣을 수 있는데 한 마디 한 마디 말 위주로 기억하지 않도록 주의한다. 기억할 것은 아이디어이며 이것의 표현을 연습하는 것이다. 반드시 매회 똑같이 표현할 필요는 없다.

② 스피치를 하는 2, 3일 전에 스피치의 서론, 순서를 매긴 키포인트, 결론을 카드 한 장을 이용해 각각에 관해 한 줄씩 적어 본다. 이것은 기억을 되살리게 한다.

③ 이 한 장의 카드를 사용해서 리허설을 2회 정도 실시해 본다. 스피치를 할 때에는 이 한 장의 카드만 가져가면 된다.

이렇게 하면 스피치의 최고 프로같이 말할 수 있게 될 것이다.

인사말을 잘하는 방법

경영간부가 되면 강연자를 소개하거나 상장을 수여하는 일이 자주 있다. 이 때 뭔가 말을 해야 하는 일이 있는데 이 경우에는 다음 스텝을 밟는다.

강연자를 소개하는 방법

① 가능한 한 짧게 한다. 1분을 넘기지 않는다.
② 강연자의 강연 주제를 소개한다.
③ 그 주제에 관하여 강연자가 얼마나 적격인가 하는 점을 말한다.
④ 강연주제가 분명하지 않은 경우에는 청중에 대해 강연내용이 얼마나 의미가 있는 것인가를 언급한다.
⑤ 강연자의 이름을 소개한다.

상을 줄 때의 유의사항

① 진지한 태도로 행한다.
② 왜 상이 주어지는지 언급한다.
③ 수상자에 관해 청중이 궁금해하는 관심사에 관해 간단히 언급한다.
④ 상의 가치에 관해 언급한다.
⑤ 수상자에게 축하의 말을 하며 축하해준다.

상을 받을 때의 인사방법

① 간결하게 한다.

② 따뜻하게 '감사'의 말을 표명한다.

③ 수상에 관해 신세진 사람들에게 "000 씨의 덕분입니다."라는 식으로 말한다.

④ 자신에게 이 수상이 어떤 의미를 갖는 것인지, 그 상을 어떻게 할 작정인지를 언급한다.

⑤ 감사의 말로 끝맺도록 한다.

강연과 스피치 준비에서 해방되는 방법

경험과 경력이 있는 경영간부 중에는 자주 강연을 의뢰받는 사람이 있다. 만일 이런 입장에 있는 경우에는 스피치 준비에서 해방되는 방법이 있으므로 다음과 같이 소개한다.

① 고스트 라이터[ghost writer; 대작자(代作者)]를 두는 것이 일반적인 방법이다. 그러나 즉흥적으로 말하는 것이 능숙하지 않은 한 이것은 권하고 싶지 않다. 스피치는 청중 앞에서 소리를 내어 읽는 것은 아니다. 그러나 적은 것을 사전에 읽어 둘 수가 있으며 또한 내용도 알고 있어 간단한 아우트라인만으로 제스처를 첨가해 즉흥적으로 자신의 코멘트도 여기저기 삽입하고, 퍼스널 터치도 곁들여 말할 수 있다면 고스트 라이터가 쓴 스피치라도 괜찮다고 생각

된다. 그러나 고스트 라이터가 쓴 스피치를 그대로 따라 할 경우 스피치 포인트가 상실될 수가 있다.

② 이미 행했던 스피치 파일을 만든다. 이 스피치를 다시 재검토하고 새로운 청중에게 적합한 것으로 수정한다.

③ 자신의 어시스턴트에게 스피치를 해보도록 시키고 자신은 그것을 감독한다.

④ 아예 자신의 어시스턴트에게 스피치를 전부 하도록 한다. 자신의 장래 후보자로서 부하를 육성하기 위해 부하에게 경험을 쌓도록 함과 동시에 시야를 넓히게 하는 좋은 기회이며 스피치 준비를 하거나 스피치하는 시간을 절약할 수가 있다.

T I M E   M A N A G E M E N T   H A B I T

12:00

실전-회의 시간관리

회의는 전문가와 비즈니스맨을 곤란하게 만드는 일종의 병이라 생각한다. 건강한 몸에 음식물이 필요한 것과 같이 건강한 조직에 는 회의가 필요하다. 그러나 회의가 지나치게 잦으면 과식을 한 것과 같으며, 역효과를 초래해 조직의 건전한 기능에 고장을 일으키게 된다.

회의란 무엇인가?

고급요리가 계속 나오는 디너파티에 초대받은 적이 있는 사람은 더 이상 먹을 수 없을 만큼 포식한 적이 있을 것이다. 게다가 집에서 만든 매우 호화스런 디저트가 나와 깜짝 놀란다. 디저트를 만든 부인을 생각해서 거절할 수도 없다. 그렇다고 디저트는 한 조각도 먹을 수 없으므로 누군가가 이 디저트를 먹어줄 때까지 숨기고 싶은 기분이 된다. 회의가 매주 연속으로 있은 뒤에 또 회의소집을 당한 때의 기분이란 대개 이런 것이 아닐까 생각한다.

회의는 전문가와 비즈니스맨을 곤란하게 만드는 일종의 병이라 생각한다. 건강한 몸에 음식물이 필요한 것과 같이 건강한 조직에 는 회의가 필요하다. 그러나 회의가 지나치게 잦으면 과식을 한 것과 같으며, 역효과를 초래해 조직의 건전한 기능에 고장을 일으키게 된다.

회의가 자주 있는 원인

회의는 일종의 병 같은 것으로 전염성이 있으며 곪는다. 따라서 피하기는 힘들다. 조직 속에 회의병이 발생하는 원인에는 다음과 같은 것이 있다.

① 디저트를 나르는 사람은 우리들의 건강은 생각지 않고 기호만을 염두에 두고 있듯이 잦은 회의는 으레 하는 것으로 여겨 조직의 건전한 기능에 공헌하는 것은 거의 없다. 사람들은 회의를 해서 문제에 관해 논의한다는 병에 걸리기 쉽다.

② 식사 후에 반드시 디저트를 먹는 것이 습관이 되어 있듯이 목요일 오후라든가 그 밖에 정해진 날에 회의를 한다는 것이 습관화되어 있는 경우가 있다. 그날이 그렇게 정해져 있으니까 회의를 위해 회의를 하는 경우도 있다.

③ 회의병은 옆에서 전염되어 오는 일도 있다. 영업부에서 매주 회의를 하고 있으니까, 경리부에서도 매주 1회 회의를 한다는 식이다.

④ 경영간부 중에서는 회의 회수가 조직에의 공헌도를 나타낸다고 생각하고 있는 경우도 있다. 회의에 소비되는 시간을 다른 데에, 즉 더 생산적인 일에 활용할 수 있는 경우는 많다.

⑤ 때에 따라서는 회의가 소집자의 편리성을 위해 개최되는 일이 있다. 한 명씩 잔소리를 하기보다 전체 회의를 소집해서 문제를 해결하는 것이 편리하다고 생각하는 경우이다. 예를 들면 존슨의 부서에는 20명의 부원이 있는데 그 중 3, 4명은 출근 · 회의 · 보고서 제출에 온갖 이유를 붙여 언제나 늦는다. 그러나 존슨은 맞대면해서 이 3, 4명에게 그 문제를 말하고 싶지 않다. 그래서 부서회의를 개최하여 늦지 않는 16명도 포함해서 20명에게 늦지 않는 것의 중요성에 관해 말한다. 존슨은 문제의 3, 4명이 늦는 것을 고치리라 기대하고 있었던 것이다. 그런데 결과는 이 3, 4명은 예상과는 달리 다른 16명도 자신들과 마찬가지였던가 하는 식으로 받아들일 수가 있는 것이다. 그래서 회의는 이 사람들의 행동을 개선하는 데는 전혀 도움이 되지 못했으며, 오히려 다른 16명은 자신

들에게는 문제가 없는데 비난받았으므로 사기가 떨어진다. 결국 20명의 부원과 부장의 시간이 낭비된 것이다.

회의병 문제 중의 하나는 한 문제에 관한 토의가 언제까지나 계속된다는 것이다. 한 시간 걸리면 끝날 회의가 서너 시간이나 계속된다. 한 시간이면 끝날 수 있는 회의에 10명이 출석해서 회의가 3시간이나 계속되면 20시간은 조직의 총시간에서 낭비된 것이 된다. 한 명의 한 시간당 인건비를 곱해 보면 이런 회의는 시간의 낭비일 뿐만 아니라 상당히 높은 비용이 손실된 것을 알게 될 것이다.

 회의병을 없애는 처방전 24가지

다행스럽게도 회의병을 효과적으로 치료하는 방법이 있다.

① 회의의 이유를 명확히 한다. 먼저 이유를 생각하고 나서 회의를 한다.
② 정례회의를 때때로 취소하고 그 필요성을 테스트해 본다.
③ 회의에 앞서 의제를 잘 검토한다. 이 의제를 거치지 않고라도 처리할 수 있는 것인지 검토한다.
④ 회의는 최고 경영자의 승낙을 필요로 한다는 룰을 채용한다.
⑤ 회의가 스케줄대로 종료되도록 퇴근시간 전이라든가 점심시간 전에는 끝내도록 설정한다.
⑥ 지각하는 사람이 있어도 정해진 시간에 개최한다. 지각자의 도착

을 기다려 주면 정각에 출석하는 사람들도 지각하게 되어 지각 상습자는 더 늦게 된다.

⑦ 회의가 방해받지 않도록 사무실에서 떨어진 곳에서 회의를 하는 것을 실험해 본다. 의제가 많을 때와 토론회 같은 경우에는 이 방식은 특히 효과적이다.

⑧ 회의의 효과적인 운영 자체에 주의를 집중한다.

⑨ 효과적으로 회의를 리드하기 위해 참석자를 훈련시킨다.

⑩ 회의를 구체적으로 계획한다. 누가, 무엇을, 언제, 왜, 어디서, 어떻게 할 것인가 확인한다.

⑪ 참가자에게 회의 목적에 관해 충분히 알려 회의 출석 준비를 할 수 있도록 한다. 관계자료를 지참하도록 한다.

⑫ 의제에 관한 파일을 항상 준비해둔다. 이 파일에 충분한 의제가 모이지 않는 한 회의를 소집하지 않도록 하며 정례회의는 하지 않는다. 의제 중에는 회의를 하지 않고도 혼자서 처리할 수 있는 것도 있기 때문이다.

⑬ 회의의 참석자는 의제에 관계있는 자로 제한한다. 참석자가 많아지면 의논이 길어지게 되어 그만큼 회의도 길어지게 된다.

⑭ 회의 참석자의 일부는 관계있는 의제가 토의될 때에만 참석하도록 한다. 어떤 부장이 부서회의를 할 경우, 판매부문의 조정 담당자에게는 판매에 관계있는 의제가 논의될 때에만 참석하도록 한다.

⑮ 매 의제에 제한시간을 두어 이것을 지키게 한다. 시간관리자를 임명해 둔다.

⑯ 때때로 선 채로 회의를 한다. 의제가 하나, 둘밖에 없고 더욱이 뭔가 기록할 필요가 없을 경우에는 이 방법은 좋은 아이디어라 생각한다.

⑰ 지각 방지를 위해 가장 늦게 도착한 사람이 다음 날 아침 전원에게 커피와 도넛을 한턱 내게 하는 경우도 있다. 그러나 이 방법은 효과적이지 않을 수도 있다. 평소에는 시간을 엄수하고 있던 사람이 때로는 피할 수 없는 사유로 한 번 정도 지각하는 일도 있는데, 이런 경우, 평소에는 지각을 잘하는 데도 이 시간에는 지각하지 않아서 벌도 받지 않고, 벌을 받는 사람은 평소에는 시간을 엄수하는 사람이 나오게 된다. 그 대신 좀더 적극적인 동기를 만들어 행하는 편이 좋다. 예를 들면 어느 기간에 모든 회의에 지각하지 않고 참석한 사람에게는 회사비용으로 어떤 회합에 참가할 수 있도록 허가한다는 식이다.

⑱ 회의 의사록에 참석자, 결석자뿐만 아니라 지각자의 이름도 기재해서 지각하기 어렵도록 한다.

⑲ 비서에게 지시해서 회의 중에 걸려오는 전화는 연결하지 않도록 한다.

⑳ 회의에 필요한 소도구는 미리 계획해서 준비해둔다. 예를 들면 넘기는 식의 도표, 프로젝트, 스크린, 칠판, 분필, 연필, 녹음기, 충분한 수량의 의자 등이다. 프로젝트용의 예비 전구도 준비해 두는 편이 현명하다.

㉑ 회의 출석자가 서로 얼굴을 볼 수 있게 책상과 의자 배치를 연구한다.

㉒ 회의 기록자는 출석자 전원의 얼굴이 보이는 곳에 앉는다.

㉓ 회의에 필요한 모든 자료가 들어있는 파일을 휴대한다. 비서에게 의제 및 의제와 관계있는 자료가 들어있는 파일을 준비하게 한다. 의제의 카피에 자신의 파일에 들어있는 자료를 메모해 두면 필요한 자료를 찾는 시간을 절약할 수 있다.

㉔ 전날 밤에 몇 개 그룹과 면담하게 되어 있는 경우에는 그것이 연속

되도록 계획을 짠다.

어느 큰 교회의 목사는 일주일에 매일 밤 교회 교육회의, 교회 업무회의, 교회 평의원회의가 있어 여기에 참석해야 했다. 교회의 멤버 중 몇 명은 이 중 두 회의에 참석하게 되어 있고 또 몇 명은 교회 합창대 멤버이며 청년부 리더도 겸하고 있었다. 목사도 교회 멤버도 앞에서 이야기한 회의병에 걸려 문제가 있었는데 어느날 밤 목사가 한 달 중 하룻밤을 교회 교육회의, 교회 평의원회의, 교회 업무회의에 참석할 것을 제안하여 문제가 해결되었다. 회의시간을 다음에서 다음으로 연결되게 짰다. 오후 6시 30분에 교회 교육회의 개최, 7시 25분에 폐회, 7시 30분에 교회 평의원회의 개최, 8시 25분 폐회, 교회 업무회의는 8시 30분 개최, 9시 30분 폐회라는 식으로 목사 이외는 한 달에 하룻밤에 집중적으로 행해지는 회의에 2시간 이상은 낭비하지 않게 되었다. 목사도 3개 회의에서 종래에는 매일 밤 매 회의에 출석해서 6~8시간이나 걸렸는데 3시간만에 끝나게 되었다. 이전에는 한 회의에 2시간 혹은 그 이상의 시간이 걸렸지만, 할당된 시간 내에 수월하게 회의를 끝낼 수 있게 된 것이다.

회의를 하기 위한 룰

설명회를 제외하고 대개 회의는 하나의 목적 때문에 개최된다.

즉 의사결정을 하기 위해 행해지는 것이다. 의사결정을 하기 위해서는 거기에 해결해야 될 문제가 있다는 것이 전제된다. 따라서 회의 의제를 결정할 때에는 각각의 안건에 관해 다음과 같은 점에서 검토해 볼 필요가 있다.

① 이 안건에 관한 문제는 무엇인가?
② 무엇이 원인이 되어 문제가 일어났는가?
③ 이 문제 해결안은 무엇인가?
④ 최선의 해결안은 무엇인가?

어떤 경우에도 문제의 내용을 명확히 해서 그 원인을 리스트로 만드는 것이 그 안건을 검토하는 데 기초가 된다. 안건에 아무런 코멘트도 하지 않고 출석한 스태프들도 검토에 냉담하다면 의사결정에 시간이 걸릴 것은 명백하다. 비서는 이들 안건에 관한 자료를 수집해 카피를 해서 이것을 회의 의제와 함께 회의에 앞서 참석자에게 배포해둔다. 이렇게 하면 참석자들도 회의 전에 문제에 관해 잘 생각해 둘 수 있는 여유가 생긴다.

회의를 효과적으로 운영하는 방법

회의의 사회를 맡을 경우에는 의제와 안건에 관해 문제를 이해하고 있는지 확인한다. 잘 모르는 점이 있으면 안건 제출자에게 간단히 설명하도록 요구한다. 안건으로 게재되어 있는 것 외에 문제의 원인이 있는지를 질문해 본다. 참석자 중에는 제안자보다도 그 안건에 관해 잘 알고 있는 사람도 있으므로 다른 해결책이 없는지 질문해 본다. 칠판이나 종이에 이 해결책을 적어보고 해결책이 실행 가능한 것임을 증명하도록 요구한다.

즉 전에 실행했던 적이 있었는가? 실행한 적이 있다면 어디서 행했으며 그 결과는 어떠했는가? 또는 뭔가 통계적인 수치가 있고 그것이 해결책이 잘 될 것임을 뒷받침하는가? 해결책의 제안자가 그 실행 방법을 증명할 수 있는가?

제한시간 안에 해결책을 모은다. 최선의 해결책을 결정한다. 투표로 해야만 하는 공식적인 것이 아니더라도 적어도 최선의 해결책에 관해 의견의 일치를 보는 것이 좋다. 실행을 담당할 자가 명백한 경우가 아니라면 결정된 일을 실행할 개인 또는 위원회를 지정해야 한다.

문제를 안고 있는 사람에게 토의의 리더를 하게 해서는 안 된다. 문제와 밀접한 관계가 있는 사람은 효과적으로 토의를 이끌어 갈 수가 없다.

의장으로서 회의진행에 특별히 주의를 기울인다. 엄격하게 절차를 지킬 필요가 있는 극히 공식적인 회의의 사회를 맡는 경우는 별도로 하고, 회의에 있어서 의사 운영 절차에 꼭 따를 필요는 없다.

회의에 가능한 한 관계된 참석자가 모두 참여하도록 한다. 그러나 참석자 전원이 한 명 한 명 반드시 의견을 말해야 한다는 의미는 아니다. 의견을 물으면 체면을 지키기 위해서 한 마디는 하게 될 것이다.

토의를 촉진하는 질문을 한다. 질문은 토의를 효과적으로 진행하기 위한 것이므로 반대하고 있는 것 같은 인상을 주지 않도록 조심해야한다. 토의를 촉진시킬 목적으로 질문하는 경우에는 '예스', '노'의 답을 요구하는 질문은 하지 않는다. 관계 있는 정보를 효과적으로 이끌어내는 합리적인 질문을 한다. 이 질문은 자신이 잘 모르는 기술적 분야의 문제일 수 있기 때문에 특히 주의한다. 《현명한 관리자》의 저자인 케프너는 다음과 같이 말하고 있다.

> "경영은 점점 복잡해지고 경험은 따라가지 못하는 시대에 사회자는 새로운 현실적인 질문을 찾아내야 되며 경험에 의존해서는 안 된다."

토의를 하면서 가능한 한 여러 번 정리한다. 칠판과 넘기는 식의 백지를 활용해서 토의된 요점을 열거해 간다. 질질 끌 경우에는 토의가 종료되도록 발언한다. 예를 들면, "문제에 관한 당신의 견해는 잘 알았습니다. 이쯤에서부터 해결책에 관해 여러분과 논의하고 싶습니다"라는 식으로 한다.

누가, 무엇을, 언제, 어디서, 어떻게 라는 5가지에 관해 이해한 다음 비로소 결정 또는 문제의 해결책을 찾았다고 말하도록 염두에 둔다. 미해결인 채로 두면 그것을 처리하기 위해 나중에 회의를 또 하게 되어 시간의 낭비가 된다.

결정사항에 관해 그 진행을 지켜볼 필요가 있을 경우에는 그 진행 관리 책임자를 누구로 할 것인지, 누구에게 결정 진행 결과를 보고할 것인지도 회의에서 토의해 결정한다.

회의록 작성법

회의록에는 회의내용에 따라 여러 종류가 있다. 예를 들면 이사회 같은 정식회의에서는 완전한 공식 회의록을 작성할 필요가 있다. 이 회의록은 필요한 경우에는 이사회의 행위, 혹은 의사를 증명하는 것으로서 재판에서 사용될 수도 있는 것이다. 회사의 이사회의 회의록은 부서회의의 회의록에 비해 훨씬 공식적인 것이다.

회의내용을 기록으로 남기는 회의록은 무엇에 활용되는가에 따라 결정된다. 회의록에는 완전히 공식적인 것에서부터 회의의 개요만을 적는 것까지 여러 종류가 있다. 회의록을 짧은 시간에 간략히 작성하기 위해서는 철저하게 준비된 의제가 필요하다.

TIME MANAGEMENT HABIT

13:00

실전-리더십의 시간관리

리더십(지도력, 통솔력)의 전문가 수와 같은 정도로 리더십의 유형도 여러가지가 있다. 어떤 전문가는 리더십을 독재적, 종합적, 허용적으로 분류하고 있으며, 독재형, 관료형, 외교관적인 참여형, 맡겨 버리는 형 등으로 분류하는 경우도 있다. 또는 착취적인 독재형, 가부장적 권위주의형, 상담형, 참여형 등과 같이 분류하는 경우도 있다. 미국 해군에서는 다음과 같이 분류하고 있다. 즉 독재형, 민주형, 유연(柔軟)형의 세 가지로 분류한다.

리더십의 원칙

시간을 잘 관리하기 위한 리더십이라는 것은 리드하는 자, 리드 당하는 자, 그리고 환경에 따라 결정된다. 시간관리에 능한 경영간부는 여러 가지 리더십을 활용한다. 예를 들면 긴급사태에 직면했을 때 서둘러 필요한 조치를 취하기 위해서는 독재적인 스타일이 필요하게 된다. 시간관리에 뛰어난 경영간부는 바로 명령을 내리고, 신속하게 대응한다. 그러나 긴급을 요하지 않는 상태에서는 민주적인 리더십의 스타일을 취하게 된다. 당장 눈앞의 시간은 더 많이 걸릴지 모르나 전체적으로는 시간이 절약된다.

리드해도 리드 당하는 자의 반응이 없는 경우

지도자가 되기 위해서는 따라오는 사람이 있어야 하며, 리더십이란 지도자와 이에 따라오는 자와의 관계라고 할 수 있다. 제임스 T. 맥케이는 그의 저서《시간관리》에서 다음과 같이 기술하고 있다.

"지도자인가 아닌가는 다음과 같은 점이 어떤 상황에 있는가에 따라 결정된다.

① 지도자를 따르는 사람이 있는가?

② 따르는 사람들은 자유의사에 의해 따르는가?

③ 사람들이 하고 싶어하는 것을 하도록 가장 좋은 방법을 제시하는가?

④ 이와 같은 방법을 가장 훌륭하게 행할 수 있는가?"

리더십에는 목적이 명시되고 있다는 것, 꼭 승리해야 할 전쟁이 있다는 것, 즉 도달해야 할 목표가 존재한다는 것이 전제가 되고 있는 것이다. 리더십을 발휘할 지위에 있는 경영간부는 《신약성서》에 있는 다음과 같은 말을 잘 기억해야 된다.

"만일 나팔이 분명치 못한 소리를 내면 누가 전쟁을 예비하리요."(고린도전서 14:8). 즉 부하(따라오는 사람)는 목표(분명한 소리)를 듣고 이해할 수 없다면, 목표달성을 완수할 자기의 역할에 관심을 표시하지 않게(전쟁을 예비하지 않게) 된다.

R. 리카도의 연구결과에 의하면 종업원의 목표달성에 대한 참여도가 높으면 높을수록 종업원의 열의는 점증된다고 한다. 부하에게 설명하고 커뮤니케이션을 행하고 상담하는 데는 시간이 걸리기는 하나, 참여형의 방법은 리더십의 스타일로서는 가장 효과가 높은 방법이다.

동기부여는 목표달성에 가장 중요한 요소이며, 동기부여가 된 종업원은 동기부여가 안 된 종업원에 비해 목표달성을 위해 전력투구하게 된다. 따라서 시간관리란 측면에서도 목표설정, 의사결정, 책임의 분담, 조직 속의 공개적인 정보 공유는 종업원을 관리하는 리더십의 기본적인 스타일이다.

종업원의 시간관리

부주의, 낭비, 실수, 아무 일도 안 하고 빈둥거림, 바람직하지 않은 태도, 무단결근, 지각 이런 것이 쌓이고 쌓여서 매년 큰 금액이 된다. 사원 한 사람이 하루 10분을 헛되게 쓰면 1년이면(1년 300일 출근, 1주에 44시간

근무) 1주일 이상 회사를 쉰 결과가 되며, 사원 10명인 회사라면 1년간의 목표달성이 연 10주 이상 늦어지게 된다. 물론 일의 계획을 세울 때 어느 정도의 여유는 예정하기는 하나 시간관리가 훌륭한 지도자는 낭비하는 시간이 없도록 하는 것이 최선이다. 시간 낭비를 없애는 방법에는 두 가지가 있다. 첫째는 모범을 보여주는 것, 둘째는 동기를 부여하는 것이다.

좋은 모범을 보여주어 부하에게 시간을 절약하게 하는 방법

랄프 W. 에머슨은 '조직은 한 사람의 긴 그림자' 라고 말한다.

부하는 자기 상사의 일하는 방법을 본받는 경향이 있다. 상사가 시간을 헛되게 보내는 타입이면 그 부하도 같은 버릇을 자기도 모르게 몸에 지닌다고 가정해도 틀림없다. 주의하지 않으면 어느 사이엔가 몸에 배어 시간을 헛되게 보내는 버릇이 생겨난다.

① 하지 않아도 될 일을 한다. 어떤 일을 하고 있기에 시간을 헛되게 보내는가를 검토해 보라.

② 일을 위임하고 있지 않다. 일을 부하에게 떠맡겼다고 하나 그 일을 시키지 않고 있다.

③ 지각한다, 커피브레이크에 많은 시간을 보낸다, 일찍 일을 그만둔다 등등을 상사의 특권처럼 여기고 있다. 그러나 이런 것들이 부하의 일하는 속도에 영향을 준다.

④ 타인의 시간을 헛되게 한다. 피터 드러커는 '효과적으로 일하는 것과 관계가 없고, 또한 시간을 헛되게 함에도 불구하고 상사 때문에 일을 계속하고 있는 것은 무엇인가를 부하에게 물어보라…' 고 기술하고 있다. 드러커에 의하면 직언하는 것을 두려워하지 않고 이 같은 질문을 부하에게 할 수 있다면 그는 유능한 경영간부라

는 증거이다.

⑤ 자기 일이나 회사에 대하여 좋은 태도를 보이지 않는다. 경영간부가 회사에 대해 비판적이며 자기 일에 대해 열의가 없다면 부하도 비판적이 되고 열의를 상실한다. 반대로 경영간부가 회사일에 대해 열의를 불태우고 있으면 부하도 열의를 갖고 일하는 팀이 된다.

⑥ 부하를 실망시킨다. 부하의 정신을 고무(鼓舞)한다는 것은 체내에 산소를 공급해주는 것과 같다. 무엇인가 해내겠다는 의지는 격려가 없으면 오래 지속되지 못한다.

⑦ 사무처리에 시간을 낭비한다. 언제나 책상 위의 서류를 만지작거리며, 또한 서류를 산더미같이 쌓아놓으면서 새로운 일을 착수하는 것보다는 전에 하던 일에만 집착하려는 경향이 있는 부하에게 구실을 주는 결과가 된다.

동기를 부여함으로써 시간을 절약하게 하는 방법

조직은 리더에게 권한을 부여하고 있는데, 진짜 권한이란 리더에 따르려는 부하의 의사에서 발생하는 것이다. 시간을 효과적으로 활용하는 리더는 부하 각각의 욕구를 충족시킴으로써 리더에 따르도록 부하에게 동기를 부여하는 노력을 한다. 부하의 욕구는 리더의 욕구와 같은 것이다.

누구에게나 기본적인 욕구는 의, 식, 주이다. 그 다음으로 안정된 수입, 보험, 연금제도, 물가와 연동된 임금 등과 같이 안전에 대한 보장이 뒤따른다. 그 다음은 사람들로부터 받아들여지는 욕구, 즉 사회적인 욕구라는 것이 있다. 이것은 친구를 갖는다든가 어딘가에 소속하고자 하는 욕구인 것이다. 이 밖에도 누구에게나 존경받고 싶은 욕구가 있다. 감사받고, 존경받고, 지위를 갖고자 하는 욕구이다. 인간 욕구의 최상의 것은 무엇인가를 달성하는 것, 즉 자기의 잠재능력을 발휘하여 어떤 것을 성취하는 욕구인 것이다.

다음은 일반적이고 객관적이며 전문가도 동의하고 있는 동기가 되는 데 필요한 것이다.

① 도전하는 일
② 조직의 목표에 틀림없이 공헌하는 기회
③ 자기가 갖고 있는 숙련도와 능력을 인정받는 기회
④ 자기의 영향에 따라 의사결정이 되는 기회
⑤ 좋은 일을 했을 때 인정받는 것
⑥ 승진할 수 있는 기회
⑦ 성장할 수 있는 자유
⑧ 더욱 큰 책임을 담당하게 될 가능성

도전하는 일

목표 지향형과 과정 중시형 두 타입의 사람이 있으며 이 두 개 형의 차이점은 다음과 같다.

[목표 지향형]

① 결과가 되어가는 형편이 구체적으로 알려지는 것과 결과에 대한 정보를 요구한다. 자기의 성적을 평가받기 바란다.
② 보수를 열심히 일하는 자극으로보다 달성도를 표시하는 평가치라고 생각한다.
③ 목표달성이 가능한 때에는 일에 대해 개인적인 책임을 지려고 한다.
④ 창조적인 기회를 좋아한다.

⑤ 어느 정도의 위험이 있는 목표를 바란다.
⑥ 곤란한 문제 해결에 대해 만족감을 얻는다.
⑦ 목표에 대해 열의와 생리적인 에너지를 쏟는다.
⑧ 스스로 행동한다.

[과정 중시형]
① 결과에 대해 알려지거나 평가되는 것을 회피한다. 결과에 대한 평가보다는 자기 성적을 평가받기를 원한다.
② 보수를 일하는 데 필요한 자극제라고 생각한다.
③ 성공할 기회가 있어도 개인적인 책임은 회피한다.
④ 정례(定例)적인 일을 좋아한다.
⑤ 낮은 리스크(위험)뿐만 아니라 높은 리스크가 따르는 목표도 바란다.
⑥ 문제해결보다 더한층 노력하는 데 만족감을 갖는다.
⑦ 열의가 있을 때도 있고 없을 때도 있다. 생리적인 에너지는 목표에 대해 나오지 않는다.
⑧ 세부적인 지시에 따르기를 좋아한다. 다시 말해서 관심을 끄는 것도 도전이 되는 것도 사람에 따라 다르다. 직원의 개인적인 지향을 발견하고, 개개인의 개성, 성격에 따라서 가능한 일을 할당해 보는 것이 필요하다. 직원이 그 일을 잘 소화하여 처리하고 있는지 아닌지를 직원 배치상황표를 정기적으로 검토해 봐야 한다. 또한 더 많은 관심과 도전이 생겨나도록 업무 내용이나 일의 할당을 변경하는 것도 고려해야 한다.

조직의 목표에 공헌하는 기회

직원을 계획서, 최종 시한의 설정 등을 작성하는 데 참여시키고, 변경할 때도 참여케 하여 자신이 팀의 일원이라는 느낌을 갖게 한다. 이렇게 직원에게 소속감을 부여함으로써 결과에 대한 욕구를 충족시키게 한다.

자기가 갖고 있는 숙련도와 능력을 인정받는 기회

자기의 부하 수가 아주 적을 경우에는 그 한 사람 한 사람에 대해서 잘 알 수 있다. 부하가 갖는 특별한 재능이 무엇인가를 알 수 있다. 다시 말해 뭔가 특별한 이야기를 하거나 그 사람의 취미생활 같은 것을 통해 알 수도 있다. 부하 중에는 글씨를 쓰는 재능이 뛰어난 사람도 있고, 뭔가 조직화하는 능력을 지닌 사람도 있고, 골프나 볼링선수가 있기도 하고, 지역의 웅변클럽의 리더, 우표나 세계 여러 나라의 스푼 수집가도 있다. 이와 같은 특별한 재능이나 숙련을 포함한 모든 능력을 매일 함께 일하는(상사도 포함) 사람이 인정하고 평가하는 것은 필요한 것이다. 종업원에게는 같이 일하는 가족의 일원으로서의 지위가 필요하며, 특별한 재능이나 숙련도를 인정받는 것은 존경받고 싶다는 욕구를 충족시키는 데 도움이 된다.

특별한 재능이나 숙련도를 인정받고 그것을 일에 활용할 수 있다면 바람직한 것이나, 능력 중에는 당장 일에 활용될 수 없는 것도 있다. 예를 들면 스푼 수집 같은 것이 그렇다. 그러나 이런 때에도 사보에 실어 널리 알리거나, 종업원용 식당이나 휴게실에 수집품을 전시할 기회를 줄 수도 있다. 혹은 골프나 볼링 선수는 종업원의 골프 모임이나 볼링클럽에서 솜씨를 자랑할 수 있도록 한다. 시간이 많이 필요하다든가, 계획이

꽉 차서 그런 사치스러운 일은 할 수가 없다고 생각될 때에도 우선순위를 가려서 실현되도록 고려한다. 그렇게 함으로써 침체된 분위기에서 잃어버리는 시간을 절약할 수 있게 된다.

부하의 수가 많아 개인적으로 부하에 대해서 알 수가 없을 때에 는 누군가 보좌하는 사람에게 부하의 재능이나 취미를 찾아내도록 하면 된다.

자기의 영향에 따라 의사결정이 되는 기회

가능한 한 의사결정 과정에 부하직원을 참여시킨다. 의사결정이 부하에게 주는 영향에 대해 인식시킨다. 부하직원에게 주는 영향에 대하여 자기가 알고 있는 것을 알린다. 의사결정이 된 이유를 알린다. 의사결정 상황에 대해 부하 직원의 의견을 청취한다. 부하에게 진행 상황을 알려준다. 이것은 자기 조직 내부에서 발생한 일을 외부 사람을 통해 알게 되는 것은 종업원의 사기를 저하시키기 때문이다.

의사결정에 부하를 참여시키는 것은 부하의 참여하고 싶은 욕구와 존경 받고 싶다는 욕구를 동시에 충족시게 된다.

좋은 일을 했을 때 인정받는 것

부하가 한 역할에 대해서는 꼭 평가를 해주고 조직의 목적을 달성하기 위해서 부하가 공헌한다는 것은 성공의 열쇠인 것이다. 부하가 그 성공의 열쇠를 발견하고 성공적으로 활용했을 때는 반드시 평가를 해주어야 된다. 어떤 부하이든 정도의 차이는 있어도 평가는 필요하다. 좋은 업적을 올렸을 때의 평가방법은 여러 가지가 있으나 가장 보편적인 방법은 평가를 위해 면담하는 것이다.

많은 회사에서는 제안이나 제도를 활용하여 종업원에게 조직의 목적에 공헌하도록 하고, 그 공헌도를 평가한다. 경영간부는 제출된 제안을 신중하게 처리해야 하며, 내용의 좋고 나쁘고에 관계없이 그 제안 내용을 평가해야 한다. 아이디어가 현실적이 못 되어 사용할 수 없을 때에는 채용되지 못한 이유를 잘 설명해야 한다. 그 이유가 명확하지 못하면 종업원은 의욕을 잃게 되며, 명확한 이유의 제시 없이 채용하지 않는 상황이 오래 계속되면 종업원의 적극적인 의욕을 상실하게 한다. 좋은 제안을 조직에 활용할 때에는 그 아이디어를 제안한 종업원을 공식적으로 평가해야 하며, 그 일을 했을 때에 평가하고 인정하는 것은 종업원의 존경받고 싶어하는 욕구를 충족시키는 것이 된다.

승진할 수 있는 기회

종업원은 조직의 목적 이외에 개인적인 목적을 추구하려는 노력을 한다. 시간을 효과적으로 활용하는 경영간부는 부하의 개인적인 목표도 달성할 수 있도록 격려하고 도와준다. 목표를 향해 전진하면서 종업원은 자기 개인적인 직업상의 목표를 차례로 이루어 가므로 상사는 부하와 같이 직업상의 욕구에 대해서 정기적으로 개인적인 상담을 할 필요가 있다. 경영간부는 부하가 목표를 향해 노력할 수 있도록 독려하고 도와주어야 한다. 이와 같이 부하를 격려하는 것은 부하의 일에 대한 의욕을 향상시키게 한다.

더 큰 책임을 담당하게 될 가능성

때에 따라서는 조직 속에서 승진할 기회가 전혀 없을 때가 있다. 아무도 사직하는 사람이 없다든가, 정년퇴직자가 없다든가, 또는 새 지점도 새 부서도 생겨나지 않는 때도 있다. 이런 경우 의욕이 강한 부하가 같은 직위에 몇 년씩이나 머물러 있게 되면 모든 동기부여의 조건이 없어지게 된다. 의욕이 강한 부하는 지루함을 참을 수 없게 된다. 이런 지루한 상태가 지속되면 모든 의욕을 북돋우려는 시책도 목표달성 의욕도 없어지게 된다. 지루함과 싸우는 방법의 하나는 현재의 일에 부하가 뭔가 더 책임 있는 일을 담당하게 하든가, 적어도 어떤 다른 일을 담당케 하는 것이 필요하다.

시간을 잘 활용하고자 하는 경영간부는 인사이동이 이런 때를 위한 하나의 수단이라고 생각한다. 그렇게 함으로써 종업원은 2, 3종의 다른 직위를 잘 처리할 수 있는 방법을 배우게 된다. 인사이동에 의해 종업원은 더 많은 책임을 담당할 수 있게 될 뿐만 아니라, 창조적인 자극도 받게 되어 종래의 방법을 개선하는 데도 도움이 된다. 또한 존경받기를 원하는 욕구도 채워지며, 더욱이 잠재적인 능력을 십분 발휘할 수 있는 기회가 주어지는 경우도 있다.

일을 맡기는 방법

경영간부가 관리와 관계가 없는 사소한 잡일에 쓸데없이 시간을 허비하지 않으려면 부하에게 일을 맡기는 것이다. 일을 맡긴다는 것은 그 일이 싫어서 부하에게 맡기는 것이 아니라 자기 부하를 육성하는 것이다.

일을 맡기는 이유와 타이밍

자기에게는 시간이 없고 부하에게는 할일이 없다. 이런 상황은 일을 맡길 좋은 타이밍이다. 일을 안 맡기면 자기는 시간적 구속을 받게 된다. 일을 오늘 맡길 수 있다면 내일까지 일의 완성을 연기할 필요는 없다. 일이 바쁘지 않을 때 부하의 육성에 한 시간을 소비하면 나중에는 몇 시간을 자기 시간을 절약할 수 있는 결과가 돌아온다. 부하가 새로운 도전에 맞서서 싸울 준비가 되어 있을 때 일을 맡겨라.

맡기는 일의 내용

매일 하는 일 중에서 맡긴다.

① 임시적으로 맡길 수 있는 일

② 사실조사의 일

③ 리포트, 개요서, 방침서, 절차 등의 초안 작성

④ 문제의 분석

⑤ 정례적인 일

⑥ 리포트, 설명서의 자료수집

⑦ 부하에게 도전을 주는 일

⑧ 부하의 능력을 테스트하게 되는 특정 분야의 일

⑨ 자기의 책임, 직능에 속하는 작은 부분의 일

일을 맡기는 원칙

시간을 잘 활용하기 위하여 일 맡기는 방법을 몸에 배게 하라.

① 부하의 권한, 책임을 서서히 늘려 나간다.

② 맡길 일에 명확하고 현실적인 목표를 설정한다.

③ 일에 대하여 명료하게 설명한다.

④ 일을 맡길 때에는 관계되는 방침 절차에 대해서도 충분한 정보를 그 부하에게 주어야 한다.

⑤ 맡기는 일에 관계되는 책임의 범위를 명확하게 한다. 권한의 범위를 충분히 이해하지 못할 때에는 일을 맡기지 않는다.

⑥ 부하에게 결정권한이 있을 때에는 결정권한을 행사케 한다. 부하 대신 자기가 결정하려는 기분은 억제한다.

⑦ 긴급 문제를 부하에게 맡겼을 때 그것을 처리할 수 있도록 시간을 충분히 준다. 다음에 같은 문제가 발생했을 때에는 자기가 해결할 수 있게 한다.

⑧ 맡겨진 일에 대해 부하가 질문해 왔을 때 즉석에서 회답을 주지 말고 부하가 그 문제에 대해 다시 한번 잘 생각하도록 한다.

⑨ 일의 진행과정을 검토할 수 있도록 중간보고를 입수할 수 있는 제도를 만든다.

⑩ 현실적인 완료일을 설정한다.

⑪ 자기의 직속 부하에게 일을 맡긴다. 직속 부하의 부하가 그 일을 맡고, 그것을 다시금 누구에게 맡길 것인지는 직속 부하가 결정하도록 한다.

⑫ 부하가 행한 결정을 바꿀 필요가 있을 때에는 부하에게 그 결정을 바꾸는 것을 허락 받도록 한다. 부하를 타인의 면전에서 비난하든가 결정을 바꾸도록 명령하지 말라. 직속 부하와 그 부하들의 관계를 고려하여 자기의 부하를 존중한다.

⑬ 일을 맡긴 부하에게 실행에 필요한 권한을 주고, 그 뜻을 관계자에게 알린다. 일을 맡은 부하가 그 일을 수행함에 있어 정보나 도움을 요구할 때 주변 사람의 저항을 부드럽게 할 수 있다.

일을 맡길 때 고려할 점

① 완벽주의에 빠지지 말라. 자기와 같은 정도로 부하가 일을 못하더라도 합격점을 줄 만한 정도면 일을 맡긴다. 자기 힘으로 배우고 성장할 기회가 주어지지 않는 한 부하는 자기 능력을 개선할 수 없다. 이런 일의 위임 방법은 시간을 효과적으로 활용하는 것이 된다.

② 자기 일에 집착하여 다른 사람으로는 대체할 수 없을 것이라는 관념을 버려라. 자기 일을 언제든지 다른 사람에게 맡길 수 있도록 누군가를 훈련해 두어야 한다. 그렇지 않으면 승진의 기회가 와도 그 찬스를 잡지 못하게 된다. 현재의 직위를 다른 사람으로 대체할 수 없다는 입장이 되면 더 어려운 일을 담당할 수 없게 된다.

③ 자기 부하가 효과적으로 일을 해주지 않으면 자기도 효과적으로 할 수 없게 된다. 부하에게 도전적인 일을 맡기고 부하가 효과적으로 할 수 있도록 돕는다.

④ 부하로부터 일을 갖고 오지 않도록 한다. 자기 일을 일단 부하에게 맡긴 이상 부하가 그 일을 자기에게 갖고 오지 못하게 하여야 한다. 맡겨진 일을 수행함에 있어 문제가 발생할 때에는 몇 개의 해결안, 개선안을 준비하지 않는 한 자기에게 문제를 갖고 오지 말도록 지시해 둔다. 개선안을 생각하는 과정에서 부하를 도와주는 것은 좋으나 의사결정을 자기가 해서는 안 된다.

⑤ 부하가 때로는 실패하더라도 문제 삼지 말라. 아주 우수한 부하라도 때로는 실수할 때가 있다. 일을 성공시킬 수 있도록 부하에게 자신감을 갖도록 한다. 부하가 자기 일의 일부를 잘 해내도록 훈련하여 일을 맡기도록 한다.

시간을 절약하여 가르친다

일을 맡긴다는 것은 새로운 일을 가르친다는 것이 된다. 여기에는 다음과 같이 하면 시간이 절약된다.

① 일을 맡길 부하가 어느 정도 그 일을 알고 있는지를 확인한다. 그 일에 대해서는 자기는 정통해 있기 때문에 맡길 부하도 그 일에 대해 잘 알고 있는 것으로 생각하기 쉽다.

② 맡길 일에 대해 부하가 모르는 부분부터 그 내용을 교육시킨다.

③ 맡길 일의 모든 측면에서 이유를 설명한다. 맡겨질 일의 각 측면에서 그 목적을 알고 있으면, 맡겨진 자는 예기치 못한 사태가 발생해도 적절한 조치를 할 수 있게 된다.

④ 일의 결과가 어떻게 될 것인지를 가능하면 예를 들어 설명한다. 이렇게 하면 일을 맡은 자는 일의 목표를 머릿속에 명확하게 그릴 수 있게 된다.

⑤ 일을 위임받은 부하에게 그 일은 무엇인가, 책임 · 권한의 범위는 무엇인가, 진행 보고를 하는 시점, 일의 완료 목표일은 언제인지를 이해했는지 확인한다.

⑥ 위임받은 자에게 일을 담당시키고 지나친 감독을 하지 말라. 그럴 시간에 경영간부로서 더 중요한 일을 하기 위하여 시간을 효과적으로 활용하라.

카운슬링의 시간관리

"성공처럼 성공을 가져오는 것은 없다."라고 말한 사람이 있는데 이것은 부하에게 일에 대하여 카운셀링(지도 · 상담)을 행할 때 시간을 잘 활용하는 경영간부가 명심해야 할 말이다.

부하를 평가할 때 그 역점은 거의가 부하의 결점에 집중되며 장점을 평가하는 일은 거의 없다. 부하의 약점을 강조하는 것은 부하의 약점을 확인하는 것이며, 부하의 자존심을 상하게 하고 일을 잘 하려는 마음가짐을 어렵게 한다. 부하가 성취한 성공을 강조한다는 것은 부하의 자존심을 높이고 더욱 성공하려는 마음가짐을 격려하는 것이 된다.

모든 것이 잘 되고 있을 때에도 불필요하다든가 시간이 걸린다는 이유 등으로 일에 관한 카운셀링을 생략해서는 안 된다. 부하에 대한 정기적인 연 1회 일에 대한 카운셀링은 부하의 능력을 향상시키는 데 큰 도움이 된다. 여기서 부하의 일솜씨가 좋으면 자기의 일솜씨도 좋아진다는 것을 기억하라. 부하의 일에 대한 카운셀링을 특정 시기에 하게끔 정해져 있지 않을 경우에는 1년 단위로 하라. 특히 부하의 수가 아주 많을 때는 이것이 바람직하다. 1년에 최저 1회는 부하 전원이 일에 대한 카운셀링을 받도록 한다. 카운셀링에서는 다음과 같은 사항을 참고하기 바란다.

① 승진 자격이 있는 부하를 찾아내라.
② 횡적인 배치전환에 적합한 부하를 찾아내라.
③ 부하에 대한 성적을 알려라. 이때 부하의 장점을 강조한다.
④ 부하의 개선을 요하는 점을 지적하라. 이때에도 부하가 갖고 있는

장점을 주안점으로 하며 지적한다.

⑤ 지금까지 갖고 있는 강한 점을 강화하고, 더욱 새로운 장점을 조성하는 견지에서 행동계획을 결정하도록 부하를 돕는다.

⑥ 보장받고자 하는 욕구, 인정받고자 하는 욕구, 존경받고자 하는 욕구, 성취하고 싶어하는 욕구 등등의 점에서 부하의 욕구가 만족되도록 도와준다.

⑦ 회사가 육성할 가치가 있는 인간으로서 종업원을 보고, 종업원에 관심을 갖고, 더욱이 신뢰감을 갖고 있음을 표시하고 종업원의 의욕을 향상시킨다.

시간을 잘 활용하여 카운셀링을 할 때에는 다음과 같은 점에 주의할 필요가 있다.

① 상사도 부하도 마음의 긴장을 푼 분위기 속에서 대화가 이루어지도록 한가로운 시간에 스케줄을 짠다.

② 부하가 자기 의견을 말할 수 있게 한다. 부하의 말을 잘 들어주어 부하가 하고 싶어하는 이야기에 진지한 흥미를 갖고 있음을 표시한다.

③ 부하에게 설교를 하는 태도를 피하라. 질문이나 제안을 잘 해서 부하가 자기의 장래 계획을 털어놓도록 한다.

④ 사전에 면접 준비를 하여 면접 중에 대화의 포인트에서 이탈되더라도 잘 컨트롤할 수 있도록 한다. 면접 중에 확인해야 할 사항을 노트했을 때에는 대화를 그 사항에 접근시킬 수 있다.

⑤ 면접은 미리 시간을 설정해두어야 하며 상사도 부하도 어느 정도의 시간이 걸리는지 알고 있도록 한다.

⑥ 면접하기에 앞서 부하에게 자기 평가서를 주고 이것을 사용하는

경우도 있다. 부하는 평가서에 기입하고 면접할 때 제출하도록 한다. 한편 상사도 부하도 일에 대해 평가하고 이것을 기입한다. 면접에 앞서 평가서를 확인하고 평가에 대해 쌍방의 차이가 큰 것만을 골라 이야기하도록 한다.

⑦ 상사도 부하도 업무를 어떻게 잘했는지를 매일 기록한다. 즉 업무가 아주 잘된 점 또는 기대 이상의 공헌을 하였을 때 그것을 기록한다. 이 같은 기록은 평가서에 기입할 때 크게 유용하며, 또한 면접 중에 서로 대화하는 기본적인 역할을 하게 된다.

부하를 위한 시간관리

부하의 시간관념을 높이도록 주도하면 자기의 시간도 부하의 시간도 절약된다. 이렇게 하기 위해서는 다음과 같은 사항을 고려하라.

완벽함을 필요로 하는 일

그 일이 어느 정도의 완벽함을 요구하는 것인지 확인한다. 결재해 달라고 해서 서류를 검토해 보니 타이핑 미스가 있었다고 하자. 이때는 그 잘못된 것을 볼펜으로 정정하면 된다. 볼펜으로 정정하면 시간의 절약도 된다. 물론 영업용 서신이나 사장에게 보내는 서신이라면 완벽해야 된다.

일에 필요한 시간을 기록한다

부하에게 일을 맡길 때는 일의 담당자 이름, 일을 배정한 날짜, 완성

목표일을 기입한다. 일을 완성했을 때에는 완성 일시, 소요 시간(실제로 소요된 시간)을 기입하고, 코멘트 난에는 예기치 않았던 문제 등 일 처리와 관계있는 상황을 기입한다.

이 방법의 장점은

ⓐ 어떤 일에 대한 소요시간을 기록하는 것으로, 장래 같은 종류의 일의 예정을 짤 때 참고가 된다.

ⓑ 부하의 일 속도에 비교표를 작성할 수 있게 된다. A는 B보다 어떤 일을 빨리 완성할 수 있다든가, B는 다른 일을 A보다 빨리 처리할 수 있다 등등이다.

시간절약이란 관점에서 부하에 관해 주의할 점

① 종업원 수가 지나치게 많으면 시간이 낭비된다. 드러커는 다음과 같이 말하고 있다.

"일하는 사람의 수가 실제로 지나치게 적다고 생각되는 때가 있다. 그래서 일을 전혀 못할 지경은 아니지만 잘 안될 때가 있다. 그러나 이것은 일반적인 현상은 아니다. 오히려 일반적인 현상은 일하는 인원수가 과다하여 효과를 발휘할 수 없는 경우이다. 일하는 사람이 일을 한다기보다는 오히려 서로서로에게 미루다가 쓸데없는 시간을 허비하게 된다. 작은 조직에서는 타인과 부딪치는 일 없이 자유롭게 이동할 수가 있어 언제나 타인에게 일의 내용을 설명하지 않고도 자기 일을 해 나갈 수 있다."

② '파킨슨의 법칙'에 따르면, 일 처리는 사용할 수 있는 시간이 있으면 있는 만큼 늘어난다고 했다. 프로젝트의 완성에는 타당한 시간의 제한을 설명해야 한다. 데드라인(최종기한)을 설정해 놓지 않으면 프로젝트는 완료에 필요한 그 이상의 시간을 사용하게 되기 때문이다.

③ 기존의 커뮤니케이션 경로를 흐르는 정보가 정체되거나 스피드가 떨어지면 시간 낭비가 발생한다. 제대로 작동하는 커뮤니케이션의 경로를 설정해 놓는 것이 현명하다. 그러나 한 종업원이 공식적인 커뮤니케이션의 경로를 통해 자기에게 전달되는 정보를 기다리게 된다면 그곳에서 시간의 낭비가 발생하게 된다. 이럴 때는 사본을 공식 커뮤니케이션 경로를 통해 흐르게 하고, 이 종업원에게는 직접 발생원에서 정보를 보내는 것이 필요하다.

④ 종업원은 자기들에 대한 요구 비중에 따라 행동을 조정한다. 시간관념이 강한 경영간부는 일에 대한 성과에 주력한다. 경영간부가 조직의 목표달성에 최대한의 공헌을 하려고 결심하고 있으면 부하에게도 영향을 주어 함께 공헌하려는 경향을 낳게 한다. 위에서부터 일반 사무직원에 이르기까지 자기에게 주어진 일을 조직의 목표달성 과정에서 최대의 공헌을 하는 방법으로 행하려 한다면 목표는 기록적인 스피드로 달성될 것이다.

⑤ 조직 속에 있는 모든 직무는 종업원에게 도전의식을 갖게 해야 한다. 여기서 도전의식이란 해볼 의욕을 돋우어 주는 것을 의미한다. 일에 도전의식이 있으면 종업원은 창조적이 되며 또한 시간관념을 갖게 된다. 도전에 대항할 수 있는 능력이 있다고 생각하는 종업원은 그것에 맞서려고 한다.

⑥ 리더는 시간을 잘 활용하여 좋은 업적을 올린다고 부하들이 신뢰하도록 행동해야 된다. 리더는 성실하고 공헌적인 태도를 갖고, 개방적이고 창조성을 가져야 부하로부터 신임을 얻게 된다.

Time management Habit

TIME MANAGEMENT HABIT

Time management Habit

TIME MANAGEMENT HABIT